三[illegible]切り絵の数々

切り絵：海扉アラジン

左：「キンキーブーツ」ローラ、右上：「ナイトダイバー」、中：「銀魂２」鴨太郎、下：「コンフィデンスマンJP」ジェシー

目次

第1章 三浦春馬さん「死」の波紋

三浦春馬 死を超えて生きる人

月刊『創』編集部編

第2章 三浦春馬さんの死に想う

巻頭グラビア①

巻頭グラビア②

第3章 三浦春馬ファンたちの声

想いの光

#これからもよろしくね
#夢でもいい、逢いたい
#君は純真無垢な天外者
#Obrigada HARUMA meu anjo amado
#いつだって貴方を想う
#君の想いを受け継ぐよ
#ならばその道を進め
#春君私達と永遠に共に
#春馬あなたが天外者
#きよくうつくしいひと
#ありがとうありがとう
#忘れない忘れられない
#Forever in our hearts
#いつも見守っていてね
#恋と言うから愛に行くよ
#心に生きる春馬は永遠
#本当に純真な正義の人
#君の想い受けとめたよ！
#はるまくんだいすき

きみは幸せでしたか？
とても幸せでした
「僕はみんなの光になりたい」

『想いの光プロジェクト』

『天外者』のラストシーンを観た途端この光こそがファンの方が三浦春馬さんに注ぐ#想いの光そのものだと思った。そこで葬儀に並んだ4500人の光と同じ数のメッセージを集め三浦さんへ贈ります。

君に届け！想いの光！ 本書P200に続く

ほんまにあなたは
天才春や
#貴方は私達の宝物
#約束。再会は笑顔で
#出逢えた事最高に幸せ
#君は僕の誇りです
#何度でも君を見つける
#Please say “I’m here!!”
#才能に驕らず努力家な君
#Tinha um sorriso muito encantador
#嘘のない真っ直ぐな瞳
#思いやり、ありがとう。
#優しさ溢れ温かい美男
#記憶使人存活
#あなたは充分凄い人！
#感謝称賛祈りを君に
#ありのままのあなたで
#最愛的依然是你春馬
#君に届け！ありがとう
#どこまでも一緒だよ

インスタグラムで募集した 三浦春馬さんの好きな役 ランキングベスト11

三浦春馬さんが演じた役であなたはどれが一番好きでしたか。インスタグラムで募集した回答のランキングに基づいて海扉《カイト》アラジンさんが切り絵を作りました。ここにベスト3と、好きな理由のコメントを紹介します。ベスト4以下の切り絵はP200以下の「想いの光」のページに紹介しています。

1位　舞台「キンキーブーツ」ローラ（上）

2016年／19年　当時26歳／29歳

●度肝を抜かれたとはこういう時に表現するものかもしれない。15cm以上のヒールを履

いて、歌って、踊れるからだけじゃない。舞台俳優としての表現力も数段あがってた。彼を侮っていたのかもしれない。これが三浦春馬なのだ。ブロードウェイは夢ではなく実現への一歩だった。

●初演を観た時、衝撃を受けました。この作品に対しての思いや情熱、役作りを知り、更に俳優として幅を広げて行くのだろうと思ってました。再演はさらに磨きをかけて生き生きとしてました。大好きな作品です。

2位　映画「天外者」五代友厚（右ページ下）　２０２０年　当時30歳

●まさに、三浦春馬その人がいた。彼は確かにここに生き、五代友厚の生涯は三浦春馬の30年の生涯そのものだった。こんなもの見せつけられたら、もっと貴方を求めたくなる（涙）。私たちへの最後のプレゼント「天外者」よ永遠に!!

3位　ドラマ「ｔｏｕｒｉｓｔ ツーリスト」天久真（上）　２０１８年
当時28歳

●水川あさみ、池田エライザ、尾野真千子と展開する旅のひと時。白Ｔシャツがこんなにも似合ってさわやかな色気を発散できる俳優さん、他にいる？　絶対いない！　断言できる！　春馬くんは共演する女優さんを本当に上手に引き立てて輝かせるよね！　もうこれ本当素晴らしいから観て!!

4位　ドラマ「ラスト♡シンデレラ」佐伯広斗　２０１３年　当時23歳

5位　映画「コンフィデンスマンＪＰ-ロマンス編-／-プリンセス編-」ジェシー　２０１９年／20年　当時29歳

6位　映画「銀魂2」伊東鴨太郎　２０１８年　当時28歳

7位　ドラマ「ＴＷＯ ＷＥＥＫＳ」結城大地　２０１９年
当時29歳

8位　映画「アイネクライネナハトムジーク」佐藤　２０１９年
当時29歳

9位　ドラマ「僕のいた時間」澤田拓人　２０１４年　当時23歳

10位　映画「真夜中の五分前」リョウ　２０１４年　当時24歳

11位　ドラマ「ダイイング・アイ」２０１８年　当時28歳

"Kinky Boots" Lola
きせかえ人形
コピーして厚紙に貼って使ってネ!

三浦春馬さんの「切り絵」はこうして作られる
――制作のプロセスを公開！

2020年11月号より続いている三浦春馬さん特集に合わせて、『創』表紙に海扉《カイト》アラジンさんの切り絵を掲載し、大好評を博している。部屋に飾ったり、額に入れているという人もいる。作業は大変なのだが、切り絵の持つ手触り感が独特の味を出しているのだ。

問い合わせも多いため、ここでその制作過程をお見せしたい。まずこのページ下は2021年3月号表紙の三浦春馬さんをイメージした切り絵だ。左ページ左上の写真をもとに切り絵を作成していくのだが、三浦さんの頭部のモフモフの毛は、なんと！ 海扉アラジンさんの愛犬〝ルイナ〟の毛をヘアドネーションしてもらって付けたもの。切り絵の色付けには、同じキャメルングループのもっこさんや、空羽《くう》ファティマさんとその娘も参加することがあるのだが、愛犬〝ルイナ〟も貢献していたわけだ。

P10に載せた「きせかえ人形」もファンのアイデアから生まれたもの。きせかえにトライする方は厚めの紙にカラーコピーして試してほしい。社会のデジタル化が進む中で、手作り、手触りにこだわるというのは人々の中にある「身体性への欲求」の現れで、近年、舞台やライブイベントの人気が高まっているのも同じ理由だ。

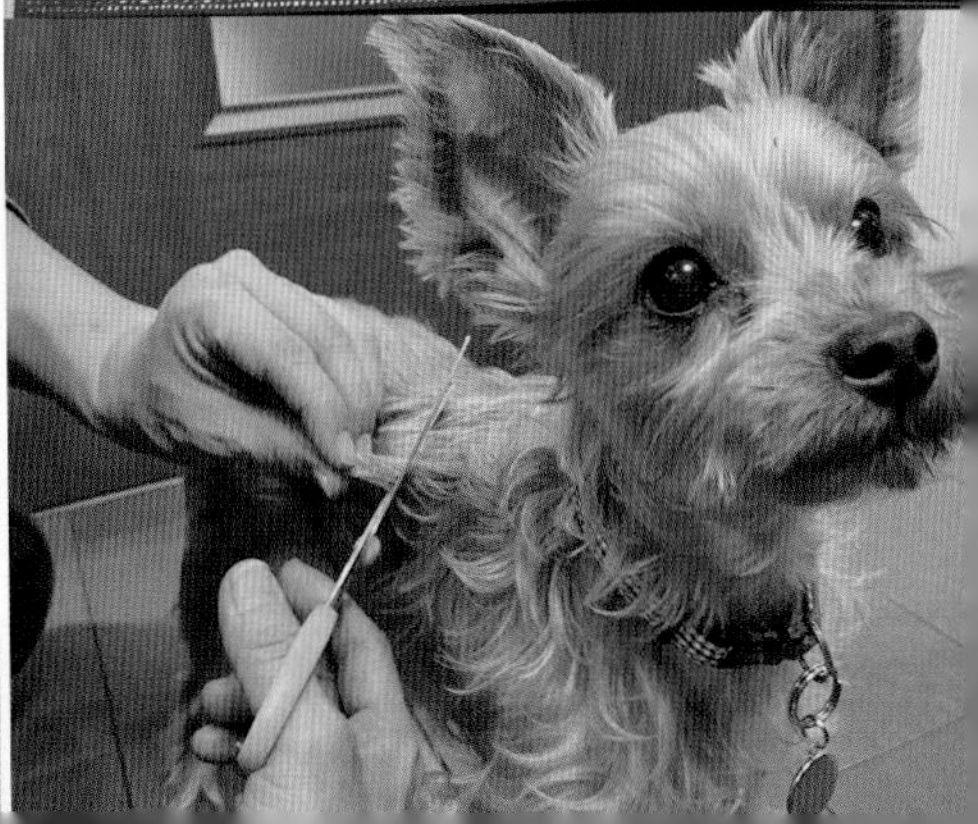

『天外者』切り絵はこうしてできた
三浦春馬さん「切り絵」制作のプロセス

このページ上・中段の写真は「天外者」切り絵の作業過程。トレース台に切り絵を置き、その上に黄色の和紙を乗せて色をつけていく。

下段は「駆け上がるローラ」の切り絵のメイキング。細い線に沿って紙を切っていく細かい作業だ。

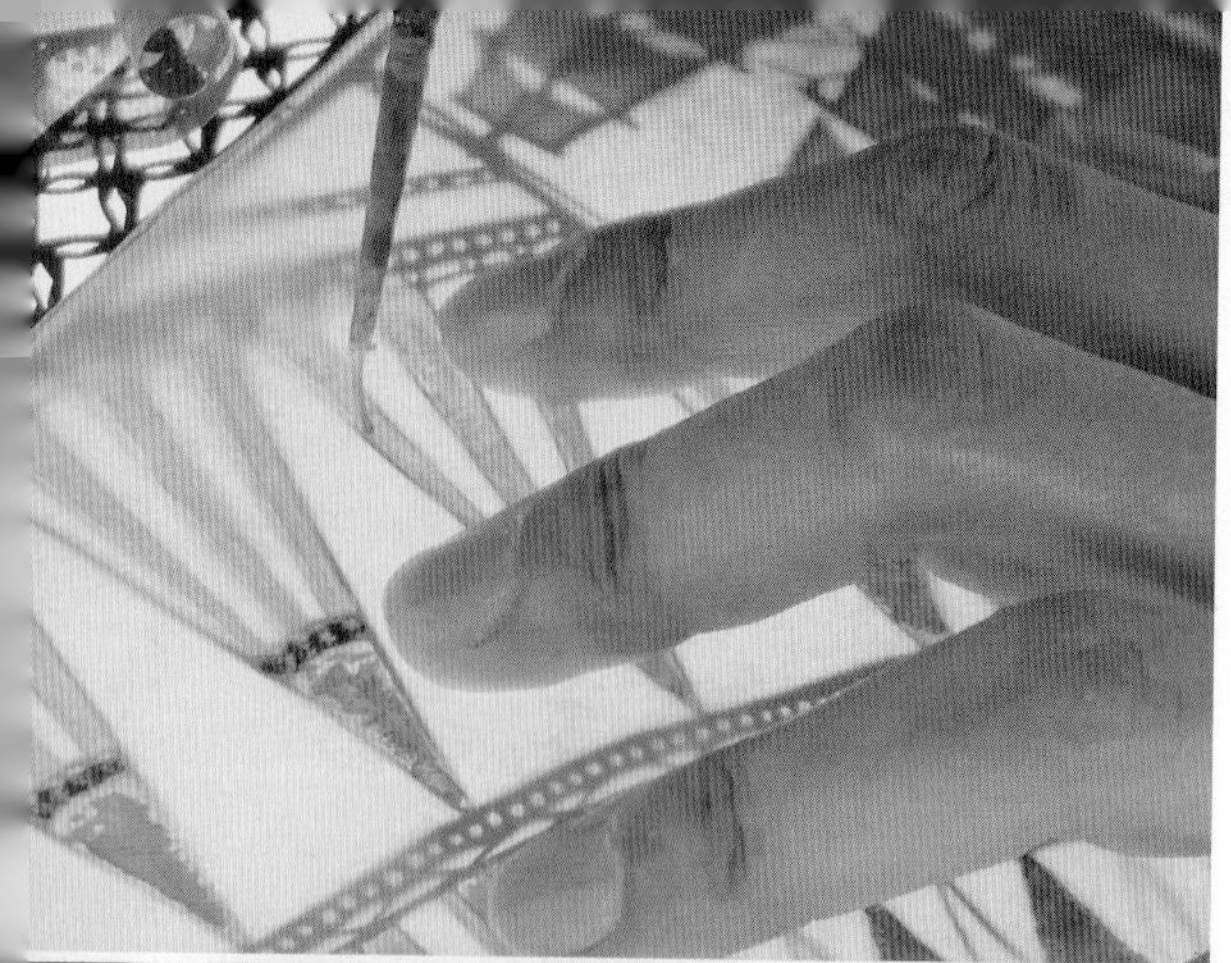

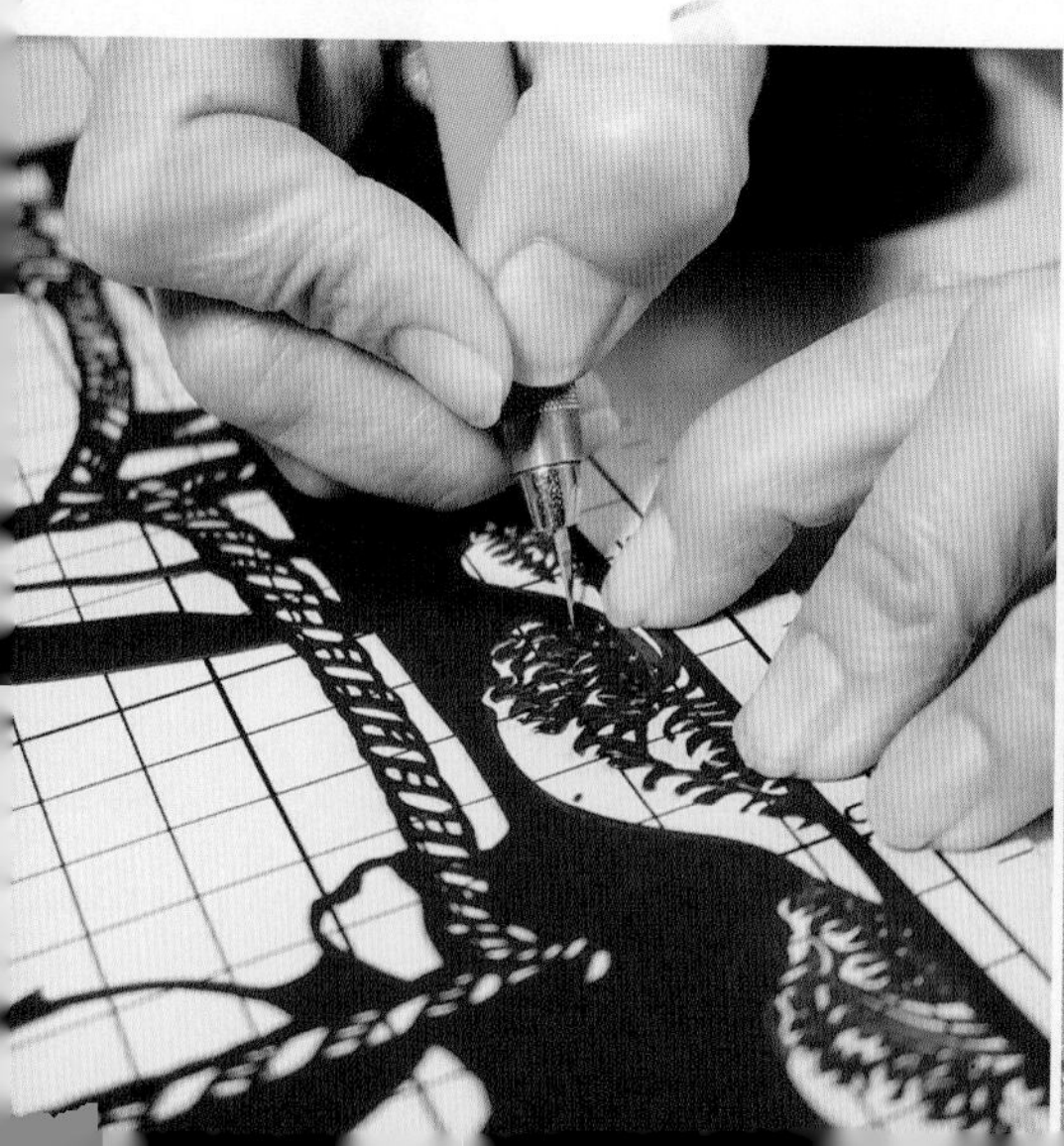

三浦春馬さん最後の主演映画『天外者』のイメージ

『天外者』五代がはるに、かんざしを贈るシーン（いずれも海扉アラジン・作）

上：ミュージカル「キンキーブーツ」ローラ
左下：「世界はほしいモノにあふれてる」
右中：「おカネの切れ目が恋のはじまり」豆皿
以上は海扉アラジン作の切り絵
右下：ローラの刺繍《ししゅう》（utaみどり・作）

第1章

三浦春馬さん「死」の波紋

いまだに衝撃が収まらぬ三浦春馬さんの死

三浦春馬さんの死はなぜ
これほど大きな関心を呼んだのか

篠田博之【『創』編集長】

アーティストの死にファンが衝撃を受けた事例はこれまでにもたくさんあった。でも三浦春馬さんの自殺については、ファン以外にも衝撃が広がり、いまだに収まっていない。なぜなのか。

三浦春馬さんの死と女性の自殺の増加

2020年7月18日に突然亡くなった俳優の三浦春馬さん（享年30）をめぐっては、いまだに衝撃が収まっていないかに見える。

これまでもタレントの自殺の後にファンの後追い自殺が続いたといった事例はあったが、三浦さんのケースでは、それまで特にファンと呼べるような存在ではなかった女性たちも衝撃を受け、それが続いているのが特徴だ。

2020年7月頃から女性の自殺が増えているという現象とそれはオーバーラップしているように見える。コロナ禍で生活環境が変わったことを背景に、自分の人生を振り返る機会もあっていろいろ考えるうちに、生きている意味がわからなくなった。そういう女性たちに三浦さんの死がひとつのきっかけを与えたようだ。

2021年1月22日に警察庁などが発表した統計では、2020年の自殺者数は2万人超だが、男性の自殺が11年連続で減っているのに対して、女性と小中高生の自殺が増えている。女性は過去5年間で最多となっており、コロナ禍の中で昨年6～7月以降増加し、10月がピークとなっていた。

2月19日、首相官邸内閣官房に「孤立・孤独対策室」が発足した。女性と青少年の自殺が増えていることを政府とし

週刊誌が「遺書」の内容を大きく報道

ても深刻に受けとめざるをえなくなったのだ。1月の警察庁などの統計でも、男性は前年同期比で5・7%減と自殺者が減っているのに、女性は5・6%増となっている。男女の違いが顕著なのだ。女性の自殺はいまや深刻な社会問題になりつつある。

2020年7月の三浦春馬さんの死の衝撃からいまだに抜け出せないという女性が多いことは「春馬ロス」あるいは「三浦春馬現象」というべきものだが、社会的要因を背景として、三浦さんの死が多くの女性たちに共振現象を引き起こしたのは間違いないようだ。

月刊『創《つくる》』では、2020年11月号からその問題について誌面で取り組んできた。一時は、三浦春馬さんのいる世界へ自分も逝《い》きたいと自殺衝動を口にする女性も多かったため、多くの女性たちの投稿を載せることで、あなたたちは孤立していないというキャンペーンを張ってきた。それらの投稿を読んで、同じような感情を抱えている人が多いことを知って救われたという女性も多い。

それらの投稿は本書の第3章に掲載したが、それらが掲載された『創』を読んで号泣したという女性もいるし、編集部へ電話をかけてきて話しながら泣き出す女性も一人や二人ではなかった。

そういう動きが広がるにつれて、『創』の11月号や12月号を買いそびれたという女性も多く、713円の雑誌がネットでは1万円もの高額で転売されるケースも出るようになった。そこで、読者の意向を考えて、11月号以降の内容をまとめた別冊を出そうということになり、生まれたのが本書である。

その間、三浦さんの死を悼《いた》む女性たちから毎月、多くの声が寄せられるだけでなく、自分も力になりたいという声も届くようになった。例えば本書に掲載したパズルは、パズル作家の女性からの提案によるものだ。また『創』11月号からお世話になっている空羽《くう》ファティマさんと海扉《カイト》アラジンさんとのおつきあいも、空羽さんが連絡してきたことがきっかけとなった。

その空羽さんの提案で、映画『天外者』にちなんで4500人のファンの声を集めようという「想いの光」プロジェクトにも、4500人を超える人たちの思いが寄せられた。

三浦さんの死を悼む女性たちはSNSを通じて連携し、「春友」と呼ばれる関係を結んでいる。そして三浦さんの最後の主演映画『天外者』を応援する意見広告を東京新聞に掲載したり、『森の学校』など過去の出演映画についても上映を求める運動を起こすなど、様々な社会的動きを行っていった。

　本書自体もそうした流れの中で刊行されたものだが、三浦さんの死をめぐるそうした動きと通底していると思われる女性の自殺増加という社会的現象について考えるというのも大きな目的だ。

　いったい三浦春馬さんの衝撃的な死をきっかけに何が起きたのか。本稿では、２０２０年7月18日以降の流れを整理してみたいと思う。もともと『創』がそれに取り組むきっかけになったのは、２０２０年8月末から9月初めにかけて私がヤフーニュースに書いた記事だった。２回に分けて書いた記事はSNSで拡散し、アクセスは３００万を超えた。

　当時は三浦さんの死をめぐる真偽不明の情報がネットにあふれ、ユーチューブでは他殺説や陰謀説が連日流され、それなりの閲覧数を保っていた。人気絶頂と思われながら、しかもドラマの撮影途中に突然死を遂げた三浦さんについての「いったいなぜ?」という思いが錯綜していた。そうしたなかで反響を呼んだヤフーニュースの記事を紹介することから本稿を始めよう。

真偽不明の情報も飛び交った昨年秋の状況

　三浦春馬さんをめぐる衝撃が続いている。8月15日にNHKスペシャルドラマ『太陽の子』、20日に紀行番組『世界はほしいモノにあふれてる』と出演番組が放送され、亡くなる前日まで三浦さんが撮影に臨んでいたTBS系ドラマ『おカネの切れ目が恋のはじまり』は、一部台本を書き直して9月15日から予定通り放送されている。こうした番組放送のたびにSNSなどで話題が飛び交っている。

　4月に発売された著書『日本製』は、8月31日付の「オリコン週間BOOKランキング」で週間売り上げ1位を記録した。音楽作品では２０１９年8月に発売した三浦さんのデビューシングル「Fight for your heart」が「オリコン週間シングルランキング」で、２０２０年8月31日付まで3週連続でトップ10入り。26日にはセカンドシングル「Night Diver」も発売されたが、こちらも8月31日付のオリコンの発表によると、約20万枚の売り上げで週間シングルチャート2位になったという。

　今回のことをきっかけに三浦さんの作品を買い集めているという人も少なくない。三浦春馬さんの突然の死は、今の日本社会の多くの人たちの何らかの感情を揺さぶったと思われるのだ。社会に生きづらさを感じ、ふと死んでしまいたいと思うこともある。そういう人たちに三浦さんの死は大きな影響を及ぼしているように見える。

　自殺というのは人間にとって最もプライベートな行為なだけに、不確かな情報であれこれ詮索するのは慎まなければならない。今回の突然の死は想像や類推の及ぶ範囲を超えており、これからも多くのファンが哀しみを引きずったままになる可能性もある。

　新聞・テレビはもちろん人権的配慮か

ら自殺の原因に踏み込むといった報道はできず、週刊誌でも、この間、踏み込んだ報道を行ってきたのは『週刊新潮』と『週刊文春』くらいだ。他のメディアは、情報が得られないという理由が大きいが、それ以上にどこまで踏み込むべきか悩みもあるのだろう。

なぜ三浦さんが亡くなったのか理由がわからないという状況は、関心を持っている人たちに、居ても立ってもいられないというような感情を抱かせているようだ。ネットでは、実は他殺ではないかといった情報も飛び交っている。あるいは詳細な情報を開示しない所属事務所アミューズに対しても非難めいた書き込みをしている人もいる。

アミューズが発した再三の警告

アミューズは、その点について、何度か「お知らせ」をホームページに掲載した。その中でこう書いている。

《マスコミの皆さまにおかれましては、ご親族への取材や、憶測での記事掲載などはご遠慮くださいますよう、切にお願い申し上げます。》（7月20日）

《改めまして皆さまへのお願いがございます。自宅住所およびご実家、弊社への訪問や献花はお控えいただき、追悼の想いはサイトへお送りいただきますよう、改めましてお願い申し上げます。

また、一部マスコミによる行き過ぎた報道、ご親族への執拗な取材行為、憶測による記事掲載が見受けられますが、故人とご親族のお気持ちにご配慮いただき、くれぐれもお控えいただきますよう改めてお願い申し上げます。》（7月31日）

「ご親族への執拗な取材行為、憶測による記事掲載が見受けられます」というのは、一部の週刊誌報道を想定したものだろう。例えば『週刊新潮』8月6日号は「『三浦春馬』動機は『家族問題』」と題する記事を掲載。自殺の背景に親との確執があったのではないかという内容だ。

三浦さんの家族関係が複雑だったことは確からしい。記事によると、小学生の時に両親が離婚、三浦さんは母親と二人暮らしになるが、中学生の時に母親が再婚。一時継父と母親と一緒に生活していた。その頃、三浦さんは5歳の頃から地元の養成所アクターズ・スタジオに通って子役としてスタートした芸能活動が順調で、スターへの道を駆け上っていく。

その後、母親と継父は別れるのだが、三浦さんは芸能事務所アミューズに所属し、上京して堀越高校に進学。好きだったサーフィンをするために地元・土浦と東京を往復する生活を続ける。その過程で母親との関係に距離ができ、疎遠になっていったようだ。

親との確執については、『週刊文春』8月13・20日号も「三浦春馬の絶望『結局はお金。両親には二度と会いたくない』」と題して報じている。

複雑な家族関係が三浦さんの内面に影を落としていたことは確かなのだろう。別稿のインタビューでサーフィンの師匠・卯都木さんが語っているように、三浦さんはある時期から母親との接触を断ち、連絡先を教えていなかったという。母親との間に何かがあったようなのだが、今となっては真相がわからない。

残された遺書ないし日記をめぐる報道

『週刊文春』と『週刊新潮』が当時大々的に報じたのは、三浦さんの死をめぐって遺書が残されていたというものだった。遺書といっても正式なものでなく、三浦さんが仕事を含めていろいろな思いをつづっていたノートらしい。そこに書かれていた記述が、死に至った三浦さんの心情を表現していたのではないかというのが両誌の報道だ。

その内容は、三浦さんと親しい知人が両誌の記者に語ったとされるのだが、後述するように、アミューズはそれが遺書にあたるとの見方を、後に公表した9月14日のお知らせで否定している。

週刊誌が紹介した内容で衝撃だったのは、三浦さんが鬱《うつ》状態に陥り死を意識したという記述だ。特に『週刊文春』は8月6日号「三浦春馬『遺書』の核心『僕の人間性を全否定する出来事が』」で、知人の証言として、遺書とされる日記の内容を紹介。8月13・20日号「三浦春馬の絶望『結局はお金。両親には二度と会いたくない』」ではその内容をさらに詳しく書いていた。

三浦さんは2020年8月15日にNHKで放送されたドラマ『太陽の子』に出演していたのだが、その撮影過程で感じたことをノートに書きつづっていた。劇中の人物・石村裕之と自分に共通点を見出し、「その共感とは?」と題して「約二年前の出来事」についてこう書いていたという。8月13・20日号から引用する。

《僕が僕の人生を全否定するような出来事があり、たちまち鬱状態に陥り、自暴自棄になった。当時は鬱状態から抜けられなかった。どう死のうかと考えていた。仲の良い人に会うときに「死にたい」と思っていることを悟られたくなかった。気力のない「ウソの笑顔」を作り、毎日ウソをつくのが苦痛だった。毎日ウソをつき続けることの苦痛。これこそ自分の演じた石村の葛藤に近いのではないか》

「石村との葛藤」については『週刊文春』8月6日号で知人がこう説明していた。

「作中の石村は、神風特攻隊として敵方の空母艦に突っ込む命令が下るのを待っていました。仲間が先立っていく光景を目の当たりにする中、作戦が変更になり、戦地から一時帰郷。結果的に自分の命の時間が引き延ばされたわけですが、それに対して春馬は遺書で『散る運命を背負いながら、家族の前では気丈に振る舞おうとする気持ちを考え、胸が痛んだ』と切実な想いを書き綴っていた」

人生を全否定するような約2年前の出来事とは具体的に何を指すのかは明らかではないが、2018年当時、三浦さんはイギリスのポーツマスに短期留学していた。そして実父と会って両親が離婚した理由を聞かされたという。それについて遺書とみられるノートに書いていた記述はこうだ。再び『週刊文春』8月13・20日号の記事から引用する。

《留学中も鬱状態から抜け出せず、どう死のうか考えていた。一カ月留学した頃、父が緊急手術を受けたと友人から連絡を貰ったんだ。もう亡くなるかもしれないと……。自分は死のうと思っていた。でも、なぜか会ってみようと思ったんだ。（実父は）母と離婚した理由を教えてくれた。実父との再会が人生を見つめ直し、自分と向き合うきっかけを与えてくれた》

遺書については『週刊新潮』も言及しており、7月30日号「『三浦春馬』酒とバラの『遺書』」は、こう書いている。

「自宅にあった手帳には、普段の仕事への思いや役者論などが綴られており、その中に『死にたい』という主旨の記述があったそうです」

何か打てる手立てはなかったのか

自殺の背景について、多くのメディアがあまり踏み込まないでいるのは、事務所の要請もあって、憶測報道を避けようという意識が働いているのだろう。その人権的配慮は当然だと思う。

ただ気になるのは、前述したように多くの人の心に「いったいなぜ?」という疑問が突き刺さったままであることだ。家族との確執という話は、遺族をさらに傷つける恐れが強いので配慮するのは当然と思うが、気になるのは、三浦さんが日記に「死にたい」といった記述をし、親しい知人にも話していたならば、それを2〜3年間、放置していたのはなぜなのか、何か対応を講じて、死に至る前に何とかならなかったのかということだ。

そういう議論であれば、誰をも傷つけることにはならないだろうし、むしろ三浦さんの死を受け止めて、社会的に考えるというのは、必要なことでもあるような気がする。三浦さんがずっと陥っていたという鬱の状態を考え、何とかできなかったものかと考えるのは決して彼の死を貶《おとし》めることにはならないと思うのだ。

もちろん人間の死に踏み込むことの重さは理解すべきだし、事務所の言うように、関係者への執拗な取材や、安易な憶測報道を慎むのは当然だろう。ただそのうえでなお、あまりに突然で多くの人に衝撃を残したままの三浦さんの死については、もう少し社会全体が受け止めるべき事柄があるように思う。三浦さんの死を悼むとはどういうことなのかを、もう少し考えても良いのではないかという気がするのだ。

亡くなった人や周囲の人たちへの配慮は当然のことなのだが、三浦さんが置かれていた状況がどんなだったのか、もう少し社会が考え議論する必要があるような気がする。

三浦春馬さんの死についてのファンの気持ち

以上は、私がヤフーニュースに8月31日に書いた記事に加筆修正したものだ。予想を超える反響があって、正直驚いた。ネット上でたくさんのコメントがついたし、『創』編集部にメールや電話で意見を寄せてくれた人もいた。

それら反響にはある程度の共通性が感じられた。中高年の女性が多いこともそうだが、例えば9月6日のツイッターでのこういうコメントだ。

《篠田様の記事を読んで自分の部屋に急いで入り号泣しました。50代で主人もおり息子も娘も春馬さんと同年代です。特別熱烈なファンではありませんでしたが、彼の自死のショックは自分の想像を越え4キロ痩せ、朝起きてから夜寝るまで「何故?」「どうして」「救えなかったのか?」の繰り返しです。》

特別熱烈なファンではなかったのに、今回の件にはショックを受けた、という感想が多いのだが、それにしても4キロも痩せ、毎日「なぜ」と自問しているというのは尋常でない気もする。電話をかけてきた女性の中には、電話口で泣いている人もいた。三浦さんの突然の死に対するこうした反応には、今の社会状況を反映した何かが映し出されていると考えねばならないと思う。

その後、『創』誌面に寄稿を続けている絵本作家・空羽ファティマさんや切り絵作家・海扉アラジンさんの作品も、そういう反響のひとつとして持ち込まれたものだ。ファティマやアラジンはもちろんペンネームで、日本人の女性だ。毎日新聞の地方版にコラムを持っている空羽さんは、そこに三浦春馬さんの話を書こうとしたのだが、掲載は難しいと言われ、本誌編集部に連絡してきたという。

掲載が困難だったのは、彼女の原稿の中で、三浦さんはゲイだったのではないかという憶測をしていたからだ。ミュージカル『キンキーブーツ』での女装の印象があるし、三浦さんがクローゼットの中で発見されたということから、in the closetという言葉への連想もあったようだ。in the closetは、カミングアウトできずに閉じこもるという、ゲイの世界では有名な言葉だ。

ネットでは、こういう見方や、様々な憶測、さらには他殺説などがあふれている。ウラのとれていない言説がネットで拡散するのはともかく、そのまま活字にすることは確かに問題だと思う。特にゲイ説については、それが昨今大きな問題になっているアウティングにつながる怖れもある。

ただ、それらの言説にも、居ても立ってもいられないファンの心理が反映しているし、空羽ファティマさんもそれがウラのとれていない着想であることを断っていたから、『創』は11月号に原文通り掲載することにした。ただ発売後、それに傷ついたという読者からの批判や抗議も寄せられ、熟考の末、ヤフーなどへの転載や本書への収録にあたってはその部分を削除することにした。

9月4日、アミューズがやや踏み込んだ説明

さてそういう中で四十九日を迎えた9月4日、所属事務所アミューズがホームページに「三浦春馬に関するお知らせ」を公表した。これまで公表した内容に比べると踏み込んだ内容だ。またその中で、この間の報道について様々な指摘を行っている。

《四十九日の間、様々な憶測による報道や、事実ではない情報に基づく誹謗中傷等により、皆さまに行き場のない悲しい思いをさせてしまったことを、深くお詫び申し上げます。

この期間、様々なお声をいただいておりましたが、情報に誤りがないよう、事実関係を把握し整理することに努めて参りました。同時に、彼が情熱を持って取り組んでいた仕事の今後や、これまでに

関わってきた様々な作品を、どのように世に届けるかということについて、関係者の方々と話し合いを重ねて参りました。》

そして7月18日当日の状況についてこう書いている。

《【当日の経緯について】

午後から予定されていた仕事に向かうため、約束の時間に担当マネージャーが自宅へ迎えに行きましたが、メール・電話等に返事がなかったので、部屋へ向かいました。インターフォンを鳴らしましたが応答がなかったため、管理会社の方に連絡し、部屋の鍵を開けていただき入室したところ、すでに意識のない状態でした。応急手当をするとともに、すぐに警察と救急に連絡を入れ、病院に搬送されましたが、懸命な救命処置も及ばず14時10分に永眠いたしました。

その後、警察による現場及び時間経過の検証の結果、事件性は確認されず、検視の結果から死因は自死であるとの報告を受けました。

一部報道で「撮影現場に本人が現れないため、マネージャーが不審に思い自宅に確認に行った」と報じられておりますが、仕事の際にはマネージャーが送迎しておりますので、そのような事実はございません。》

ネットなどで疑念を指摘されている事柄についてもこう見解を述べた。

《【仕事の進め方について】

仕事の進め方に関しては、出演のオファーをいただいた時点で、スケジュール、作品の持つ意味合い、そして本人の思いなども含めて、その都度、本人と担当マネージャーとの間で丁寧に話し合いながら進めて参りました。

なお、一部報道に「留学を中止して帰国するようにマネージャーが指示した」といった内容の記事がございましたが、そのような事実はございません。》

要望の多い三浦さんの作品についてはこう説明した。

《【三浦春馬の作品について】

取り組んで参りました作品で未公開のものに関しては、関係者の皆様と協議を重ね、放送、公開に向けて調整を進めさせていただいております。ファンの皆様からは、過去に出演した作品の映像化に関するご要望も多数いただいております。特に、お問い合わせの多かったブロードウェイミュージカル『キンキーブーツ』に関しましては、権利の問題で全編映像化は叶わなかったものの、ブロードウェイサイドの皆様のご厚意で、15分程度の特別映像を後日アップさせていただく事となりました。また、完売しておりました『キンキーブーツ』サントラCDに関しては、再プレスを行い、本日よりネット通販でご購入いただける状況が整っております。

その他の出演作品に関しても、引き続き関係各所と検討を進めて参ります。

なお今後、三浦春馬に関する弊社の全ての利益は、三浦春馬基金(仮称)を2020年内に立ち上げ、本人の遺志を継ぎ、これまで携わってきた「Act Against AIDS(現ACT AGAINST ANYTHING)」の活動を通し、ラオフレンズ小児病院を始めとする、あらゆる困難に立ち向かう人々への寄付・支援に充てさせていただ

きます。》

週刊誌の報じた「遺書」については否定

驚いたのは、この時点で、週刊誌がこの間、大々的に報じてきた「遺書」について、こういう説明をしていたことだ。

《【遺書の存在について】

警察の現場検証の結果、本人が日頃から役作りなど様々な思いを綴ったノートは自宅から発見されましたが、遺書はありませんでした。

そのノートにも、自死の動機や原因と直接結びつくような内容はなく、また、ファンの皆さま、スタッフ、アーティスト仲間などへ遺した文章や、遺書なども結果として見つかっておりません。》

週刊誌では、遺書ないし遺書と言ってよい日記の記述とされていたが、それがここでノートと書いているものなのだろう。『週刊文春』や『週刊新潮』では、その中の記述を紹介しつつ、三浦さんの死との関わりを示していたが、事務所としてはそのような関連を認められないと判断したのだろう。あるいは別の判断があって、その内容が遺書として報じられることに懸念を抱いたのかもしれない。

そのお知らせにおいても、一部報道やネットでの反応についてこう書いていた。

《【誹謗中傷に関する改めてのお願い】

ご心痛の中にいらっしゃるご遺族や友人のプライベートを詮索するような記事の掲載、そのための過剰な取材行為、弊社所属アーティスト及びマネージャー等に対するネット上での根拠のない誹謗中傷に関しまして改めてお控えいただけますようお願い申し上げます。》

さらに9月14日にはこういう警告も発せられた。

《昨今、当社所属アーティストやその関係者(アーティストの家族、親族や当社従業員であるマネージャー、関係スタッフを含みます。)(以下「アーティスト等」といいます。)への度を超えた誹謗中傷、デマ情報の拡散、過度な憶測記事の掲載、私生活への介入を伴う取材行為、アーティスト等になりすます行為が、インターネット上のニュース記事、Twitter、Instagram、YouTubeなどで多く見られます。

皆様におかれましては、どうか上記についてご理解ください。当社としては、アーティスト等を守るために、上記行為に対しては法的措置を含む対抗策をこれまで以上に毅然と講じる所存であり、特にネット上の誹謗中傷等に対しては、発信者情報開示請求(情報発信者の住所・氏名・登録された電話番号等の開示をプロバイダに求める手続)も活用して、加害者である発信者の責任を追及して参ります。》

三浦春馬さんのことだと明示していないが、三浦さんのケースも含めて事務所としては強い決意を持ったことが窺《うかが》える。事務所としても、この間のファンやそれ以外の多くの人の反応を見て、ある程度情報を公開せざるをえないと判断したのだろう。

9月に入って芸能人の相次ぐ自殺が

気になる事態についても言及しておこ

う。

女優の芦名星さんが9月14日の早朝に亡くなった。自殺と見られ、三浦さんと同じようにクローゼットで発見されたという。芦名さんは三浦さんとも知り合いで、『女性セブン』10月8日号によると、9月5日にインスタグラムの〝裏アカウント〟にこう投稿していたという。

《そっちはどう？ こっちはなかなか（笑）会いたい。ふつーに会いたいよ（泣き顔の絵文字）》

そして9月27日、女優の竹内結子さんが亡くなったという報道が社会に衝撃を与えた。自殺と見られているが、1月に男児を出産したばかりという。先頃公開された映画『コンフィデンスマンJP プリンセス編』で三浦さんと共演していたのは記憶に新しい。

この問題は議論すること自体難しいという側面もある。芦名さんや竹内さんの死が三浦さんの死と関連しているという事実は明らかになっていないが、〝三浦春馬現象〟ともいうべき一連の事態は、大きな問題を提示しているように思えてならない。

一連の自殺報道をめぐっては、それ自体が自殺を誘発することのないようにという指摘が数多くなされ、テレビや新聞は報道の後に「いのちの電話」など相談所の連絡先を明記した。それらの相談所にはたくさんの電話がかかってつながらない状態が続いたという。

『創』編集部に寄せられる読者からの文書やSNSでのコメントにも自殺に言及したものは少なくなかった。

《春馬くんの記事読ませて頂き涙が止まりませんでした。私もあの日から色々な事がloopして、すんでのところで留まっていますが、死んでしまいたいです》

慌てて《死ぬのだけはやめて。残された人が悲しむから》と返答した。

誌面には毎号、読者からの投稿を掲載したが、それらを仔細に見ていくと、全体の傾向として、三浦春馬さんの死に激しい衝撃を受けながらも、3カ月ほど経つうちに少しずつ落ち着いてくる方も増えてきた印象を受けるようになった。多くの投稿を読んで、自分と同じ意見の人が多いことを知り救われた、という声も多い。自分が孤立してないということを知ることが、絶望して死に至ることを防ぐ効果を持っていることがわかった。

三浦さんが所属していたアミューズは11月5日に「インターネット上における誹謗中傷、デマ情報について」という文書を公表した。そこには「デマ情報を発信しているWebサイト」と題して、幾つものサイトが実名で公表されている。大半が三浦春馬さんの死をめぐるサイトだ。

これまでもマスコミが遺族に取材をかけたりすることに警告を発してきたし、ネットの情報を誤りが多いと指摘してきたが、具体的なサイト名をそのまま公表したのは、事務所がいかに苦慮しているかを示すものだろう。法的措置を辞さずという決意を示したうえでサイトを実名で公表するという措置が取られて以降、それらのサイトは次々に閉鎖していった。

SNSを通じて交流深めるファンたちは…………

泣いてるばかりじゃない「春友」さんたちの取り組み

篠田博之【『創』編集長】

三浦春馬さんの死に衝撃を受けたままで「時間薬」も効かないという多くの女性たちのなかから、様々な動きが出始めている。約20年前の三浦さんの映画がリクエストによって各地で上映されている。

映画『天外者』めぐり東京新聞を紙面ジャック

2020年12月12日、三浦春馬さん最後の主演映画『天外者《てんがらもん》』の公開舞台挨拶を取材した。月刊『創』では12月11日公開前に発売の12月号で田中光敏監督のインタビューを掲載するなど（本書別稿に転載）この映画について取り上げてきた。

その舞台挨拶では、映画上映前に田中監督を始め、坂本龍馬役の三浦翔平さんら主要キャストが舞台に立って撮影中の思い出などを披露した。多くの共演者が、完成した映画を三浦春馬さんが観ることができないのが残念だ、と言って、三浦さんとの思い出を語った。

三浦翔平さんはこんな話をした。

「三浦春馬さんはそこ（客席）にいると思うんです。たぶん照れてるんじゃないですか。こうして幕が開いたことを、喜んでいると思う。さわやかな笑顔で、ありがとうと言ってるんじゃないですか」

『天外者』は幕末から明治初期に生きた実在の人物、五代友厚を中心に坂本龍馬や岩崎弥太郎らを描いた青春群像劇だ。タイトルの「てんがらもん」とは「すごい才能の持ち主」という意味の方言だ。

映画は東京新聞映画賞やキネマ旬報ベストテンなど数々の賞を受賞し、興行的にも大ヒットした。その背景には、三浦春馬ファンたちの熱い支援があった。三浦さんの死に衝撃を受け、昼夜を問わず彼のことを思っているという女性たちは、

2020年12月12日『天外者』公開記念舞台挨拶（左端が田中光敏監督）

何回も劇場に足を運んだ。なかには20回も30回も観たという女性もいる。

それだけでなく「春友」と呼ばれ、SNSなどで連携するようになった人たちは、映画支援のための具体的行動に打って出た。例えば話題になったのが、自分たちでお金を出し合って行った東京新聞の紙面ジャックだった。

東京新聞「東京くらしの伝言板T-Voice!」に２０２０年11月28日、12月5日と2週にわたって、映画『天外者』公開にあわせたたくさんのメッセージが掲載された。お金を出して枠を買い取り、一斉にメッセージを紙面掲載するというものだが、２０１６年にSMAP解散を惜しむファンたちが朝日新聞と東京新聞に同様の広告掲載を行った事例を踏襲したものだ。

11月28日の東京新聞の掲載日には、新聞を購入しようとする人たちのアクセスが集中して同社のネット接続が不安定になるといったことが起き、12月5日の紙面については、東京新聞が事前予約を受け付けることになった。新聞販売の事前予約というのは異例の事態だった。

SNSという媒体を使って春友さんたちは連携を深め、情報交換や行動提起を行うようになっていた。メディアから情報を受け取るだけでなくファンたちがSNSを使って社会的な取り組みを始めたのだった。

身近な死に直面して激しい喪失感に襲われることを「グリーフ」と言い、その立ち直りのためのサポートを「グリーフケア」というそうだ。人間は大切な人の死に直面した時、根源的な思いに捉われ、死について、あるいは自分の人生について思い悩むことがある。それに対するグリーフケアは、日本グリーフケア協会という組織も存在するほど社会的テーマになっているという。

三浦春馬さんの死をきっかけに起こっ

た一連の動きはまさにグリーフと、それに対するグリーフケアの広がりで、『創』が誌面で続けてきたこともそのひとつと言えるかもしれない。なぜ三浦さんの死がそういう動きのきっかけになったのか、コロナ禍における生活環境の変化とそれはどうつながっているのか、そういう事情はまだよくわからない。ただ、昨年秋頃から編集部に寄せられる数多くのメールや手紙、「春友」さんたちの動きを見ていくと、それが社会的な意味を帯びていることがわかる。

実母と実父が遺産をめぐって対立

さて三浦春馬さんの家庭環境が複雑であったことは別稿で書いたが、それは三浦さんの死後もいろいろ影を落としていた。アミューズは今後、三浦さんに関する利益は慈善事業に寄付する方針であることを9月時点で発表していたが、『週刊文春』12月31・1月7日号によると、それ以外の個人資産については10月初め、実母と実父がそれぞれ弁護士を立てて遺品整理を行い、11月からアミューズの代理人を含めた三者で話し合いが始められたという。

両親が遺産をめぐって対立していることは、その頃から『女性セブン』11月5・12日号「三浦春馬さんお墓ができない！　巨額遺産めぐる悲しき家族闘争」など週刊誌で報じられた。『女性自身』12月22日号には実父がインタビューに応じた「三浦春馬さん実父が独占初告白！　母への愛憎苦悩と紛糾する遺産相続」という記事が掲載された。

そして『週刊文春』12月31日・1月7日合併号に実母が登場。見出しは「三浦春馬実母初告白『遺骨は手元にあります』」だった。遺産相続をめぐって実母と実父が争っている経緯も書かれていた。また同日発売の『週刊新潮』12月31日・1月7日合併号も「遺骨・相続トラブル…『三浦春馬』が泣いている」という記事を掲載していた。

その2誌が発売された12月24日、アミューズが「本日の週刊誌報道について」と題する文書を公表した。内容よりもまずその口調の激しさに驚いた。

《未だ悲しみの中におられるご遺族への執拗な取材行為について、（略）これまでも再三控えるようお願いして参りましたが、それを一切無視する形で強引な取材を行い、故人とご遺族の尊厳を傷つけるような記事が掲載されていることについて、当社としては強く抗議いたします》

文末は《法的措置を含む対抗策をこれまで以上に毅然と講じる所存です》と結ばれていた。

具体的な雑誌名はあげていなかったが恐らく2誌両方を含むのだろう。文中で『週刊新潮』の記述に言及しているから、同誌が抗議の対象に含まれるのは明らかだ。アミューズ文書はこう言っていた。

《一部報道で、三浦春馬が、もともと出演が予定されていた他の俳優の代役としてドラマに出演するために、留学を取り止めて帰国した、と報じられておりますが、そのような事実は一切ありません。

記事にあるドラマは企画立案時より三浦春馬を主演に企画されており、このよ

東京新聞11月28日付「T-Voice!」に載ったメッセージ

うな虚偽の報道は故人の名誉を傷つけるだけでなく、ドラマを制作してくださったスタッフの皆さんをも侮辱する行為であり、強い憤りを感じております。》

『週刊新潮』は以前から、三浦春馬さんの自殺の背景のひとつに、親との確執があったとする見方だ。確かに三浦さんは生前、実の母親と連絡をとろうとしなかったと言われており、親との関係がギクシャクしていたのは事実なのだろう。でも息子を失って悲嘆に暮れる実の親に対して、直撃取材を行ったり、プライバシーと言える遺産相続をめぐる対立などを報じることに対しては、アミューズとしては許せない。そういう強い口調の文書だった。

しかし、後述するように、この後、実母は予想外の行動に出る。何と『週刊文春』に続いて『週刊新潮』にも登場、自身への批判に反論するだけでなく、アミューズの批判も行ったのだった。

実父の突然の死と実母の告白

その前に書いておかなくてはならないが、この両親の遺産をめぐる対立は予想外の形で終結した。何と実父が突然、2021年1月15日未明に急死したのだった。前夜から、いきつけの飲食店にいたのだが、気分が悪くなったと言って帰宅後、息を引き取ったという。『女性自身』2月23日号が「独占キャッチ！　三浦春馬さん実父が遺産問題渦中に急死！」と題して大きく報道した。

そしてもうひとつの驚きは、実母が『週刊新潮』2月25日号に登場、「『三浦春馬』実母が訴える『息子は事務所に奪われた』」という記事が掲載されたことだった。『週刊新潮』といえば、春馬さんの死後、その背景のひとつとして実母との確執を指摘し、実母とは対立してきた関係だから、この記事にはいささか驚いた。

どうやらこれまで、実母が息子にお金を無心していたなどと報道されていたことに対して、本人はメディアを通じて否定しようと考えたらしい。ライバルの『週刊文春』に先にインタビューされたことに対して『週刊新潮』が巻き返しを図り、一連の報道への批判や否定も載せるからと持ち掛けたのではないだろうか。

実母は記事でこう語っていた。

「だいたい、私についてメディアで書かれていることは全然違うの。春馬にお金は無心していませんし、都内にマンションなんて買ってもらったことはない」

遺産をめぐる実父との対立については、実母はこう具体的に語っていた。

「向こう（実父）は、春馬の葬儀に内縁の妻と連れ立ってやってきました。私も直接その場で話すことはなかったけれど、それから1カ月くらい経った後、向こうから弁護士を立てて話し合おうと言い出したの。彼がすごく主張してきた部分があって。そう、春馬の遺産を欲しがってきたから争うことになった。彼と春馬を最後に会わせてあげたのは私なのに、感謝の言葉の一つもないどころか、彼は私に対して〝いい車に乗っているな〟とか〝随分とよい生活をしているね〟と言い放った。だから私も、〝そうおっしゃるのなら、お話し合いは持てませんね。もうお会いすることもないでしょう。私も弁護士を立てます〟と告げました」

息子と連絡がとれなくなった経緯、そして息子が鬱《うつ》と言われる状態に陥ったことについては、これまでメディアで報じられていなかった経緯も含めてこう述べた。

「本当に連絡が取れなくなったのは、5年ほど前からなの。理由は春馬の心身の状態がよくなかったのね。私や再婚相手の男性、そして所属事務所であるアミューズとの関係で揉めていたし、いろいろな悪いことが春馬の精神や体に重なっていった。タイミングが悪かったんだと思う。具合が悪くなったきっかけは、2014年に『僕のいた時間』っていうドラマに出演した際、役作りのために短い期間ですごく体重を落としたことだと思うの。10キロぐらい一気に減量したんです。その時の無理がたたって、酸素が脳に行き渡らなくなってしまい、一過性の鬱状態みたいになってしまったのよ」

さらに、自分が息子と疎遠だったと報じられたのは、事務所が息子を囲って、母親と会えなくしていたのではないか、と事務所批判まで口にしたのだった。これにはアミューズ側もショックを隠せなかったのではないだろうか。

「あの子の具合が悪くても、なんとか心身を健康にして働かせたいっていう事務所の思惑があったんでしょう。それで周りの大人たちが、春馬を囲い込むような形で私と連絡は取らせないという判断をしたんだと思う。それで春馬の携帯電話の番号が変えられ、私は連絡が取れなくなってしまった」

この実母とアミューズの関係が今後どうなるのかは気になるところだ。

映画『ブレイブ』公開と『森の学校』の上映運動

さて3月12日には映画『ブレイブ ―群青戦記―』が公開された。主演は新田真剣佑さんで、戦国時代にタイムスリップした若者たちが困難に立ち向かう青春群像劇だ。その中で三浦春馬さんは若き日の徳川家康をイメージさせる重要な役どころで出演している。春友さんたちはこの映画についても三浦さんの存在感を示すものとして熱い応援を行っている。

そしてもうひとつ、三浦春馬さんと関りの深い映画『森の学校』も各地で上映が続いている。こちらは2002年に公開された映画で、撮影時の三浦さんは12

『森の学校』少年時代の三浦春馬さん©森の学校製作委員会

歳だった。

なぜその映画がいま上映を拡大させているかというと、これまた春友さんたちの運動によるものだった。ファンがぜひまた見たいと思う映画投票を行うドリームパスという仕組みを利用したのだ。投票結果が良かった映画は各地の映画館で上映される。

私が観に行ったのは3月10日、都内のTOHOシネマズ日本橋だった。さすがに平日の朝9時から上映とあって満席というわけにはいかなかったが、丹波篠山の大自然を背景にした見応えある映画だった。

西垣吉春監督は、大自然を描いたこの映画は映画館で観て欲しいという意向で、DVD化や配信には応じてこなかったのだという。

そんなふうになかなか観ることができないという事情が春馬ファンに上映運動を起こさせたのだろう。

直接的には家族の絆を描いたものだが、全編を貫いているテーマは「命」だというのが私の感想だ。春馬少年扮する小学生の主人公は生き物が好きで、庭でウサギやモルモットなどいろいろな動物を飼っている。その動物たちとの交流や子どもたちの友情などが大自然を背景に描かれるのだが、クライマックスは少年を可愛がってくれた祖母が亡くなって、子どもたちが「みんないつか死ぬんや」と口々に語るシーンだ。

三浦さんはこの映画がデビュー作で、将来性を感じさせる良い演技をしているのだが、ファンたちは、その死をめぐるやりとりにはドキッとしたに違いない。

ファンたちが投票によって上映を実現させるというドリパスには、三浦さんの他の作品のリクエストも寄せられているという。約20年前の『森の学校』がそんな経緯で各地で上映されているのも、春友さんたちの熱い思いの現れといえよう。

この後、三浦さんが出演したテレビドラマ『太陽の子』も2021年中に劇場映画として公開されることが既に発表されている。またファンたちが熱望しているお別れ会も7月には行われるのではないかと言われている。

三浦春馬さんの死をめぐる社会的現象は、この後どうなるのだろうか。

50代60代の妻たちが、三浦春馬さんを慕ってDVDを買い集めたり、涙を流したり、時には号泣しているという現象が続く中で、その夫たちの間では「三浦春馬ファンの嫁の夫被害者の会」もツイッターで呼びかけられているという。

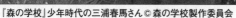

サーフィンの師匠にインタビュー

サーフィンを通じた三浦春馬との16年間

卯都木睦
【「茨城元気計画」代表】

三浦春馬さんが14歳の時からサーフィンを習い、その後も頻繁に行き来してサーフィンを楽しんできた師匠が卯都木さんだ。その死はあまりに突然で、亡くなったという実感もなかったという。

茨城県つくば市にある「茨城元気計画」の事務所を訪ね、卯都木《うつぎ》睦さんに話を聞いた。卯都木さんは22歳からサーフィンの全日本選手権大会に連続出場するなどしてきた達人で、三浦春馬さんのサーフィンの師匠でもある。本業は「茨城元気計画」代表で、時空戦士イバライガーという考案・制作したキャラクターに息子たちとともに自らも扮して、ショーを行ったりしている。事務所には様々なキャラクターやグッズが置かれているのだが、その一角にはサーフボードを抱えた三浦さんの写真も置かれていた。

サーフィンの映画出演を機に母親と訪ねてきた

――三浦春馬さんとの最初の出会いについて教えて下さい。

卯都木 最初に春馬に出会ったのは16年前、彼が14歳の時でした。サーフィン映画に出るというので、サーフィンを一から習いたいと、お母さんと義理のお父さんと一緒にやってきました。

その前から僕はサーフィンの大会で賞をもらったりしていたし、当時はつくば市の今の店でサーフィンの用具も販売していたので、それを人づてに聞いて訪ねてきたようです。彼はその時、中学3年生でした。

既に子役としてデビューをしており、「地元では有名なんだよ」と紹介されたのですが、僕は知りませんでした。

サーフィンの映画は彼が主役を務めた

イバライガーのパネルをバックに卯都木睦さん

『キャッチアウェーヴ』で、最初に訪れたのは、撮影に入る3～4カ月くらい前でした。そこからほぼ毎週来ていました。

映画を撮り終えて、僕はサーフィンもそれまでかなと思っていたのですが、本人はすごく気に入ったようで、その後も趣味として続けていきたいということでした。

サーフィンはもともと、この世のスポーツで一番難しい、と言われます。波が動いているところで乗るわけですからね。でも春馬は3～4カ月したらそれなりに乗れるようになっていました。学習能力が高かった。運動神経がよいのですね。吸収力がものすごくありました。他の同世代の子とは違いましたね。

サーフィンをやったのは鉾田《ほこた》の海岸でした。鉾田は太平洋沿いなので、どこでもサーフィンができるのですが、僕がよく行くのは、穴場と言える場所です。他のサーファーの人も来ますが、海水浴場になってないのです。お母さんが車に乗せて現地にくる時もあれば、僕の店で待ち合わせて僕が乗せていく時もありました。

サーフィンの板は、最初は貸してあげたのですが、本人がサーフィンを続けたいということになってオーダーで作りました。サーフィンは技術によって板のサイズが変わるのです。乗りやすいボードを作ってあげました。

多い時は週2回、撮影の合間に来ていた

――それからサーフィンを通してのおつきあいが続いたわけですね。

卯都木　彼は小中学校時代は地元の劇団に入っていて、高校に入る頃はもう有名になっていました。その頃からアミューズに入ったのではないでしょうか、高校は東京の堀越高校に進学したと思います。

その後はサーフィンをしに東京から来るようになりました。20歳まではお母さんが車で送って来たり、つくばエキスプレスで一人で来て、僕が駅まで迎えに行くこともありました。

その後、自分で車を買ってからは、東京から運転してきて、その車を僕のところへ置いて、僕が自分の車で海岸まで送っていくことが多くなりました。僕の所から海岸までは片道40分くらいかかりますが、本人は東京へ帰ってからまた仕事だということが多く、少しでも寝かしてあげようと思って僕が運転しました。海は相当体力を使うので、30～40分でも寝るとだいぶ違います。

東京から来た時は大体日帰りです。例えば夕方から仕事がある場合は、朝早く起きて海に行って、帰りに助手席で寝か

せていました。午後2時頃までサーフィンをやって、その後仕事が東京で入っているということも結構ありました。

サーフィンは風や気圧配置が重要なのですが、雨が降っても関係なくやりました。彼のウエットスーツは、東京から持って来たり、僕の家に置いていくこともありました。

サーフボードはぶつかったりするとすぐ破損したりしてすごくデリケートなので、傷ができた時はうちに置いていって次に来る時までに修理しておいてあげる、という感じでした。

春馬が亡くなったのは2020年ですが、その前年の2019年は特に頻繁にやってきました。多い時は週2回とか、ドラマの合間に来ていました。

たまたま2019年の夏はラッキーだったのですが、茨城ロケが多かったんです。『TWO WEEKS』というドラマで、最初の頃は茨城県庁を使って、病院のシーンは霞ヶ浦の土浦の協同病院でした。アクションシーンも県内だったり、逃走シーンも筑波で撮ってたりしました。

「明日午前中だけ海入れるんだけど行こうよ」と言われて、「夕方は仕事か」というと「舞台挨拶あるんだよね」というので、「それ遅れられねーじゃん」みたいな感じでした。彼は有名になってからも僕への接し方は全く変わりませんでした。

運動神経がいいので普通に海でバク転していたり、サーフィンもすごく上達していました。ただ僕は超えられなかったですから(笑)、その後も僕が教える立場というのは続きました。

――仕事の悩みを打ち明けたりということはなかったのですか?

卯都木　サーフィンをしている時は、彼とは仕事の話はほとんどしませんでした。僕も教える側なので集中してほしいと思っていましたしね。

僕の方から仕事の話を尋ねることはなかったですが、時々彼の方から、今度こんなのやるんだよとか、どこどこ行く、みたいな話をすることがありました。でも基本的に、仕事を離れた素の本人でしたね。

そういえば舞台をやっているときに体力をつけなくちゃいけないというので、2人で「肉活」をしたことがありました。とにかくステーキを食べるというのを2人でやっていました。LINEで「今日も肉食ったよ」とか「今日2回もステーキ屋行った」とか、そんなやり取りをよくしていましたね。

僕も今、「時空戦士イバライガー」というキャラクターパフォーマンスをやっていてステージに立ったりしますし、サーフィンと二足の草鞋《わらじ》なので、体力をつけようと一緒にやりました。

――サーフィンとイバライガーの二足の草鞋ですが、三浦春馬さんに指導していた時はお金をとっていたのですか?

卯都木　通常はお金はとりますが、春馬は最初は子どもでしたし取らずにいました。そして役を終わっても本気で続けたいとのことでしたので、そこからは師弟関係ですので、弟子からはお金は当然とりません。16年間一度も春馬からお金を貰ったことはありませんでした。

ただ彼も大人になってからは、いつも車に乗せて行ってもらっているからとご

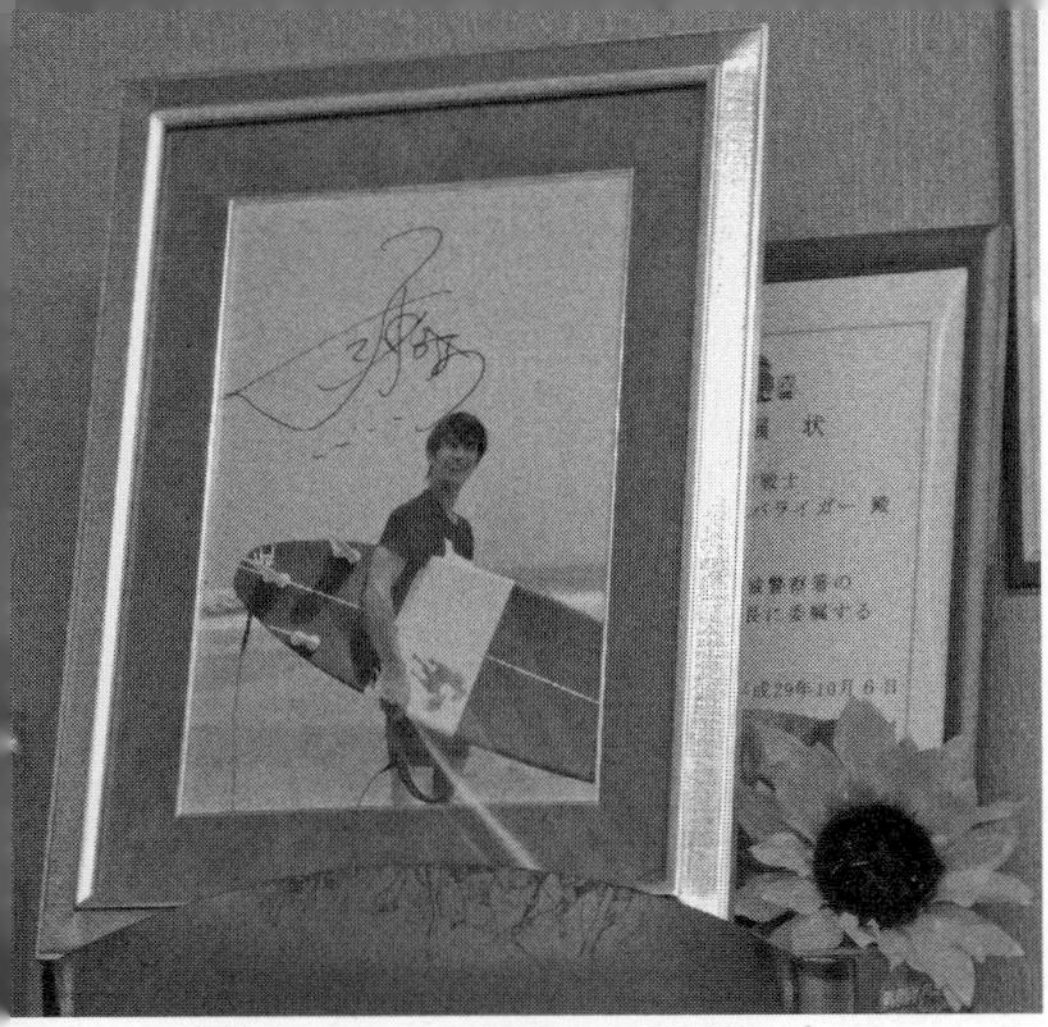

事務所の一角に三浦春馬さんの写真が

飯をご馳走してくれたり、うちの子どもたちを高級焼肉店に連れて行ってくれたり、そういう恩返しはよくしてくれていました。

「また来るね」と言って帰ったのが最後になった

——サーフィンをしに来る時は、土浦の母親のところには行っていたのでしょうか？

卯都木　20代前半の頃までは、前日に仕事が終わってから電車で帰って来て、つくば駅にお母さんが迎えに来て、行きつけの居酒屋で僕と合流して一緒にご飯を食べて、みたいなこともありました。その頃は家族ぐるみのつきあいでしたね。

——春馬さんは家庭環境がやや複雑だったわけですね。母親は、春馬さんの実の父親と離婚して再婚し、その男性ともその後別れるわけですね。

卯都木　春馬が中学校の時に義理のお父さんとお母さんが結婚したのですかね。そこで土浦に中古の一軒家か何かを買って、最初はそこで一緒に暮らしていたのだと思います。ボードなんかもそこに置いていました。お母さんは、僕がよくお会いしていた頃は保母さんをやっていましたね。

——その母親と春馬さんは、その後疎遠になったと報道されていますね。

卯都木　僕の記憶だと仲が良かったのは春馬が20代前半くらいまでかな。春馬が亡くなる前の5～6年は恐らくお母さんとは連絡を取っていなかったと思います。

——サーフィンに来ても土浦の実家には帰っていない？

卯都木　茨城に関しては、僕のところにくるのみです。そういえば1～2回実のお父さんに会ったとも言っていました。

——報道によると3年くらい前からうつ状態になっていたと言われていますが、サーフィンをしていて感じることはなかったですか？

卯都木　なかったですね。僕の前ではよくしゃべるし、げらげら笑っていましたから。アップダウンはあるのかな、と思っていましたが、基本的に海に来る時は元気で、いつも「今日も楽しかった」と言って帰っていきました。

　ただ後になって思うと、時々間があくんですよ。それはサーフィンをやっている人からするとあり得る話ではないんです。サーフィンをやっている者は、その感覚を忘れないように、忙しくても2～3カ月も間をあけるようなことは、習性としてしないんですよ。でも春馬は間があいてしまうことがあって、大丈夫かなと思うことはありました。

　２０１９年に「またすぐ時間作って来るね」と言って帰って行ったのが、一緒にサーフィンをやった最後でした。その後、京都で撮影があって、ハードなスケジュールで動いていたのだと思います。髪の毛も坊主にしなければいけないと。「ちょっと間あくね」とは言っていました。

——NHKのドラマ『太陽の子』の撮影ですね。

卯都木　その後、年が明けると3月からコロナでしたから、本人は真面目に自粛していたのでしょうね。本当は誰かが付いていてあげたら違ったのかなと思います。その前からお母さんとは「連絡取っていないんだよね」と言っていました。

テトラポットにたくさん花が置いてあった

——卯都木さんには7月18日のことはどこから連絡が入ったのですか？

卯都木　僕が材料の買い出しをしていて外にいる時に、うちの社員から連絡があって、春馬が死んだと聞かされました。スマホでニュースを見たとのことでした。

——その前にメールのやりとりとかはしていたのですか？

卯都木　3月頃までLINEのやり取りはよくしていました。「コロナになって大変だね」みたいな話から、水を2ケース送ってくれたりとか。それをもらって「届いたよー」とか「ありがとねー」とか「頑張ってやれよー」とかやりとりしました。

——サーフィンはその前までは冬でもやっていたのですか？

卯都木　年間を通して季節は関係ないです。2018年のお正月なんかはえらい頻繁に来ていました。2019年になる元旦も、一緒にサーフィンしてから初詣に行きました。

常陸大宮の御岩神社という神社ですが、パワースポットらしいですよ。春馬に誘われて行きました。元旦一緒にご飯を食べて、「また来るね～」と言って帰ったら次の日にまた連絡がありました。1月2日に「明日空いてる？」と言うから「空いてるよ」と言うと、「じゃあ海行こうよ」って言いだして…そんなふうに、一日おきで来たりしていました。

初詣の2日後、1月3日には、僕の息子3人と春馬の5人でステーキを食べに行きました。その際、春馬は、

「こんなおじさんと初詣行ったり、いつも海で遊んで、親子だよね～もうこれは!!」

そう僕に確認して来ました。だからいろいろ理解している僕は、

「そうだよな～！　じゃあ春馬が長男でお前らは次男・三男・四男。よし今日から4人兄弟だからな！」

と、食事しながらゲラゲラ笑ったのが印象深かったです。

コロナになってからは、性格が真面目ですから、ずっとこもっていたのでしょうね。

春馬が亡くなったことで僕がテレビに出たら、世界中の春馬ファンから電話やメールが届いて、一時は大変でした。毎日のように知らない人から泣きながらの電話がかかってくるんです。ホームセンターに買い物に行ったら知らない女性が泣きながら僕のところに走って来て「春馬、春馬」と言っていたこともありまし

た。

死にたいという人も多くて、僕は基本的に相手の話を聞いてあげるようにしていました。電話してくる人に「死なないでテレビ観てね」と言ってあげました。「ありがとう、もう一度頑張って生きてみます」との電話も多く貰いました。自害しようという人を何人救ったかわからないですよ。そういう状況はいまだに続いています。

サーフィンをしに海に行くと、テトラポットのところに花がいっぱい置いてあるんです。そのテトラポットに座っているところをうちの子どもが撮った写真を本人が気に入って、インスタにあげていたんです。だからそこのテトラポットにいつも花があります。僕がサーフィンしに行くと、他県ナンバーの車がとまっていて、僕を見つけるなり写真撮ってくれ、とか言ってきます。

電話も1時間くらい話している人もいて、一時は僕の方が具合悪くなりそうでした。なかには何かよくわかりませんが、攻撃してくる春馬ファンもいました。

一時はユーチューブでたくさんの人が春馬のことを語っていましたが、なかには春馬と全然行ったこともないような海岸の動画を「ここで春馬君は何を思ってサーフィンしていたのでしょう」と流している人もいました。

――春馬さんの死については、卯都木さんも衝撃を受けられたのではないですか？

卯都木　そうですね。ただ実感がないままでした。一時はテレビに囲まれていたし、自殺志願の女性から毎日のように電話がかかってきて、その対応だけで何カ月も過ぎてしまいました。当初は2～3日の間に20くらいの番組に出たし、その間も携帯に着信が何十件もあって、自分も死にたいという人でした。だからそれをやめさせるためにテレビに出たというのが本音です。

不思議なのは、春馬が亡くなってからファンになったという人が多いんですね。コロナもあって、精神的に追い詰められた人が多いのかもしれません。

やっと2021年になってから落ち着いてきました。あー、そういえば春馬死んだんだな、みたいな感じですね。実感が湧くまで半年くらいかかりました。

「春馬の連絡先を教えて」とお母さんから何度も

――春馬さんが亡くなったあと、関係者だけで密葬を行ったようですが、卯都木さんは参加されてないのですか？

卯都木　葬儀には呼ばれませんでした。あれだけずっと面倒を見ていたのに、亡くなった時に何の連絡もなかったのです。

春馬は亡くなる5～6年前からお母さんに連絡先も教えてなくて、一時、お母さんから「春馬の連絡先を教えてほしい」と、何度も僕に連絡がありました。本人は「絶対に教えないでくれ」と言っていたので、僕はお母さんと春馬の間で何年間か板挟みでした。

一度春馬に「お前、お母さんと何かあったのだろう」と車の中で切り出したことがありました。でも彼は「今はめんどくさいから会いたくない」と言っていました。あれだけ仲の良かった親子なのに、ある日突然スパッと関係を切ってしまうというのは、おそらくよほどのことがあったのでしょうね。

――卯都木さんにはアミューズから何か言って来ないのですか？

卯都木　事務所の元マネージャーとは死んだ後連絡は取り合いました。葬儀になる前に色々決まったら連絡してください、ということと、別れの会に関してはなるべく早めにやってあげてファンを落ち着かせてあげてくださいとお願いしました。

僕の家には、オーダーしたサーフボードとか彼の洋服とかもあったりするので、そういうものを展示してあげて、と言ったんです。

僕の方はファンの方が自殺しないように、力を尽くしますので、そこは任せてください、といった内容を話しました。それに対して「ご苦労様です。何か進展あったらご連絡します」と言われたのですが、それきりでした。その後、密葬も行われたと、後で聞きました。

密葬には義理のお父さんとお母さんが来て、あとは土浦のアクターズスクールの社長さんや、幼馴染《おさななじみ》の子たちが行ったみたいです。

今となって思うことは…

――春馬さんが突然亡くなったことについて、卯都木さんは思い当たることがあるわけではないんですね。

卯都木　ないですね。僕には2019年頃「休みを取ってもいいからアメリカに一緒に行ってサーフィンしようよ」という話までしていたので驚きました。その年は「年内予定がびっちりだ」みたいな話でしたが。

――SNSにアップされた写真で、春馬さんが卯都木さんのところでイバライガーに扮していたのがありましたね。

卯都木　あれはハロウィンで、本人がSNSにあげたいというので僕の店で撮影しました。

僕のイバライガーと、彼の役者としてのイメージは違うので、その面での接点はないのですが、ただ20歳くらいの頃かな、街のお祭りの時にショーを見にきてくれたりしました。「こんなところウロウロして大丈夫かよ」と言って慌ててテントに連れて行きました。

――春馬さんは家庭のことも含め、いろいろ苦労していたんですよね。

卯都木　苦労もしたし、仮にうつだったとしても、それを悪化させるような社会情勢だったじゃないですか。コロナについても、真面目だから言うことを聞いて、必要以上に外出をしていなかったと思いますよ。女性なんかにも真面目で、あんまり浮ついたこともなかったですね。

警察の話だと、自殺してしまうケースで多いのが、うつの一番よくない時とお酒、だそうです。そういうことに加えてコロナの影響もあって、突発的にああなってしまった……。僕としては事故に近い自害だったのかなと思います。

彼の性格が真面目なのは知っていたから「ちょっと内緒で茨城に来て海でも入ってリフレッシュしろ」と言ってあげればよかったですね。今となっては本当にそう思います。

創出版の単行本

パンドラの箱は閉じられたのか

『創』編集部編　　本体1500円＋税

裁判で被告に死刑判決は出されたが、相模原事件の本質はほとんど解明されていない。丹念な傍聴記や接見報告をもとに、障害者殺傷事件に改めて迫った！　２年前に出版され大きな反響を呼んだ『開けられたパンドラの箱』の続編。

皇室タブー

篠田博之　　本体1500円＋税

1961年、右翼少年による刺殺事件が出版界を恐怖に陥れ、小説「風流夢譚」は封印された。皇室を扱った表現がその後も回収や差し替えにあっている現実をたどることで何が見えてくるのか。改元の今、象徴天皇制の意味について、改めて考えてみたい。

開けられたパンドラの箱

『創』編集部編　　本体1500円＋税

2016年７月に障害者施設津久井やまゆり園に植松聖被告が押し入って19人を殺害した凄惨な事件をめぐって、犯行動機や事件の背景にある障害者差別の問題などを、被告や被害者家族、精神科医などの話で解明しようとした本。

同調圧力メディア

森 達也　本体1500円＋税

『創』連載「極私的メディア論」をまとめたもの。「みんなが右に向かって歩いているのに、どうしてあなたは左に行こうとするのだ」という同調圧力が日本社会全体に高まっている。それを促進しているとして、マスメディアのあり方も俎上に載せる。

不透明な未来についての30章

雨宮処凛　本体1500円＋税

『創』連載「ドキュメント雨宮☆革命」をまとめたもの。この３年間、格差・貧困に対する若者たちの反乱、あるいは国会前の抗議行動など、日本の光景は大きく変わった。その激動を著者独自の視点で捉えた１冊。

言論の覚悟　脱右翼篇

鈴木邦男　本体1500円＋税

『創』連載「言論の覚悟」の５年分をまとめたもの。日本の思想の座標軸が大きく右へぶれたことで、新右翼の論客だった著者がリベラル派になった感がある。鈴木邦男の立ち位置は今まさに貴重だ。

創出版
〒160-0004　東京都新宿区四谷2-13-27 KC四谷ビル4F　mail : mail@tsukuru.co.jp
TEL : 03-3225-1413　FAX : 03-3225-0898

映画『天外者』監督インタビュー

映画『天外者』に三浦春馬さんは全身全霊で向き合った

田中光敏［監督］

三浦春馬さんの最後の主演映画となった『天外者』。公開を待たずに三浦さんが亡くなったことは残念だが、彼の映画への真摯な取り組みなど、撮影秘話をまじえて監督に話を聞いた。

2020年12月11日公開の映画『天外者《てんがらもん》』は、幕末から明治にかけて活躍した五代友厚を中心に、坂本龍馬や岩崎弥太郎ら歴史上の人物の群像劇を描いたオリジナルの作品だ。

その主人公に扮するのは、7月に他界した三浦春馬さんだ。初めての時代劇主役ということもあって、三浦さんは全身全霊をかけてこの映画に取り組んでいたという。公開を見ずに逝ってしまったことが残念だが、田中光敏監督に、三浦さんとの思い出を含めて話を伺った。

歴史の流れに沿った激動期の群像劇

――映画『天外者』を手がけることになった経緯からお話いただけますか?

田中　映画の主人公である五代友厚さんは鹿児島出身ですが、その関係者や身内の方々、あるいは五代さんについて研究していらっしゃる方々が、10年ほど前から「五代塾」というグループを作っていたのです。そのグループと、市民有志が一緒になって「五代友厚プロジェクト」というのができて、そこから監督をやってもらえないだろうかと、3年前に声を掛けていただいたのです。

映画の製作委員会は、その「五代友厚プロジェクト」のほかに鹿児島テレビなどが加わっており、鹿児島テレビは密着で映画の舞台裏も撮影しています。そのほか鹿児島商工会議所などが後援してくれており、たくさんの鹿児島の方たちに

『天外者』©2020「五代友厚」製作委員会

お世話になっています。

――映画を作るということになって、これはオリジナル作品なので、まず脚本作りから始まったのですね。

田中　実は声を掛けていただいた時に半年近く悩みました。オリジナルで作らなければならないということが1つありました。そしてもう1つ、五代友厚が今まで歴史の表舞台には出てこなかった人なので、たくさんの人たちに観ていただけるような映画が作れるのかどうか。それは資金集めも含めてですが、そういういろいろな問題に、自分の中でも向き合ってしっかり考えないといけないと思いました。

監督を引き受けるにあたっては、まず一緒に大河ドラマ『天地人』（2009年）、『利休にたずねよ』（2013年）を書いてもらった小松江里子さんという脚本家に声を掛けました。「オリジナルを作るうえで一緒にやってもらえないだろうか」と。

そして織田作之助さんの『五代友厚』など五代さんについての本をいろいろ読みました。そうやって五代友厚という人を知れば知るほど非常に面白い人物であることがわかってきて、小松さんと一緒にまずはシナリオハンティング（台本を書くための取材）で鹿児島に向かいました。そういうところからオリジナルの脚本を起こしていったというのが、最初の流れです。

――映画の脚本は、事実関係は史実に忠実なのですか。

田中　この映画はフィクションではありますが、歴史の流れに関しては基本的には史実に則っています。五代の動きは史実からできるだけ変えずに、その流れの中で関わった人たちを考えました。五代友厚、坂本龍馬、伊藤博文、岩崎弥太郎の4人が、この映画のように仲良く、いつも会っていたという史実はありません。

映画の歴史考証については鹿児島の歴史学者である原口泉先生とお話をして、いわゆる〝空白の6カ月間〟、つまり、もしかしたら彼らが長崎で会っていたであろう時間、それをうまく利用できないかと考えました。4人はそれぞれ個別には会っているのです。坂本龍馬と五代友厚は会っています。でも4人が一緒に会っているかどうかは歴史には書かれていない。それを物語の核として青春群像劇としてオリジナルの脚本を書き起こせないだろうかと考えました。

さらに言えば、イギリス商人グラバーの妻ツルは、五代友厚が紹介した女性です。長崎のグラバー邸では、坂本龍馬もお世話になっていますが、五代友厚もお世話になっています。そのように彼らは複雑に絡み合っているのです。

それで製作委員会のご厚意で僕と小松さんでイギリスに行かせてもらいました。薩摩の若い19人の侍たちを五代友厚が引率してイギリスに勉強に行った、その足跡を辿るためのシナハンです。

そこで知ったのですが、五代たちをイギリスで案内役として受け入れてくれたのは、グラバーの弟です。僕たちが訪ねて行ってみると、侍たちは超一流のホテルに泊まっていることがわかりました。つまり、彼らが対等にイギリスの知識層らとビジネスができるようなコーディネートを、グラバーは先手先手で弟にも話をして指示していたと考えられます。そういうところも、うまく繋げていきながら、あの物語になっていきました。

決して全てが史実に則って忠実にやりましたという物語ではありません。これはフィクションですし、歴史の空白のところを我々は群像劇のロマンとしてとらえて、その思いを形にしたところはあります。

三浦春馬さんが挑んだ「薩摩の殺陣」

——キャスティングについてですが、まず主役を三浦春馬さんにというのは、どう考えられたのですか。

田中　春馬さんに関しては、子役で出演した時にも見ていました。その頃はどちらかというと、線が細くて、男前で、すごく可愛らしい役者さんだなという思いがありました。しかし、2〜3年前、三浦さんに声を掛けさせていただいた頃には、すごく凛とした男性になっていました。背筋がピンとして、非常に信念を持った美しい男。しかもそれでいて清潔感がある。

いつか彼と仕事がしたいなという思いがありましたから、小松さんと脚本をいろいろ書き進めていくうちに、是非、三浦さんに演じてほしいという思いが膨らみ、声を掛けさせてもらいました。

ただ、最初に声を掛けた時には、彼は忙しくて、既にスケジュールは埋まっており難しいと言われました。それで三浦さんでは無理なのかとガッカリしていましたが、2〜3カ月後にキャスティングプロデューサーから、三浦さんがなんとかスケジュールを空けてくれそうだから、もう一度声を掛けてはどうかという連絡があった。僕はもう願ってもないチャンスだと思って彼にお願いをしたのです。

声を掛けさせていただいたのは2〜3年前で、実際にクランクインができたのはその2年後です。本当は1年後にはクランクインをする予定だったのですが、製作委員会の状況であったり、キャスティングとか様々な状況を踏まえて、1年先延ばしにしてクランクインしました。

そういう意味では、クランクインでお会いした時に「監督、僕1年勉強しましたよ、五代友厚」と言われました。

実は、彼はそのもっと前からプライベートの時間を使って殺陣《たて》師に師事したりしていました。日本の文化をきちんと勉強して表現できる役者になりたいと彼自身が思っていたようです。殺陣師の方から、薩摩の武士、侍たちはどういう殺陣をするのか等含めて、五代さんに関する残された資料などを読みながら勉強をしていたようです。しっかり勉強をして現場には入ってきてくれました。

――歴史上の人物の役作りですから、苦労もあったでしょうね。

田中　そうですね。1つは立ち回り、殺陣です。薩摩の殺陣というのは一刀両断、「一太刀で相手を」というもので、リアルに演じると一瞬にして終わってしまう。映画の中で表現する時には一瞬では終わらせるわけにはいきません。映画では鞘《さや》と鍔《つば》のところを抜けないように紐《ひも》で結んであるのですが、それは薩摩の郷士たちが実際にそうしていたからです。できるだけむやみに刀を抜くなと。それを五代友厚にフォーカスして、映画では「人は斬らない」と強調しているようにしました。

　そういうことも含めて一太刀ではない殺陣をどうやったらリアルな形をもって成立させられるかを、実際に殺陣師も入って、空のスタジオの中で動いてもらうことにしました。春馬さんには忙しい合間をぬって京都の撮影所に2カ月間、時間をおいて来てもらいました。彼も2年間殺陣を勉強しているので、そういう意味での嘘はつきたくないんです。映画だから殺陣を格好よくしてしまえばいいとも思わないですし、薩摩のあの当時の殺陣を再現しながらどういうふうに物語の中に落とし込んでいくかということを、彼とはかなりやりとりしました。

　殺陣はシーンとしてはあっという間の時間なのですが、かなり大変でした。春馬さんもそこはこだわった。これは現場の殺陣師もスタッフも言っていましたが、主演で着物を着て殺陣を演じるというのは春馬さんにとって初めてなわけです。彼の運動神経と勘は見事でしたね。

　僕もその頃にやっと彼が歌って踊れるということを知りまして、やはりこれは本物だ、これから楽しみだなと思いました。これからもっとすごいリアルな殺陣や長い立ち回りなどもできるような大きな役者になっていくんじゃないかなと、その時に思いましたね。

――撮影はいつ頃、どういう具合に行われたのですか。

完成した作品を見てもらえなかった痛恨

田中　準備で京都の松竹撮影所に入ったのが２０１９年8〜9月頃でした。実際の撮影は10月いっぱいで行い、11月にはあがっていました。実景撮り等をやって、12月から仕上げ。仕上げは東映のデジタルセンターでやったのですが、4カ月かかりました。当時の長崎であるとか、薩摩の薩英戦争とか、CGとのVFX（撮影された実写映像素材を元に新たな映像効果を追加する技術）作業があったためです。CGの作成には2カ月くらいかかりました。全体のマッチングができた後にコロナ禍がやってきたという経緯です。

――その後はコロナの影響で頻繁に行き来することもできなかったのでしょうか。

田中　実は春馬さんは仕上がりを見ていないんです。映画の仕上がりを僕は見てほしかったですね。

　ラストシーンで、春馬さんが大阪商工会議所に集まったたくさんの人たちを前にして壇上で「これからみんなで力を合わせるべきだ」と熱弁をふるう場面があります。これを実は12月に「申し訳ないけれど来てほしい」と春馬さんに来ていただいてアフレコをやりました。それが僕が彼と会った最後となりました。その時に「ちょっと通しで見てくれ」と、アフレコシーンの部分だけは見てもらったんです。

　そしたら僕らスタッフもビックリしたのですが、彼は涙を流して「監督、こんなふうにできているんですか」と言うのです。「僕、結構このとき頑張ったんです、本気で頑張ったんですよ」という話をして、「その思いが蘇《よみがえ》ってきて、僕、ちょっと感極まりました」と言って涙を流すのです。

　だからそれだけに、頭から最後まで本当に見てほしかったですね。もう、それが僕自身の心残りというか、あんなに頑張って、本気で向き合って演じてくれたのに、全部入れて完成した作品を彼に見てもらえなかったことは本当に残念です。

――撮影時には、京都の撮影所に三浦さんはずっと行きっぱなしだったのですか。

田中　そうです。ずっと1カ月は京都に行きっぱなしで撮影でした。間にちょこちょこと行き来はありましたが、ほぼどっぷり撮影に浸かっていました。自分でも「本当に充実できる時間を持ちたかったんだ」と言っていました。現場でもいろいろなアイデアを出したり、彼と話をしながら撮影を進めていきました。

　五代友厚と仲の良かったメンバーを演じるキャストは個人的に三浦春馬さんと面識のあるメンバーなんです。特に坂本龍馬を演じた三浦翔平君はプライベートでも10年来の友人です。

　だからリハーサルで翔平君がちょっと来れなかったりすると春馬さんが僕に「監督、今日翔平が来られなかったところは、僕が東京に帰って翔平と一緒に読み合わせするから、心配しないでください」と言うのです。実際に、みんなで食事をするシーンだとか、一緒に読み合わせをすると、翔平君はリハーサルにいなかったところもきちんと作ってやってくるわけです。「なんだ翔平君、出来てるじゃん」と言うと、「春馬と一緒にレストランの個室で何時間も読み合わせを練習してました」という話をして、あぁ、有り難いなと思いました。主要キャストがみんな友達関係であるのと、それぞれ仕事をやっている同年代という集まりだったので、本当によく三浦春馬さんが中心となってコミュニケーションをとってくれていたようです。

最も苦労したのは「当時の匂い」をどう出すか

――岩崎弥太郎を演じたのがミュージシャンの西川貴教さんというのも意外でしたが、これは監督のお考えですか。

田中　僕は西川さんとずっと仕事をしたかったのです。彼はきっと良い芝居をしてくれるだろうと思っていました。だからキャスティングプロデューサーにどうしてもとお願いしたのです。西川さんに関しても1年前に声を掛けさせてもらっていて同じことを言われました。「監督、1年待ったよ」と。

　実は彼もすごく岩崎弥太郎のことを勉

強してくれていました。皆さんもご存じの歴史上の人物で、これまで大河ドラマや映画でも素晴らしい役者が演じています。僕はこの映画で、岩崎弥太郎とか、坂本龍馬とか、伊藤博文とか、もしかしたらこういう人だったのではないだろうかと思わせてくれるような新鮮な若いエネルギーを持った人にどうしても演じてほしかったのです。そういう意味では西川さんしか岩崎弥太郎は浮かんでこなかったですね。

そこでキャスティングプロデューサーにお願いして、西川さんに直接会わせてもらいました。西川さんはミュージシャンとしてもちろん成功された方ですけど、お会いした時には非常に謙虚で「監督、僕はドラマなんてやったことがないし、カツラなんてかぶったことがないし、本当にそんな大役任せて大丈夫ですか」と言うのです。僕は「きっと西川さんならできると思う」と話しました。そこで「やりますよ。僕、頑張ってやります」と言ってくれたので、この人と一緒にやろうと思いました。本当に彼は見事に岩崎弥太郎を演じてくれたと思っています。

――時代考証やセット等、苦労されたところはありましたか。

田中　一番苦労したのは、当時の匂いをどう出すか、でした。しかも限りある予算の中で時代劇もやり、薩英戦争で船の上に乗り、海外の人にも出演してもらう。なおかつ、それが終わったら時代が変わって髪の毛から何から全部変わって洋服になって登場しなくてはならない。要するにその時代が変わっていく様をどう見せていくかというところです。

それとやはりラストシーンの大阪商工会議所。実はロケハンをギリギリまでやりました。何十カ所という場所を見せていただきましたが、そこに合う場所がない。どうしても僕は大阪商工会議所で五代友厚と経営者の皆さんを対峙《たいじ》させたかったのです。お寺に座って座敷の上でやる、そういう感じでやるイメージではなかったので。最終的にはスタジオの中にオープンセットを作っていただいて、ひな壇で対峙するようにやりました。時代と向き合うのは大変ですね。

――公開に先立って三浦春馬さんが亡くなってしまったわけですが、本当は三浦さんに舞台挨拶してほしかったですね。

田中　まず完成した映画を見てほしかった。これは最近みんなで言っていることです。本当に見てほしかったし、それを見るべきだとも思っています。

ただ、今となっては三浦春馬という男は全身全霊でこの作品に向き合ってくれたし、本気で我々とモノ作りに関して話し合いもしたし、何度もやり直しをしてこの作品に賭けてくれた。その姿というのは必ずやこの作品の中に息づいていると僕は思うのです。その仲間たちも、主演の三浦春馬という男に向かって挑んでいきましたし、良い意味での切磋琢磨をみんなで出来たと思っています。三浦さんはこのスクリーンの中でずっと生き続けていると思っているので、もうそこだけをとにかく信じていきたい。

そういう意味でたくさんの人たちに観ていただくことを考えて、とにかくみんな頑張ろうということでやっています。

精神科医対談

この1年間の女性の自殺増加にどんな背景があるのか

香山リカ［精神科医］／松本俊彦［精神科医］

2020年夏から秋にかけて、芸能人の「自殺の連鎖」が起き、警察庁の統計では、この1年、女性の自殺が増えているという。その背景に何があるのか、『創』で行った対談に加筆し収録した。

三浦春馬さんの死と女性の自殺増加

――（**本誌・篠田**）　三浦春馬さんの死に続いて2020年秋に芸能人の自殺の連鎖が起き、統計的にもこの1年、女性の自殺が増えていると言われますね。これがいったい何を意味するのか、きょうは精神科医のお2人と議論したいと思います。

香山　警察庁の速報値によると、自殺は7月から増加に転じました。6月までは昨年と比べて少なかったのですが、7月8月9月と増えています。特に増えているのは、若い世代の女性です。全体では男性が多いのですが、女性の増加が目立ちます。

松本　『週刊文春』が三浦さんが亡くなった後、何度も何度も特集したでしょう。あんなふうに取り上げられた影響もあったのではないですか。

――大きく報道したのは『週刊文春』と『週刊新潮』でしたが、それによると三浦さんは3年ほど前からうつ状態だったらしい。

香山　でも、三浦さんは内心では死を意識していたかもしれないけれど、仕事にはすごく精力的で、傍目から見れば、うつ病の特徴である意欲や行動力の低下を感じさせるものはなかったわけですよね。

――彼の死後、ワイドショーなどは、仕事も順風満帆だったと強調していたけれど、逆に言えば、それなのにどうしてという思いが多くの人に残ったわけですね。
その後自殺した竹内結子さんも、仕事は順調に見えたし、何よりも1月に生まれたばかりの赤ん坊がいたのに死んでしまった。生まれたばかりの子どもを残してというのは衝撃でもありますね。

松本　三浦春馬さん、芦名星さん、竹内結子さん、みんな寝室のクローゼットで首を吊っていますね。三浦さんの時に、手段、方法を細かく報じたことが、明らかに伝染したと思うのです。そういう意味ではもしかすると、報道がそれらの人たちを後押しした部分もあるかもしれません。

香山リカ●60年生まれ。精神科医。立教大学教授。ヘイトクライムの問題にも取り組む。近著『臨床現場から見た新型コロナウイルス』（共著）ほか。

著名人が死んだ時に自殺が増えるというのは以前からありますが、その報道が一因になったという見方に対する反論としてよく言われるのが、元々死ぬ予定だった人が死期を早めただけだという考え方ですね。ただそうだとしたら、その後、自殺者数は例年よりも減少するはずですが、実際には減らず、例年並みのまま推移する、ということが実証されています。その意味では、自殺報道の影響で、「自殺しないはずだった人」が自殺しているという現実があるのは、認めなければならないと思います。

香山　私の知っている女性週刊誌の記者が、竹内結子さんを担当していたのですごくショックを受けています。その人の話によると、竹内さんの作品に『イノセント・デイズ』（ＷＯＷＯＷ連続ドラマ）というドラマがあるんですが、その最終シーンで竹内さんが冤罪で死刑になるそうですね。「こういう衝撃的なシーンを演じていることも関係ありますか」とその記者の方に聞かれて「それが直接の理由で自殺したとは思えない」と答えました。でも、その時は演技だと思ってこなしても、いざ実際に死を考えたときに「ああ、あの時こうしたんだっけ」とよみがえることはあるでしょうね。一度、〝経験ずみ〟ということがハードルを下げることもないとはいえません。

松本俊彦●67年生まれ。精神科医。国立精神・神経医療研究センター精神保健研究所薬物依存研究部部長。著書『もしも「死にたい」と言われたら』ほか。

――自殺報道についてよく言われるのはＷＨＯのガイドラインですね。後追いを誘発するような、自殺の手段や場所を報じないといった内容ですが、三浦さんについて言えば、多くの人が一体なぜ?と衝撃を受けたのに、詳しい状況が伝えられていないのが、ファンの間に不安を招き、ネットなどで情報が錯綜する原因のひとつになっているようにも見えます。

香山　昔のアイドルの岡田有希子さん（1986年没）の時のように、何の隠し立てもなく、亡くなった直後の現場写真まで報道してしまうというのとは対照的に、関係者が口をつぐむというのも、ファンの人たちに真相を知りたいという気持ちをかきたてるのでしょうかね。

松本　でもそうは言っても、岡田有希子さんの時には確か3週間で40人近い若者が亡くなっていますね。自殺に用いた手段も、岡田さんと同じ飛び降りでした。

香山　HIDEさん（1998年没）の時も、ドアノブで亡くなるというその手段にならった自殺が増えた。となると、やはり問題は報道なのでしょうか。

うつ病と自殺の関係は単純ではない

――三浦さんについての報道を見て感じたのは、3年も前からうつ状態で自殺に至ってしまったのに、何かなすべきことはなかったのか、ということです。

香山　ただ、仮に三浦さんがうつ状態だったとしても、見つけにくいかもしれませんね。精神医学的に考えれば、うつ病と診断する、とくに自殺を考えて実行に移すほどのうつ病だとしたら、眠れない、食欲がない、仕事にも行けないなど、外から見ても何かわかるような変化が起きるのが一般的だと思います。極端に口数が減るとか友人づき合いも断るとか。でも、おそらく三浦さんは、仕事の場面ではそうとは誰も気づかないくらいの渾身の演技をしたり、朝もきちんと身支度をして仕事に出たりということはあったのでしょうから、うつ病と言えたかどうかは少し難しいかと思います。

――医学的にいうと、うつ状態あるいはうつ病というのは、こういうものだと定義はされているわけですか。

松本　時代によって変遷しているし、診断基準にブレがあるので、そのあたりは何とも言えません。ただ、私がかつて10年くらい自殺既遂者のご遺族に聞き取り調査をする「心理学的剖検《ぼうけん》」に関わっていた際に感じていたことがあります。

確かにうつ病の診断に該当する人は多いですが、最終的に自殺しているという明白な結果が、調査に関与する精神科医がうつ病と診断しやすい状況を作っている点に注意する必要があります。さらに、うつ病はうつ病でも、誰が見ても明らかな、典型的かつ中核的、しかも重篤なうつ病であったかというと、実はそうでもないのです。むしろ比較的軽症に見えたり、亜型的というか辺縁的な病像の人が少なくない。ですから、もしもその自殺既遂した方が、最後の行為におよぶ前に診察室にやってきたとしたら、我々精神科医はどんな対応をするのか、あるいは、どんなことができただろうと思います。

その意味で、三浦さんの場合も振り返ってみればうつ状態であったろうと、結末がわかっているからいろいろな物語が作りやすいけれども、側にいる方が進行形で危機を感じられたかどうかというのはすごく難しい気はします。

香山　いわゆる典型的なうつ病で、憂うつな気分があるとか、行動が抑制されているような、そういうのとは違うのかもしれませんね。

警察庁の統計に基づく月別自殺者数
2020年4月～2021年2月

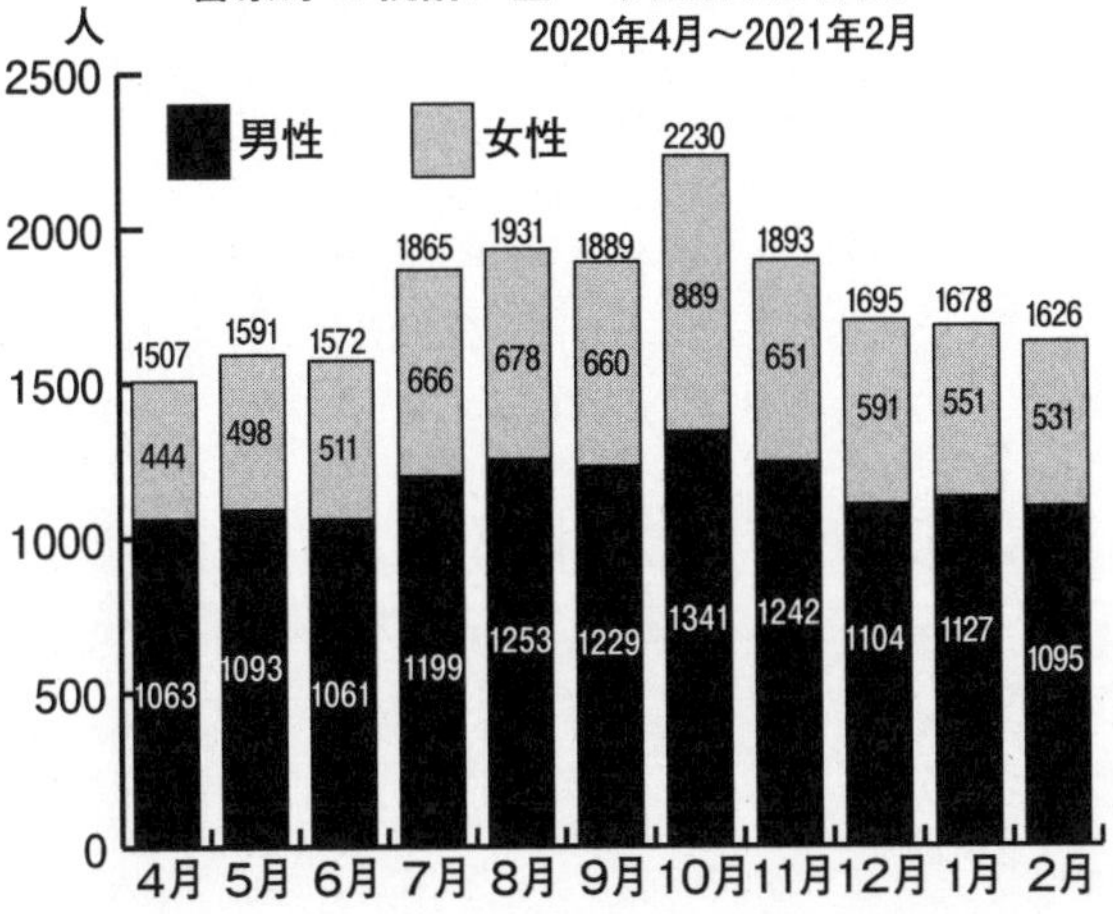

松本　昔から、精神科医の中での一つの言い伝えとして、「一番病状がひどい時は心配はなくて、悪くなり始めた時と、良くなりかけが危ない」というのがあります。一番重症な時には意外と死なないと言われているんです。

香山　「死ぬ元気もない」とよく言われるのはそういうことですよね。そう考えると、うつ状態に陥っていると自覚するか、まわりが気づいて病院に行って薬などを飲めば自殺に至らずにすむかと言えば、そうとも言い切れないところもあります。

そのあたり、私も自分の診療所で診るだけで、統計的な裏付けは持ち合わせていませんが、実際、通院している方で三浦さんや竹内さんのことをお話しされる方は多いのです。役柄だとかタレントさんとして真面目な印象があるせいでしょうか。

それと「そういう人たちでも死ぬのなら、私なんて生きている意味がないですよね」と話す人も目につきます。「あんなに人気もあって、お金もあって、才能もあって、家族もいるような方でさえ、ああいう方でも死ぬのに、私なんて死んで当然ですよね」「何のために生きているのでしょうか」と話される方が多いのです。

このあいだ、日本自殺予防学会のホームページを見ていましたら、理事長の張賢徳先生が、「自殺しないでください」というメッセージを書いていらして、それがとてもよかったです。「何か道はある、相談してほしい」と続いているのですが、最後に「私達精神科医もどうして生きなければいけないのですかという問いへの答えは持っていません」とあった。とても正直だと思いました。「それは宗教や哲学の問題で、良い宗教をもつのも良いかもしれませんが、宗教を勧めるわけにはいきませんので、何か他にもあるでしょう」というようなお話でした。

確かに私も「どうして生きなくてはならないのでしょうか」「あの人たちが死ぬのに、私は生きている意味があるのでしょうか」と聞かれて、精神科医として答えに窮する場面が最近よくあります。

松本　患者さんでは、竹内結子さんが生まれて間もないお子さんがいるのに死んだと報道される度に、追い詰められている人は「子どもがいても死んでもいいんだ」というように、死ぬことのエクスキューズをもらってしまった、というような感じになっている人もいます。

香山　例えば、「竹内さんが産後うつ病でした」とか、「三浦さんも依存症からうつ病になっていました」というのがわかれば、「あの人たちは病気だから死んでしまったので、病気を見つけて治療すればそういうことにはならない」と言えます。ただ、今回はどうもそうでもなく、むしろ「では、私だって」と想像しやすくしてしまっているように思えます。

はっきりした事務所トラブル、離婚トラブル、浮気とかがあれば別です。自殺をする人の中には何かこういうことをされたという怒りから、当てつけとして命を絶ったり、自殺未遂をされる方もいます。今回、一連の方たちには、そういうのがあまり見えてきません。そうすると本当に生きる意味を失ってしまったのかと、ある種哲学的な考えに周りの方もファンの方も陥りがちなのではないでしょうか。

コロナ禍は自殺の増加とつながっているのか

――診察に来る人、つまりうつ病の人が究極として自殺という手段を選ぶという理解をされがちですが、自殺とうつ病とは単純な因果関係ではないのですか。

松本　先行研究では、うつ病に罹患している人の自殺リスクは、うつ状態の重症度よりも、併存する不安の重症度に影響されると指摘されています。まあ、これも抽象的な言い方ではありますが。

香山　私も30年間、精神科医をやっていてもわからないところもあります。うつ病だなと思う方には「もう生きていたくないと思うこともありますか」とサラッと聞くようにはしています。ここで「そうです実は」という方と、「そういうことはあまり考えないですね」という方といらっしゃいます。先ほど松本さんがおっしゃったように、予測がつきません。大変で落ち込んでいる方が自殺を考えるかと思えば、「そうは思わないんです。家族もいますから」と言われたりします。正直に言っているかは別としてですが。

松本　少なくとも私自身の経験では、診察室で自殺について話し合えた患者さんは死んでいないです。こちらから質問したり、むこうから告白してくれたり、ですね。でもそうではない時に青天の霹靂《へきれき》のように、「え？　あの人が？」といった患者に限って、ご家族から報告があったり、警察から捜査情報照会の手紙が来たりして、ビックリさせられます。

香山　松本さん、芸能人の自殺そのものはさておき、いま女性の自殺が増えているのは、コロナの影響もあるとお思いですか。

松本　実は緊急事態宣言以降、自分の外来に通っている10代の女の子の止まっていたリストカットが再発したり、過量服薬をする子が多くなったり、今年度の前半は10代の女の子の変化が顕著でした。

その理由は非常に明確なんです。前からひきこもりだった子は緊急事態宣言で学校に行かなくてよくなって、安心した一群もいる一方で、学校が逃げ場だった子は結構いるのです。家の中が密になって大人たちがピリピリしているんです。母親も旦那を送り出した後に横になったりすることで、どうにかこうにかメンタルを保ってたりしていたのができなくなったり……。その母親の苛立ちが子どものほうにきたり、日本の首都圏の住宅事情を考えるとステイホームは厳しいですね。家の中が「密」です。しかも友達と外にいて遊べればよいけれど、外で遊ぶことも禁じられるし、うっかり外で遊んでいると〝自粛警察〟にやられちゃいます。僕は自殺予防には家族以外との「三密」が必要だと思っているんです。

香山　厚労省が手掛けたＬＩＮＥ・チャット式の〝心の相談〟窓口というのがあって、５月いっぱいまで相談員の臨床心理士にスーパーバイズをする仕事をしていました。母親世代、子育て世代の女性は、やはり家族を送り出した後で、お茶を飲みながら海外ドラマを観るので一息ついていたのが、子どもや夫も家にいるからそれもできないとか、本当に自分の時間がない状況のようで、「家族の目から離れる時間がないので本当に辛い」とか、「もう子どもを虐待しそう」というのはすごく多かったですね。

決算期には男性の自殺も増える？

松本　そもそも昔から、男性は家の外のところで面子を潰されて死ぬ人が多いのだけれど、女性は家の中とか身近なごく近しい関係性の中で傷ついて自殺するケースが多い。そういう意味ではコロナ禍は女性にとってはとても厳しいのではないかと思います。少なくとも日本の女性にとってはという言い方になりますけれど……。

香山　緊急事態宣言の時には、「世界はどうなってしまうのだろう」という不安も強かったですし、パニック状態から急性ストレス反応のようになってる人が多かったですね。ところが最近になって、いよいよコロナが長期化しそうということから、悩みの質も変わってきたのを感じます。人生の計画、生活のプランを全部見直さねばならないことで不調に陥る人が少なからずいます。

　そういう「いよいよもうダメそう」という人が最近多くて、なんと声を掛けていいかわからないくらいです。

松本　今後心配なのは決算期です。いまは深刻なのは女性だけど、経済的に窮地に追い詰められた自営業の中高年男性がガーンときたりしないか心配です。

　ただ、芸能関係の方とか、人前で研修会の講師等をやる方とかって本当に収入が途絶えてきているみたいです。我々が抱いている芸能人のイメージの懐事情と実際は違ってたりするのではという気がします。

香山　役者はそれでも何か違う仕事をしたりというのもあるけれど、照明、音声といった技術の人は本当に仕事がないと言っていますね。

　私も大学で教えていますが、学生はオンライン授業の方が楽だとか最初は言っていました。しかし、就職を考えると、今後、旅行業界、航空関係、テーマパーク等も採らないと言われているし、進路の希望も変えて公務員になるしかないとかそういう人も出てくる。最近は学生たちもちょっと様子が変わってきています。

――６～７月から自殺が増えたというのは主にコロナとの関係で増えたと捉えられているのですか。

香山　まだ分析はできていませんが、警察は発表ではコロナの影響による収入減、解雇なども関係もあるのではないかと分析していました。

『新型コロナと貧困女子』（中村淳彦著・宝島社新書）という本は興味深かったです。主に風俗、水商売の人たちを追いかけているのですが、水商売の人たちも収入が途絶えてしまって、シングルマザーで子どもがいるのにお金が入らないとか、いかに大変かがよくわかります。

松本　飲食店、風俗産業に勤めている女の人たちは本当に行き詰まってます。これまでも賃金は給与という位置づけでの支払いではなかったり、確定申告もしていなかったりして、給付金の対象から外れてしまったり……。学校もドロップアウトしている人も多いから、いろんな給付金申請のための書類の手続きがよくわからず、自分ではできないという感じで、行政サービスから漏れていってしまってる人もいます。

三浦春馬さんが亡くなったのが7月18日でした。7月の自殺者増加については、三浦さんのことだけではないでしょうが、関係はあるかもしれませんね。

「誰の役にも立てていない」という無力感

香山　直接的にコロナの影響はいろいろあるでしょうね。医療関係者、介護従事者は拍手されて感謝される対象で、ごく大切な仕事のように言われる一方で、何にもやらなくていいから家にいなさいと言われた人たちもたくさんいたわけです。「誰の役にも立てていない」「自分は無力だ」「テレワークでできるならこれまで何のために会社に通っていたのだろう」と考え直す機会になってしまった人もいるのではないかと思います。本質的なことを考えてしまって苦しくなってしまう人もいました。

――新型コロナというのはみんな生活様式を変えるきっかけにはなりましたね。

香山　これまでのように満員電車で2時間かけて通うというのも、それがなくなってもやっていけるとなると、じゃあ今までなんだったのかということになります。

教育の場でも一時「自尊感情」（自分で自分を肯定する力）が大事と言われていました。この間調べたら、文科省は今はそれよりも「自己有用感」（他人の役に立っている感覚）を大事にしましょうというように変わっています。自尊感情だと自己中心的に「俺はこれでいいんだ」みたいに言う人が増えるから、それよりは他人から役に立っていると思われる力を育てましょうと。一見それは良いことのようにも思えますが、「他人の役に立たない私って意味がないんじゃないか」という考えにも陥りがちだと思うのです。

話は少し自殺とはそれますが、２０１9年11月にＡＬＳの方が嘱託殺人で亡くなったということが7月にわかりました。あの方も元々は都市計画等を担当していたアクティブな女性だったのですが、あの病気になってしまって、「社会の何の役にも立たない」とかヘルパーからも厳しいことを言われて傷ついているわけです。「こんなに活躍できていたのに」という気持ちゆえに、価値がない、意味がない、他人に迷惑をかけるだけだと思い込んでしまったのかもしれません。

よく診察室で「誰の役にも立てていないのではないか」と言われることもあります。なんと答えていいものか。「役に立っていますよ」と答えるのはきれいごとだから、「役に立てなくてもいいじゃないですか」と答えると「やっぱり、役に立てていないのですか」と言われて墓穴を掘ることもあります。何か他人の役に立たなければ生きる価値がないというのも違う感じがしますが……。

自殺をしようと思う人を前にして「あなたが死ぬと一生苦しむ人がいるんだ」という言葉もあります。でも患者さんからは「私は独り者だし、死んでもべつに悲しむ人はいないです」と言われます。ですから「私はあなたが来ないと寂しいよ」と言ってみたりもするのですが、そんなのウソだと多分思われているかもしれません。

松本　少し乱暴ではありますが、何のために生きるのかとか悩んだり、他人の役に立っていないとか、そんなことを考えること自体がもう病的なことですと言いたくなります。生きる意味なんて普通考えずに生きているし、考え始める時点でもう病んでいるのかもしれません。

香山　私もけっこう何のために生きるかなんて考えずに刹那《せつな》的に生きていますが、そうではない人もいるのはわかります。「先生は病院とかで他人の役に立っているから、そう思わないんですよ」と言われて、「あ、そうかも」となることもあります。コロナ禍で私も講演会などもちろん全て中止になってしまいました。これまで土日は講演に行っていたのが全部なくなってしまいまして、最初はそれこそラクでいいと思っていたのが、こんな楽天的な私ですら世の中にもう必要とされていないのかとちょっぴり思いかけるようなこともありました。

ただでさえ他人の役に立たなくてはならない空気が、ここ10年、20年とあるところへ、このコロナ禍で、ますます、「私なんか独りぼっち、生きてても役に立たないし迷惑かけるだけ」と思った人はいるのではないかと思います。

反出生主義の不気味なブーム

香山　いまちょっと気になる不気味な流れがあります。『生まれてきたことが苦しいあなたに』（大谷崇著・星海社新書）という本は、エミール・シオランというフランスのペシミストの哲学者のことを日本で活動する若い研究者が書いたもので、４刷りぐらいまで売れました。この流れを組むのが反出生主義（アンチナタリズム）と言われている哲学の潮流で、それを最近、森岡さんがまとめたのが『生まれてこないほうが良かったのか？』（森岡正博著・筑摩選書）です。

反出生主義にもいろいろな段階があって、オリジナルは「子どもを産まない」、辛くて苦しいから、という人たちです。でもいろんなバリエーションがあって、「自分も本当は生まれないほうがよかった」と自殺を肯定する人もいるのですが、生まれてしまったからには仕方ない、自分は生まずに生きるというグレードの人たちもいたりします。あるいは、生まないし、人間も早く滅亡していなくなるのが一番良いという人もいます。

これが、ここ数年世界的にも日本でも少し流行っていて、2019年『現代思想』（青土社）が反出生主義の特集を出しました。

10年くらい前でしょうか、南アフリカの哲学者ディビィッド・ベネターがロジカルに、「なぜ生まれないほうがよいのか」善悪、快不快などいろいろ分けて論理的に「誕生害悪論」を解き明かす本を出して、それが世界的に話題になりました。そのことを説く人たちが日本にもいるわけです。ただの研究テーマとしての哲学というよりは、ある種の主義者という人たちが、いま研究をやっていたり影響を受けたりしている人たちが広がっていて、それが気になります。

——その考え方は前からあって、いま注目されているということですか。

香山　源流としては古代ギリシアともインドともショーペンハウエルとも言われていますが、フランスのペシミスト哲学者シオランの影響も強いといわれます。それとある種、日本の太宰治的な「生まれてすみません」という精神疾患的なものと結びついて一部の人たちが傾倒しているのも少しこわいです。

松本　シオランの本は、いまアマゾンで調べたらベストセラーになっていますね。

香山　本来、大っぴらに読まれるようなものではなくて、一部のマニアの人たちが細々と読むような本です。もちろんエヴァンゲリオン的な、中二病的な、「どうせ俺なんていないほうがいいんだ」といった感じのちょっと甘えた若者という要素も一部はあるのですけど。

急に地球規模の話になりますが、その人たちの中には環境運動から入っていく人もいるようです。つまり、人間なんていても環境を破壊するだけでロクなことはないから、早く消滅したほうが地球環境の為には良いと……。そういう意味でいうと世界的に見ても、状況はあまり楽観的な方向には進んでいないと言えるのでしょう。

——戦後の高度成長期には、「頑張れば暮らしも良くなる」みたいなシンプルな価値観があったけれど、いまそれはなくなってしまったわけですよね。現実には、頑張っても格差が広がるばかり。そういうのを日常的に見せつけられているうちに将来に希望が持てなくなる。今の社会はそういう気分ですよね。

松本　僕らの若い頃と比べて若い人たちみんな、慎ましくて堅実ですよ。僕らはある意味バブルの世代で、ローンで分不相応な車を買ったりとか、でもなんとかなるんじゃないかというような時代だったと思います。今の若い人たちはそんなことしないですよね。変に高価なブランド物も買ったりしないし。

生きることの意味が実感できない時代背景

——診察室を訪ねる人というのは、なんとなく満たされない気持ちだけれども、それをなんとかしようと思ってくるわけですかね。治そうと……。

松本　そういうふうにしてくる人もいますね。特にある一定の年齢以上の依存症の人はそうなのです。若い子たちは、本意ではなかったけれど、リストカットしているのが親にバレてしまって、しぶしぶ連れてこられたというようなケースが多いのです。でも、来てみたら意外に説教されないし、「ま、いっか」みたいな感じで何となく通ってくれてる。だから、こちら側が何か変えようとすると、逆に「ありのままの自分ではダメなのですか」みたいになりますね。変わることは求めないで、生存確認で時々来てよって感じになってます。

香山　世の中や社会がおかしいからだとか、政治のせいだとか、あまりそうは思っていないですよね。

松本　分断とか格差を普通に受け入れてしまっている感じがします。

香山　それこそふとある時、ポカンと、「あれ、じゃあ生きてなくてもいいかな」みたいな感覚に陥るのと近いのではないでしょうか。私たちにとって生きていることと、死ぬことってそこにかなりのハードルがあるけれど、「あれ、こんなことなら、別に生きてることもないかな」って思ってしまうのかと……。

――いま自殺が増えているのは、生きる意味をあまり自覚できない時代背景があるのでしょうね。

香山　東日本大震災の時は津波でたくさん亡くなった方もいて、悲しい思いをされた方もいて、ああ、生きているから私は復興のために何かしなくてはという気持ちにもなったし、ボランティアとして行くこともできました。でも今は何もできない、するなという感じなので、コロナに立ち向かおうと思っても、することもなく家にいるとか、手を洗うくらいしかできない。

――一定以上の世代には、日本が体験した戦争への思いというのが世代的共通感覚としてのしかかっていて、例えば親に戦後、食べ物が無い時代があったことを聞かされてて、ご飯は残さずに食べなさいと教育されたりした。今、戦後75年たって、そういう社会的価値観ってなくなってしまいましたよね。でもそれに替わる価値観があるかといえば、何もない。

香山　あと、戦争で望まぬかたちで死んだ人も沢山いるのだから、生き延びたことを大切に、命を粗末にしてはいけない、という教えですね。よく思い出すのは、小学校のときに給食を残すと、「ビアフラ（ナイジェリア東部州）には飢えた子がたくさんいる」と言われていました。アフリカの内戦で飢えた子どものことがテレビに映像でよく出ていて、なぜ私が給食を残すとビアフラの子どもがって関係ないだろうとは思いながらも仕方なく食べていました。いまの子たちはビアフラなんて聞いても「関係ない」と思うのではないでしょうか。

自殺対策をめぐる時代的変遷

――コロナ禍の中で診察に来る人は増えているんでしょうか。

松本　むしろ緊急事態宣言の時には不要不急の外出を避けましょうということで、たぶん一時的に精神科の外来受診者は減っているんです。僕らも待合室を混まないようにするために、通院間隔を延ばしたりして、患者を減らすようにすると病院経営は苦しくなってしまいました。

ただ、僕は依存症を一番たくさん診ているので、依存症に関して言うと、緊急事態宣言が解除されて暫くしてからの患者さんの増え方は半端ではありませんでした。急に堰を切ったようでした。一番診ているのは覚せい剤の依存症です。ただ警察が今まで取り締まれなかったぶん、今年度の検挙者数が減って予算を減らされたりしないように、一生懸命捕まえている感じもするので、ちょっと実態はわからない。

ただ、自助グループのミーティング等ができなくなったりしています。オンラインのミーティングは立ち上がっており、オンラインには遠方の人とか海外の人とも会えるという良さはあります。けれど患者さんたちが言うのは、ミーティングで一番の楽しみは、終わった後に最寄りの駅まで一緒に歩いたり、その後お茶をしたりというフェローシップがとても大事だったのだけれど、それができないからすごく寂しいと。スリップ（薬物再使用）した時に、もう一度軌道修正するまでに時間がかかってしまってなかなか抜け出せない。そういう意味では依存症の現場は結構大変です。

――三浦さんの件で感じたのは、うつ病って昔はなかなか口にだして言えなかったけれど、今はまわりに言うようになりましたよね。基本的には精神科等に行くということでしょうが、ハードルはまだ高い。そういう社会的な基盤を整備しようという動きはないのですか。

松本　自殺対策基本法が2006年にできましたが、ちょっとうつ病対策のような感じになっていました。うつ病の早期発見、早期治療を目指した、いわば「精神科に行こうキャンペーン」です。それで、精神科に対するスティグマ（差別意識や偏見）は低減され、受診患者数も増えました。

ただ一方で自殺対策基本法というのは専門家や支援者から立ち上がったものではなく、自死遺族を中心とする民間団体の活動から展開したものです。「精神科に通っていたのに、うちの子は死んでしまった」とか、「精神科に通って出された薬を乱用しておかしくなった」と思っている声も遺族の中から挙がっていました。実際、精神科受診が促進されるのに伴い、処方薬の乱用・依存や過量服薬による救急搬送が増えた面もありました。そうした影響からかどうかはわかりませんが、3～4年前から、わが国の自殺対策の中核から精神科医は排除され、臨床経験のない公衆衛生学者が統計データをいじくって対策を提案するといった方針転換がなされています。

以来、精神科医は自殺対策にコミットしにくくなってしまっているところがあります。今まで自殺対策を一生懸命やっていた先生たちも、モチベーションが下がり、国の対策を苦々しい気持ちで静観しているという現実もあります。その意味では、一民間団体のロビー活動によって政治を動かすことで発展してきたわが国の自殺対策ですが、そろそろ方向性を見直すべき時期にさしかかっているような気がします。

これまでの方法論が有効性を失った

松本　ことに、昨今の自殺の増加への対策は、これまでの方法論ではうまくいかない気がします。中高年の男性は政策、特に経済対策等で救えるのです。確かにそれは効果があって、自殺者数は激減しています。ただ、若者と女性に関しては経済的なものとあまり連動していないので。特に10代前半の子たちの自殺者数は戦後最大にもなっています。やはりそこはメンタルヘルス対策が必要です。

ただ、ここでいうメンタルヘルス対策は、「イコール精神科医療」みたいな単純なものを意味していません。10代の子には元々発達の偏りもあったり、いじめ、あるいは虐待のようなものもあって、ねじれてきた問題なので、メンタルヘルスの視野は、もちろん精神科医療も必要だけれども、病院で薬をもらって一気に流れが変わるという問題ではありません。地域保健や児童福祉、さらには母子保健など、広範な保健行政への手当てが必要です。

様々な職種の人たちが関わって総合的にサポートしていかなければならないのだけれど、たぶん今の精神科クリニックでそういうことをやる余力があるかというと、なかなか難しい。〝ドリフターズ診療〟といって、医者が「夜眠れてるか、飯食ってるか、歯磨いたか、また来週」というさばき方で患者数を診ないと、雇っている、心理士やソーシャルワーカー、看護師といったコメディカルの給料を出せないというのが現実です。

香山　30年くらい前からソーシャルサポートと精神医療、あるいは学校、教育、場合によっては警察、司法というようにトータルに関わる仕組みが必要だと、どんなところへ行ってもみんな口をそろえて言うのですが、なかなかうまくいかないのはなぜですかね。

松本　例えばフィンランドは10年かけて自殺者が３割減ったのですが、それは男性の自殺が減ることによって実現しています。男性の自殺はやはり経済的、社会情勢に影響されるものなので、そこを減らすことはさほど難しくはないのです。

女性の場合は援助希求能力が高いので医療にアクセスしている場合が多いのですが、それだけでは足りないのだと思います。医療が不要という意味ではなく、女性の自殺を救うためにはプラスαもう少し工夫が必要なのです。

香山　社会的にも、みんなが一つの方向にむかって立ち上がる、それこそオリンピックのようなものを仕掛けても、今の若い人たちがのるわけでもないですし。

松本　明治11年以降日本人の自殺が一番少なかったのは第二次世界大戦中です。東日本大震災（２０１１年）でも新潟県中越地震（２００４年）でもそうですが、大きな自然災害があって最初の2年くらいは自殺は減ります。むしろ地域の連帯感が高まるので。いまはそれがたぶんないですよね。

香山　それが無いのは別に悪いことではない。個人を社会的にまとめる連帯主義ではないので。それぞれが個人の価値観で生きていけることは悪いことではないわけです。

しかし…というところですよね。コロナは今一つ漠然としていて、どこにいるかわからないし、どうすれば打倒できるのかわからないので、それで団結するにはちょっと弱いです。

松本　ほんとそうですね。

香山　社会学の見地からは、砂粒化しているような個人がひっそりと慎ましく生きていると考察します。「私なんか生きている価値はないかも」という人たち。その砂粒一つ一つを救い上げるしかない。精神科に行けばいいと言っても、精神科医だってそれこそ、3分、5分診療の世界ですから。出来ることは限られています。1人が1人しか救えないとなると非常に大変です。

松本　地域保健機関なんてのは、行政改革でどんどん人員削減されていき、小さくなっています。

そういった意味では地域はすごく脆弱《ぜいじゃく》になっていて。なのに、民間団体には、自殺対策ということで変な具合に「一時的な」予算がつけられます。要するに恒常的に人は雇えないのだけれど、1年間なら非常勤で誰かしら雇えるというような。そうするとあまり質の高くない支援者が1年交代でやるみたいな格好になってしまいます。

香山　自殺対策も一時期ゲートキーパー（命の門番）を養成しましょうと言って、私も何回かその養成講座に呼ばれました。でもそれっていわゆるタダ働きというか、ボランティアの人を支援者に仕立て上げて、死にたいと思ってる人に声をかけましょうということなんですよね。そんなの荷が重すぎますよ。

竹槍を持って自殺問題に立ち向かう図式

松本　みんなで竹槍をもって自殺問題に立ち向かう図式ですね。

香山　子どもの貧困、子ども食堂なども結局は同じです。民間の人の善意頼みになってしまっていて。もちろん地域でそれぞれが見守って、声を掛けたり、子どもの面倒をみたり、自然発生的に地域の力が蘇ってそうなるのは良いことだと思います。でもそれを制度化してゲートキーパー等を育成しましょうということに予算がつくのはどうなんだろうと思います。みんな辛い時は「いのちの電話」へと言うけれど、あそこだって大変です。

松本　大変です。しかも相談員が高齢化している。僕も「いのちの電話」の理事をしているのですが、本当申し訳ない。

香山　完全ボランティアで、しかも講習を2年ぐらい受けて、不合格になることもあるでしょう。持ち出しで勉強して、さらに振り落とされたりして、やっと相談員になれてもタダで働く。資本主義の原則を完全に打ち破ってます。

――この頃、自殺報道の後で必ず告知しますね、いのちの電話って。

松本　ほとんどテンプレート化しています。

香山　実際に電話かけても繋がらない。

松本　ほんと、繋がらないです。東京いのちの電話の理事をやっている方が電話の分析をしてみました。そうすると、ごく少数の常連さんたちが電話をほとんど占拠していることがわかりました。あれはたぶん、電話の前にいてずっと鳴らし続けることができる人しか繋がらないんです。

――その電話で相談して何か気が楽にな

る効果もあるわけですか。

香山　それはあると思います。先のSNS相談も、繋がればですが、1時間くらい1人にかけて丹念に話を引き出すのです。共感しながらとにかく相手に寄りそう。それぐらい一生懸命やれば、相手の方も「聞いて頂いてありがとうございました」「とても良かったです」とか、「相談員さんもお気をつけてください」とかねぎらいの言葉を言ってくれる人もいる。こういうかたちもないよりはあったほうが良いと思います。ただ需要に応えるには何万人相談員がいればいいのだろうと。しかも常連さんが毎日のように何度もアクセスするようになりますので、何か意味がわかりません。

松本　地域で民間の人たちがそういうふうに頑張ってやっていて、人海戦術で疲弊しながらやっています。

では、病院はどうかというと、医療訴訟が増えています。うちの病院は自殺対策を頑張ってますと言うのだけれど、結局何をやっているかと言うと事故防止なんです。院内自殺の防止。下手をすると、自殺のリスクが高い人を入院させようとすると、「自殺リスクが高いから、うちはいま事故防止に努めていますのでやめてください」と言われることもあります。

しかし、それは責められない面もある。民間団体とは異なり、精神科医療の方は、訴訟リスクに脅えながら、予算的手当もないなかで、「根性で頑張れ」と言われているわけです。

「自殺の連鎖」をどうやって止めるのか

香山　以前、中島らもさんもうつ病をもっていて、本を読んでいましたら、希死念慮に取りつかれた時の話を書いていて、すごくリアルだと思いました。自分の考えとは関係なく「もう俺は今日死ななくてはならない」という考えで頭が一杯になってしまって、あそこのビルに行こうとか考えてどうにもならなくなった時に、偶然仕事で関係者の人がきたので、「助かった。今すぐ俺を病院に連れていけ」という経緯で入院したという話が書かれていました。自分の意思とは関係なく、自殺への考えで頭が占拠されてしまうというタイプのものならば、きちんと入院、治療することでかなり解決するのだと思います。

『創』の三浦春馬さんの特集に反響があったという話でしたが、竹内結子さんの反響はこないのですか。私のまわりでは竹内結子さんのことで同世代の女性の知人がショックを受けています。

松本　患者さんの間では、竹内さんのことのほうが、みんな衝撃を受けています。

香山　次は自分の順番なのではと思ってしまう人もいるかもしれませんね。バトンを渡されたように感じる人もいるのではないかと。なんとか「そんなバトンなんてないんだ。あの人が亡くなったことと、私が生きてることは関係ない」と、そのイメージを振り払ってほしいです。

私たちも精神科医としてどんなサポートができるか、これまで以上に考えていかなければなりませんね。

本書読者に贈る
『天外者』と三浦春馬さんのクロスワードパズル

クロスワードパズル作家の「女帝セブン」こと脇屋恵子さんから特別作成のパズルが送られてきた。メッセージとともに掲載する。回答はP193をご覧いただきたい。

三浦春馬さんを失って喪失感から抜け出せない方々、前を向こうと努力をされていらっしゃる方々、三浦春馬さんを愛してやまない方々が『創』を読んで勇気づけられていることと思います。

私も泣いてばかりではいけない、何かできないかと、無我夢中で作成したのが春馬さんのクロスワードパズルです。

このパズルには、私が映画館でこれまでに60回鑑賞した『天外者』をはじめ、春馬さんが出演した作品や春馬さんに関することをちりばめました。

長年の春馬さんファンはもちろん、あの日以来、春馬さんのファンになった方々にも「ああ、こんな作品にも出ているのね」と楽しんで頂ければ嬉しいです。

私もあの日以来の春馬さんのファンです。あの日から春馬さんが出演した、鑑賞可能な作品は次から次へと殆ど観ました。今後の楽しみにと、購入後敢えてまだ観ていないDVDもあります～。

ドラマや映画の1シーンをまぶたの裏に浮かべながらパズルを作っていると、胸が熱くなりこぼれ落ちる涙を抑えることができませんでした。

ただこのクロスワードパズルを解いている時間が、春馬さんとの新たなふれあいのひとときになれば、そして『創』に寄せられたたくさんの熱いメッセージのように熱い想いを共有することができたら、との一心で作りました。

そして作り終わったという達成感がありながら、作り続けていたかったという思いもあったり、またあんなワードもこんなワードも入れたかったと、心残りがないといったら嘘になります。

春馬さんの世界に浸って欲しかったので、共演した俳優さんや監督さんのお名前は使用しておりません。

また『創』の読者様でクロスワードパズルが好きな方が、パラパラとページをめくった時にこのパズルを見つけ、春馬さんのことはよく知らないけれど、パズルを解くことによって春馬さんに興味を持って頂けたなら、春馬さんにも喜んでもらえるのではないかなと思っています。

そして是非、春馬さんにもパズルに挑戦してほしいです。

脇屋恵子（or女帝セブン）53歳

『天外者』と三浦春馬さんのクロスワードパズル

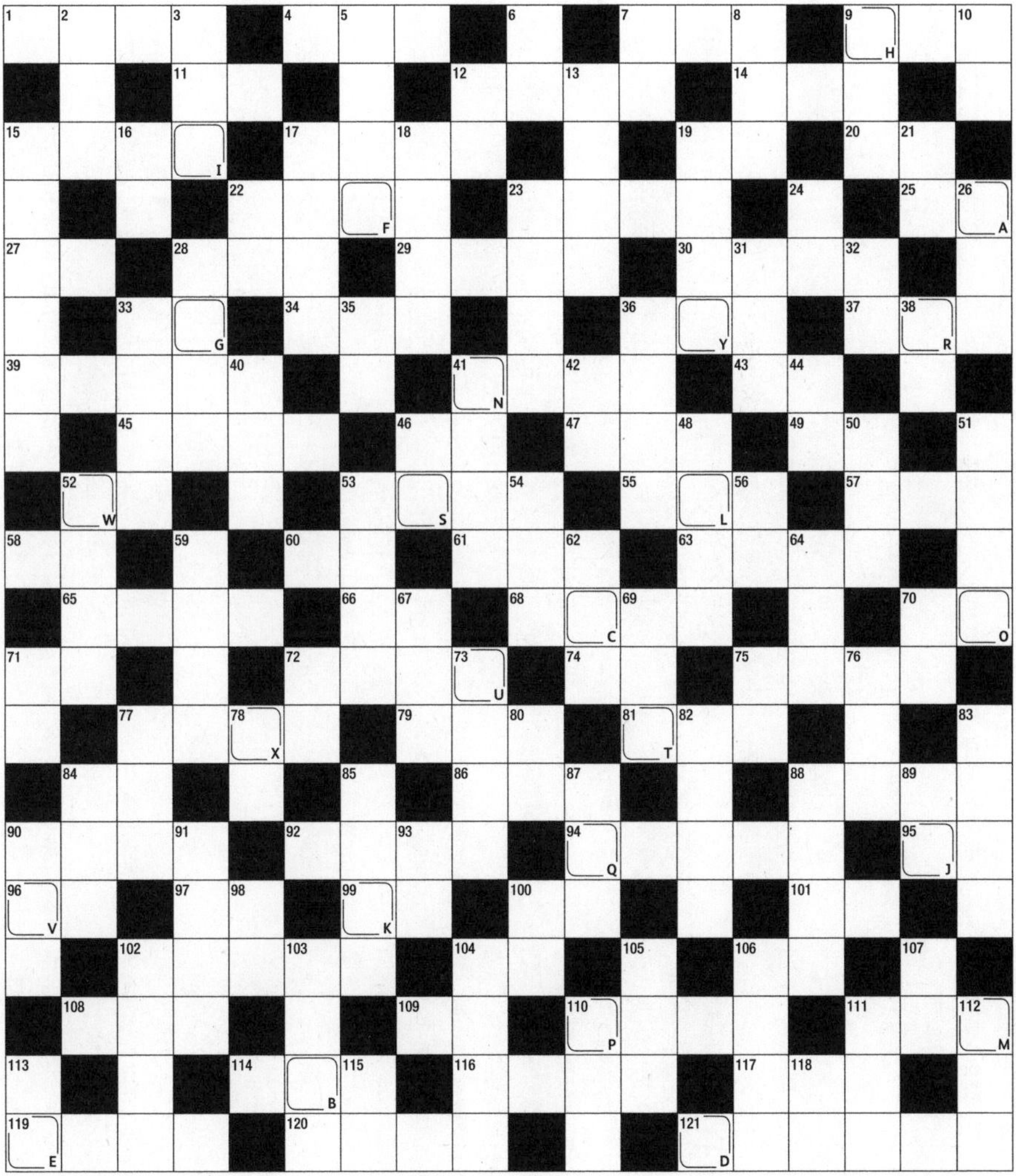

A	B	C	D	E	F	G	H	I	J	K	L	M	N	O	P	Q	R

S	T	U	V	W	X	Y

←タテのカギ

2 時計の修理士を演じた日中合作〈ヨコ14〉『真夜中の○○前』

3 これを片手に握りしめ歌を熱唱

5 『天外者』では語り手となっている五代を援助したヒゲの武器商人

6 『ガリレオφ（エピソード○○）』『クローズ○○Ⅱ』『永遠の○○』

7 『恋空』は美嘉と○○の切ないラブストーリー

8 教会に飾られた○○○・キリスト像

9 屈託のないくしゃっとした○○が好き

10 ALSを発症し命と向き合う青年を演じた『○○のいた時間』

12 ○○をのむほど美しい横顔

13 江戸時代末期に吹き荒れた尊王○○○運動

15 サスペンスドラマ『ダイイング・アイ』では見事なシェイカーさばきを見せた

16 ○○が低く謙虚で努力家の彼は誰からも慕われ尊敬される

17 『ブレイブ―群青戦記―』ではキーパーソンとなる若き日の徳川○○○役で圧倒的な存在感

18 私はあなたを愛してます！「アイ・○○・○○！」

19 著書『日本製』はいつもそばに置いている私の愛読書

21 ○○を重ねてベテラン俳優への道を歩む

22 ○○に秘めた思いはストイック

23 シリアスなドラマはもちろんこんなドラマもお手の物

24 『ごくせん』第3シリーズで演じたのは悪名高い3年D組の風間○○

26 ノーベル文学賞作家カズオ・イシグロ原作のドラマ『○○○を離さないで』

28 才能豊かな役者には出演依頼が殺到

31 『○○○・シンデレラ』ではBMXのライダー役で世の女性のハートをわしづかみに

32 アニメ映画『キャプテンハーロック-SPACE PIRATE CAPTAIN HARLOCK-』では特殊工作員のヤマ役で○○の出演も果たす

33 『〈ヨコ41〉なことはすべて君が教えてくれた』では同僚の恋人と○○○との板挟みで悩む教師役

35 爽やかで人気者の高校生・風早翔太は女子の憧れ『○○に届け』

36 いつも○○○○にいる仲良しの2人

38 空にかかる七色の自然現象

40 誠実で正義感のある人間とは無縁 漢字で歪と書くゆがんだ形のこと

41 国際共同制作特集ドラマ『○○○○の子』では髪を刈り上げて陸軍兵士の役に取り組んだ

42 可愛がっているペットの○○もかいがいしく

44 日本のパスポートに描かれている花

46 ファンだけでなく誰にでも○○対応で接します

48 観光ツアーで頼りになる団体旅行の案内人

50 やさしい○○の持ち主に誰もが○○を奪われる

51 『ブラッディ・マンデイ』で高木遥は高木藤丸の○○○○という設定

52 世界に先駆けて産業革命が起こった国

53 主役のエレンを演じた『進撃の○○○○ ATTACK ON TITAN』では初めてのワイヤーアクションに挑む

54 猫にひっくり返された○○○鉢をみて可哀そうと思う優しさ

56 示現流《じげんりゅう》は薩摩の○○の流派

59 『○○○○2 掟は破るためにこそある』で演じた伊東鴨太郎は主人公の敵キャラクター

62 足だけをお湯につける入浴法

64 五代がその目で見守った明治○○○

67 『アイネクライネナハトムジーク』と『CHiLDREN チルドレン』は人気作家○○○幸太郎が原作者

69 『東京公園』では○○マンを目指す等身大の青年を好演

70 五代の葬儀の日 大阪の○○は機能を停止した

71 『アイネクライネナハトムジーク』は仙台で○○が行われた

72 ○○焼きバーガー ○○焼きチキンはお好きですか

73 彼は仕事で他人に迷惑をかけることを○○○○に嫌う性格

75 滑稽でおかしな〝○○顔〟もチャーミング

76 冬の厳しい〇〇〇も吹き飛ぶあなたの〈タテ9〉
77 飾り気がなくつつましい〇〇〇な部屋に住む学生
78『14才の母』で桐野智志は一ノ瀬未希から〇〇ちゃんと呼ばれていた
80 あなたの重みのある言葉は私の座右の〇〇
82 誰が隣に座るのか気になる新学期の教室などで行われるもの
83 未来の警視総監を目指して？『陽はまた昇る』は〇〇〇学校が舞台
84 医大生の田中を演じた『こんな夜更けにバナナかよ 愛しき〇〇〇』は本当にあったお話を〈ヨコ14〉化
85 プラスイオン⟷〇〇〇イオン
87 祭壇に果物などをお供えします
88 まっすぐ帰らずについフラフラと
89 爪をはめて演奏する日本の伝統楽器
90 ヒロインの初恋相手であるロン毛の大学生役にキュンとなる『〇〇〇 強い気持ち・強い愛』
91 その人が付けていた香水が去った後も服にほのかに残ってる
93 派手な服も〇〇な服も似合います
98 王子様の〇〇で目覚めるお姫様
100 オーディションで大勢の子役の中から主役に選ばれた『〇〇の学校』は自然あふれる丹波篠山が舞台
102 ブロードウェイミュージカル『キンキーブーツ』でドラァグ・〇〇〇〇のローラを熱演
103 ネコの大好物である植物
104 吉田松陰が企て失敗した渡航の許可なく船に乗り込んで他国へ行くこと
105 新入生でも受験生でもない高1と高3に挟まれた学年
106 運動〇〇〇〇抜群でアクションシーンが華麗に決まる
107 人望が厚く彼の悪口を言う〇〇はいない
110 新しい世界の〇〇〇を開く挑戦者
111『アキハバラ@DEEP』は〇〇〇な少年少女の活躍が描かれる
112 エジプトを流れる世界で一番長い川
113 主題歌も歌ったドラマ『TWO WEEKS』では父親役に意欲を燃やす
115 真面目な役からお茶目な役まで〇〇無くこなす才能
118 レストランで座るときにこれを後ろに引いてくれる優しい男性

⬇ヨコのカギ

1 〝天外者〟とは〇〇〇〇の言葉で〝凄まじい才能の持ち主〟という意味
4 朝の連続テレビ小説『〇〇〇』で子役デビュー、後に『ファイト』にも出演
7 ここに手をあてて熱の有無をチェック
9 笑うと頬に出来る女の子のチャームポイント
11 ドラマ版『〇〇、会いにゆきます』では主人公のライバルとして回想シーンに登場
12 日焼けせずに肌の色が白いこと
14 テレビや〇〇〇 舞台に歌にダンス いつだって全力投球
15『tourist ツーリスト』シリーズ第1話の舞台となったタイの首都
17 県内には偕楽園や牛久大仏、袋田の滝に霞ヶ浦があります
19 お風呂上りに〇〇タオルをはおる
20 桜の開花は春の足〇〇
22 サーフィンを始めるきっかけとなった『キャッチ ア 〇〇〇』はフレッシュな彼の魅力が満載
23 船で異国に渡り視野を広げたい五代が海軍伝習所時代に「これをさせろ」と希望したこと
25 笑うと出来る目じりの〇〇にも癒される
27 京都、鎌倉、お坊さん、地図記号は卍
28 のどが渇いたら「お～い〇〇〇」
29 これになっても天狗にならず他人を気遣い謙虚さを忘れない
30 児童公園や小学校にある漕いで遊ぶもの
33 待ちに待ったお休みの日
34 ゲレンデで滑る姿が銀世界よりもまぶしくて
36 部屋にいるのにいないふり
37 赤い糸で結ばれている男女の縁のこと
39 ダー子たちとジェシーの間でこれが繰り広げられる『コンフィデンスマンJP』シリーズ
41「地位か、名誉か、金か、いや 〇〇〇なの

は目的だ」
43 ○○を超えて空を駆ける馬
45 A型とB型の特徴を合わせ持つ血液型?
46 英語も中国語も努力の○○あって流暢にしゃべることが出来る
47 畳、床の間、ふすまから連想される部屋
49 杏仁豆腐にトッピングする赤い○○の実
52 白と黒の石で勝負する
53 タモリがストーリーテラーを務める『世にも○○○○な〈ヨコ94〉』では「JANKEN」「明日へのワープ」ともに主演で登場
55 五代と龍馬が船の上で見た日本の○○○
57 『千年の恋 ひかる源氏〈ヨコ94〉』では平安時代から抜け出して来たような頭中将の○○○時代に扮して作品に華を添える
58 謎を解く○○となるもの
60 ○○曲折を経て結ばれた二人
61 ポール・スミスのメンズ○○○をさらりと着こなす
63 制服やブレザーでもっともポピュラーな色
65 家族団らんの○○○ルーム
66 高齢の男性召使いや執事のことをこのように呼ぶことも
68 初めて訪れた場所なのに以前訪れたことがあるような感覚〝デジャビュ〟を日本語では○○○○
70 品の良い立ち振る舞いで何をしても注目の○○になる彼
71 この都市にあるハリウッドサインを背景に記念写真をパチリ
72 『ブラッディ・マンデイ』では○○○○ハッカーを『奈緒子』では○○○ランナーを演じた
74 「誰もが○○を見られる国にするんじゃ」
75 事件は主人公の東大受験当日に起こったドラマ『殺人○○○70』
77 漢字では蟷螂と書く虫が苦手です
79 英国の最新武器を相手に戦っても薩摩には○○が無い
81 ぐるぐる回って昇り降りする○○階段
84 カクテルの○○ライムと○○トニックを注文
86 『ネガティブハッピー・チェーンソーエッヂ』ではこれを乗りこなす能登役で出演
88 高知県の夏の風物詩は○○○○祭り
90 ○○○○と歩く姿はオーラで光輝いている
92 『明智小五郎対○○○二十面相』では二十面相に操られる少年を一生懸命に演じた
94 東野圭吾ミステリーズ『小さな故意の○○○○』で描かれた微妙な三角関係
95 坂本龍馬と岩崎弥太郎はこの藩の出身
96 マイホームは○○付きの一戸建てもいいね
97 竹から生まれたかぐや姫はここに帰っていった
99 サーフィンはサーフボードを利用してこれに乗るスポーツ
100 居酒屋でも人気のホルモンが主役の○○鍋
101 『○○黄門』では武士の子でありながらお蕎麦屋さんを目指す柿田七之助役を頼もしく演じた
102 サンタクロースに変装したあなたからプレゼントが届く日
104 1○○のブレも妥協もない完璧な演技
106 話は全て聞かせてもらったぜ!『怪盗セブン』セブンを日本語で言うと
108 NHK○○○ドラマ出演作品は『武蔵 MUSASHI』『功名が辻』『おんな城主 直虎』
109 犯した罪に苦悩する主人公・ラスコーリニコフを演じた舞台『罪と○○』
110 宝くじに当たりました!
111 『○○○高校』では東大卒のエリート銀行員役で知的だけどコミカルな演技を披露
114 武士の命である○○を五代の棺の中に入れて欲しい
116 24時間いらっしゃいませ『山形スクリーム』では○○○○の店員役で友情出演
117 『おカネの切れ目が恋のはじまり』で演じた猿渡○○○は浪費癖のある御曹司
119 『アンフェア』ではこのお店の店員役で初々しい蝶ネクタイ姿を見せた
120 借金に追われるフリーターを演じた『○○○○男子 ボンビーメン』
121 草食系男子高校生に戦国武将の魂が宿る『サムライ・○○○○○』では様々な困難を乗り越えていく主人公を演じた

第2章

三浦春馬さんへの想い

空羽ファティマ／海扉アラジン／もっこ

三浦春馬さんの死に想う

死という最後の舞台に表現者・三浦春馬さんは何を込めたのか？
——彼の死を通して見えたもの

空羽《くう》ファティマ［絵本作家］／海扉《カイト》アラジン［切り絵］

**死にたかったのではない
生きるためあらゆる努力をした**

俳優・三浦春馬さん（30）の突然の死が、今まで彼のファンでなかった人たちにも「何故ここまで　喪失感で打ちのめされるのか　自分でもわからない」という大きな衝撃を今も与えるのは、「容姿端麗の天分に溺《おぼ》れず謙虚で自分に厳しく、人に優しく忍耐強く努力家で品がありいつも笑顔」という〝日本人の鏡〟と言える彼でさえも生きてはいけない社会に絶望したからではないか？

多彩で完璧なパフォーマンスの裏には、信じられない努力と作品の持つメッセージを届ける為の妥協を許さぬ練習があり表現を追求し続けてきた彼の覚悟に圧倒される。

……「日本のミュージカルを活性化する大きな歯車に」「未来の自分に言い訳しないための努力」「世界に向けて発信する俳優に」……未来を見据えた意欲ある言葉。

演技の幅を広げようと日本舞踊、英語、ダンス&ボイストレーニング、ジム、殺《た》陣《て》……。剣術の師、楠見氏は影に隠れた努力が人の10倍あったと語る。

この世を去る日を7月18日に選んだのは、「味方だよ」と常に優しかった彼が、悲しむであろうファンを慰めようと、超

天に駆け上がる馬に乗ったローラのイメージ（海扉アラジン・作）

魅力的な天才恋愛詐欺師ジェシー役で出演した映画『コンフィデンスマンJPロマンス編』のテレビ放送日だったからではないか。

映画の冒頭に流れる言葉は

《目に見えるものが真実とは限らない》

人々を癒《いや》した無邪気な笑顔の下には、人知れぬ悩みや葛藤があったであろう彼の死を受け入れ、「作品の中に彼は生きている」という正しい落とし所にたどり着く前に命を絶つしか、残されていなかった彼の痛みの前に立ち止まり、心に問うことから逃げたくないと思う。

年間2万人が自ら死を選ぶ日本。

表現者として生き「俳優は〝想像力〟を与える仕事」と語る彼は【死という最後の表現の舞台】を通して世間に何かを伝えたかったのではないか？　その問いに、彼が私達に与え続けてくれた〝想像力〟を使って応えたい。死を受け入れ、作品の中の彼を愛《め》でるのは、その後でも遅くはない。

毎晩、彼に関する あらゆることを調べ続けた

……実は私は今まで彼の熱狂的なファンというほどではなかった。けれど、亡くなった後　舞台〈キンキーブーツ〉で13センチのヒールを履きこなし歌い踊る女装姿のローラの動画を見た瞬間！！！

ローラを見て虜《とりこ》になったという多くの人同様に、その圧倒的な表現力と歌唱力に胸を鷲摑《わしづか》みにされたっ！

《自分と他者を受け入れることの大切さ》を伝えるローラ役を得たくて、努力に努力に努力を重ね、自ら応募した厳しいオーディションを勝ち抜き、全身全霊で演じたという、舞台を二度と見られないことが残念で、こんなにも生きる喜びと、自信に満ち溢《あふ》れるローラと一体化した彼が、なぜ逝《い》かなくてはならなかったのか？

正しい答えはないと知りつつ、毎日書いていたFacebookもブログも一切書く気になれず、毎晩、空が明るくなるまで、とにかく彼に関するあらゆることを調べ続けた。動画・インスタ・記事、そこに付く想いの込もった大量のコメントの数々……。

彼の想いに寄り添おうと、それを何冊

空羽《くう》ファティマ●朗読CD付き絵本「ラクダのキャメルン シリーズ」の出版、朗読会をする絵本作家。35カ国を旅しサハラ砂漠で現地民と暮らした体験記は高校3年国語の教科書に掲載された。

海扉《カイト》アラジン●独学で学んだ切り絵でキャメルンシリーズ、コラム、オリジナル切り絵の仕事も受ける切り絵作家。

もノートに書き写す。朝起きてから寝るまで三浦春馬というか、ローラがいつも心にいた。

〈私達ファンが計り知れない闇を抱え日本のエンターテインメントを支えようと全力で走り抜いた人。その笑顔の表面しか見なかった後悔が、何度も湧き上がり心の穴はふさがらないまま〉

と自責の念を抱くファンが多く、また〈今、彼が幸せならいい。死の理由は考えず冥福だけ祈ろう〉という声もあるが、もし、それを彼が求めているなら、死の前夜にローラの女性下着を捨てた時、初めの報道に存在していたとあった日記帳も一緒に処分できたはず。

彼は想いを綴った日記を読まれることを望んだのではないか？《突発的な思いつきの死》ではないことを伝える為に。

亡くなった1週間後に遺書のように公開した曲〈Night Diver〉は演舞のように指先まで神経を行き届かせ、華麗にダイナミックにキレのあるダンスとリズミカルな歌の旨さに一気に引き込まれる。

これが世に出る時、自分はもういないと知りつつ《♪きっと誰も知らない言葉》に〝吐き出せない〟秘めた想いを込めたような歌詞と画像の中のロープは偶然とは思えない。

三浦春馬さんは【死して尚生きる人】

『太陽の子』のドラマの中で、死のうと海に入る彼を、兄ちゃん役の柳楽優弥さんがしっかりと強く抱き締めてくれたあの温もりは、役を超えて彼を癒したと信じたい。撮影前に「強く叩いていいよ」と春馬くんに言われていたのに「子犬を撫《な》でるようにしか」叩けなかったと言う兄ちゃんの優しさ、きっと伝わった。

みんなを愛し、みんなからも一生分の愛を受け、俳優として、多くの人生を体験したことで、人の何倍もの濃い命を味わい尽くし、駆け足で30年の熱き日々を駆け抜けていった美しいひとよ。

私は12年間【命の大切さと日々の尊さ】を伝え続けてきた絵本作家だから、自殺を肯定はしない。

だから首に巻いたサーフィンのリーシュコードは〝ボードと足を離れないようにつなぎ止めておくヒモ〟と知り、彼とこの世を離れないようにつなぎとめるヒモはどこにあったのか？と今も想う。

でも、映画『こんな夜更けにバナナかよ』で「（筋ジストロフィーの）鹿野さんのわがままは命がけなんですっ！」と田中くん役の彼が言ったように、いつも優等生だった彼が「命がけのわがまま」としてやったことならば、自殺否定の正論を横に置いて、黙って受け入れてあげたいとも、思えてきた。

「生まれ変わっても、男になりたい。ドラァグクイーン（派手な女装）をしたいから」と言った彼が、素の自分自身で在ることを許し、楽しめる社会に生まれ変わるために、自由で温かい世界を作って「生き返った鹿野さんに乾杯！」と田中くんが言ったあのセリフを「生き返った春馬くんに乾杯！」と言いたい。

ローラの言葉を胸に抱く。

「Accept someone for who they are」

その人自身でいることを受け入れて

「30年の命として地上に舞い降りてきた天使」

確かに「完璧主義の人は自己肯定感が低く、自信を持てないこと」も彼の死の理由の一つだったかもしれない。

でも彼の妥協を許さないストイックさ。

不器用なほどの誠実さ、

「ユーモアセンスがないのがコンプレックス」という真面目すぎる所。

全て含めて三浦春馬さんという人で、それが彼の魅力だったのだろう。

あまりにもナイーヴな話題なのでこの原稿は作家人生をかける程の覚悟が必要だったが、こんなにローラに心を奪われた物書きの私が、自分の言葉で表現することから逃げたら、きっとこの世を去る時、後悔するし、表現者として生きた彼に堂々と天国で会えないと思った。

ネットのコメント欄には、長年ファンの方や死後ファンになったという方から〈私のような人間が生きていて　あなたが亡くなるなんて。心にぽっかり穴が空いたまま涙が止まらない〉

〈どうすれば救えたか　何度も考えてしまう。これほど　誰かの死に　打ちのめされたのは初めて〉

という〝♪あなたを包む全てが優しさで溢れるように〟と祈る、胸に刺さるコメントが今も後を絶たない。

「キンキーブーツ」ローラ（海扉アラジン・作）

……3・11の東日本大震災で亡くなった佐藤愛梨ちゃんの絵本『あなたをママと呼びたくて天から舞い降りた命』に書いた、白いおひげの神様の言葉を贈ります。

「それぞれが　大切な命ですが、地上での役割が違うので　命の長さはみな同じではありません。」（略）
「愛梨ちゃんは6歳で天国に戻ってきますが　本の中でずっと　人々の心に生き続け《命の大切さや日々の尊さ》を伝える大きな役割のある命です。」（略）
「命というものはね、どのくらい　長く生きたかではなく　大切なのは　どう生きたか、なんだよ。

生きてる間に　周りの人や自分をどれだけ　幸せにできたかってことだよ。」

（略）

「人はね、誰もがいつか必ず死ぬ。

だから天国で再び会える日まで　地上で自分に与えられた命をしっかりと生き切って欲しい」

……彼の悪口を聞いたことがない程みんなに愛された春馬くんは《30年の命として　地上に降りてきた天使》だったと思う。

「〝無事に〟30歳を迎えられた」と言ったのは、この世での役割を果たし、天国に帰る時だったのかも、と思いたい。

でも、魂は永遠に、死なない。

彼への想いもけして死なない。

その死と共に生きていけばいいのだ。

命は時を超えて涙を超えて永遠に生き続ける。

そして……彼の誕生日は4月5日、シゴ……〝死後〟彼は再び生まれるってことではないか⁉

「いつまでも人の心に残るものを見せたい」と願った彼の命のバトンは、これからも作品の中で生き受け継がれていくのだ。

亡くなる1カ月前に母から生まれた時の名に戻したのは、お母さんに対する優しさだと思う。その母が付けた、春馬という名の由来は《天空を元気に駆け上がっていく駿馬》

応援してくれたファンの方や楽しい時間を過ごした友人たちに心から感謝しつつ、この世の全ての重さから解放されてあの無邪気な笑顔で、彼の魂は天空を駆け上がって行ったと信じたい。

今は涙が止まらない人も泣くだけ泣いたら、彼のいる空を見上げて深呼吸してみてください。

生きるとは、変化を受け入れていく事かもしれません。

明日はいつも新しくあなたを迎えてくれるから。

ありがとう。三浦春馬さん。

これはローラに一目惚れした私からのファンレターです。

才能あふれるあなたの死は、世界に衝撃と悲しみを与えたと同時に、一生を30年で生き抜いたみごとな、その生き様を見せて、教えてくれました。

【命は、長さではなく〝濃さ〟なのだ】と。

♪恐れないで　何が起きても。見かけほどひどくないよ。

これまでの絶望からの逃場

癒される傷も悪夢も。

安らかな眠り闇の果てに

君のそばにいると誓おう

いつもあなたと心見つめて

♪♫♩♪♩♫♩♪♩

（コロナで1週間で中止になった彼の最後の舞台、ホイッスルダウンザウィンドより）

空羽ファティマ

【初出：『創』２０２０年11月号】

死という最後の舞台に表現者・三浦春馬さんは何を込めたのか？

恋するファン　極上リスト
世界は
三浦春馬に
あふれてる

「世界はほしいモノにあふれてる」の雑誌広告からイメージ（海扉アラジン・作）

『カネ恋』最終回に泣いた

死を超えて 生きる人
――三浦春馬さんの死は、ほころびではない

「死して尚生きる人」―前回、三浦春馬さんをそう評した。
そして彼の最後のドラマ〈カネ恋〉の最終回を観て改めてつぶやいた。
「彼は、死んではいない」

空羽《くう》ファティマ［絵本作家］／海扉《カイト》アラジン［切り絵］

『創』11月号は春馬さん演じるローラの切り絵の表紙とカラーページが大好評で、出版元へも私の所にもたくさんの反響がありました。ありがとうございました。「まさにこういう言葉を待っていた」と喜んでくださる方も多かったが、もちろんそうでない方もいた。絵本作家として本を出版し、それを朗読コンサートの活動してる範囲では、辛口と言っても「ファティマさん、泣きすぎ」くらいだったが〝人気俳優さんについて書くというのはこういうことなんだな〟ということを初体験した。

でも〈春馬さんが優しいのでファンの方も優しい人が多い〉と聞いていた噂通り、書き手の想いも尊重して下さった上でのご意見だったので感謝しております。

〝ファンを胸キュンさせた小鳥キス〟

……さて、その『カネ恋』（TBSドラマ『おカネの切れ目が恋のはじまり』）。

8回の予定を4回に短縮し代役は立てず彼の最後の演技を生かす為、制作スタッフ&共演者…みんなが三浦さん演じる慶太に心を寄せ、彼への追悼番組として作り上げたであろう、亡くなった後に撮影した最終回。

姿はないのに、セリフはないのに、三浦春馬という役者が確かにそこにいた。

多分、共演者も皆それを感じていたと思う。その気配の中で彼に想いを馳せつつ役に徹していたのだろう。

『カネ恋』の小鳥キス（海扉アラジン・作）

自殺とニュースで聞き「責任感の強い彼がドラマ撮影中に？」と思ったが、役者魂は現場にしっかりと遺していったに違いない。

舞台『キンキーブーツ』、ローラの歌とダンスの表現力に圧倒された私は迫力ある役や影のある役を望んでいたが、『カネ恋』は俳優三浦春馬がその死の前夜まで収録していたというドラマ。表現者として、どんな役も全身全霊で打ち込む彼の最後の演技をしっかりと見届けようと思って観た。

自殺か？　他殺か？　真実はまだ闇の中だが、もしも、明日この世を去ると決めていた上での自死ならば特別な想いで臨んだだろうから。

〈注…ここで私が言う〝自死〟とは自分では死にたくないのに、何らかの理由で追い込まれ、死ぬしかなかったという意味の他殺とも呼べる自死〉

それが……あの爽やかなキスシーンだった。あんなに優しくさりげないキス、見たことない。妖精がお花にチュ！　みたいな。鳥がついばむような一瞬のキスは〝小鳥キス〟と呼ばれてファンを胸キュンさせている。

うん。確かにあれは、汚れた心の人にはできない、まさに天使のキスね。

その一瞬の中に彼の持つ純粋さとか、真っ直ぐさがぎゅっと詰まっていて。きっとこれは、演技ではなく彼の素のピュアさが溢《あふ》れ出たものだ。

あのキスはきっと、応援してくれたみんなへ送った最後のキス。想いを込めたお礼のキス。

ああ、だからあんなに優しく、あんなに切ない、キス……。

生き生きしたローラとは別人のように痛々しく痩せてメンタルもかなりキツかったろうに、あのほんわか胸キュンの空間が作れる人。そこは演技力とか、役者としての何かを超えた部分で、ここを持っている彼が更に努力を重ねて技を磨くから、人を惹きつける役が生まれるのだな。

華やオーラがある人、というのは芸能人だからといってみんなが持てるものではなく、その人の持つ魂の質みたいなものが滲《にじ》み出るものなのだろう。

このキスシーンが、7歳から難しい役をたくさんこなしてきた彼の〈人生最後の日の演技〉だということが、三浦春馬さんという人をよく表しているのと思った。

出しゃばらず、飾らずおごらず人を立て、ただただ、ピュアな優しさを持った心の綺麗な役者さんだったのだ。

祈るような気持ちで慶太の笑顔を待った

そして、ついにきてしまった最終回。彼が出演したのは3話までと頭では知っていても、誰もが彼の姿を探してしまっただろう。皆が同じ思いで「え？　このまま、もう出てこないの？」と祈るような気持ちで無邪気な慶太の笑顔を待ってしまったにちがいない。

「あと一回だけでいいから」「ほんの一瞬でいいから回想ではない慶太に会いたい……」

でも、彼は出てこなかった。心がツーンと痛くなる。慶太も春馬くんももう、いないというリアルな重い現実が、ドラマを飛び越えて高い残酷な壁として目の前に立ちはだかる……。

彼の居ない部屋。

彼の居ない職場。

彼の居ない縁側。

そこで亡き彼への想いを、涙を堪え温かな言葉に込める共演者たち。

そこには演技以上の慶太と春馬くんへの愛があふれていた。

口では厳しいことを言っていた父が、行方不明の息子の散らかった部屋で初めてつぶやく本音。

「あいつは人を笑顔にする才能を、生まれた時から持っていた」

「責任なんて負わん方が輝ける。あいつは……あいつのままで、いい」

ジャケットを愛おしそうになで、お小遣いをそのポケットに入れながら息子を溺愛するキムラ緑子さん演じる母が言う。

「ママはいつだって慶ちゃんの一番のファンだからね！♡」

……哀しく深い温かな愛に溢れた、胸が締め付けられるシーン。実の息子さんを亡くした草刈正雄さんにとってこの台詞はどんなに心に痛かっただろうと察する。カットがかかるまでお二人とも必死に涙を抑えたと思う。

ファンたちも、私も！「いつだって春馬くんの一番のファンだからね♡」と同じ言葉をつぶやいたのだろうな。

こんなにも、こんなにも、こんなにも、こんなにも…みんなに愛されているのに……逝ってしまった。

あの日から「どうして？」という大きな石が喉に詰まったまま、気づけば冬はすぐそこに来ている……。

わかってる。わかってる。芸能人と言っても彼の人生は彼のもの。そして、その力の尽きる限界まで必死に生き切ってくれた。途中で投げ出したわけじゃない。立っているのも大変なくらいのギリギリの精神状態の中で愛するファンの為に三浦春馬で居続けようとしてくれた。

……慶太のセリフとしてストーリーに添いつつ、同時に天国にいる春馬さんへの言葉として、脚本家の大島里美さんがどんなに考え悩み抜いて書き直したであろう最終回はドラマを超えた作品として生まれ変わっていた。

彼の死を「ほころび」とは呼びたくない

彼を愛し心配するあまりに、服装や小道具への辛口な意見も出たドラマでもあったしそれを否定する気はない。

確かに春馬くんのあの異様な痩せ方を見れば、あまりに可哀想になりその原因を知りたくなるのはファン心理として当然だと思う。

でも、それでも……。

ドラマ史上ない大きなショックと喪失感と深い悲しみの中で混乱しつつも急遽4話完結のドラマとしてまとめあげた仕事人としての皆さんの誇りと覚悟を、責任感の強い春馬さんだからこそ最後の仕事を「撮影を中断したドラマ」にしないでいてくれたことを天国で、ほっとして称えてくれていると思う。

彼の死を「ほころび」とは呼びたくない。このドラマは彼のいなくなった穴を「つくろった」のではなく、実際に彼がいる以上にその存在の大きさを感じてもらえるように、皆が黒子に徹して彼に光を当てたのだ。……死してなお、輝くために。これからもずっと仲間である、愛する俳優、三浦春馬を称えるために。

ここまでみんながやってくれたのは、視聴率や製作費だけの為ではないと思う。

それは今まで三浦春馬という役者がどれだけ真摯に役と向かい合ってきたか、その為にどんなに努力を惜しまなかったかを、皆が認めてくれていたという何よりの証ではないか。

それだけのことを俳優、歌手、ダンサーである三浦春馬さんというエンターテイナーは命を削ってでも成し遂げてきた。

これって、スゴい賞をもらうより、尊くない？　これこそが「最高の俳優」として認められたピカピカのトロフィーだと思う。何度も言いたい。「命は長さではなく　濃さなのだ」と。

演舞を舞うような体の動きとキレッキレのダンスが絶妙なバランスのハンパない魅力的な曲『ナイトダイバー』は「本当はドラマ『ダイバー』の主題歌で、その主役は、彼だったのでは？　その代わりに慶太の役？」とも言われているが、たとえそれが本当だとして、どんな経緯で決まった仕事だとしても、やると決めた役ならば彼は最後までやり通したかっただろうし、それを出来ないほどのどうしようもない何かが起きなければ、前日に打ち合わせしたように、彼は次の日も現場に立ちたかったはずだ。

また、当初このコメディタッチの役に彼を使うのは「三浦春馬の無駄使い」という声もあり、実際私もそう思っていた。けれど彼の確かな演技力と天性の無邪気さが、湯水のようにお金を使うほころびの多い慶太という役さえも、どんどん輝かせ魅力的な存在に変えてしまった。亡くなる前夜に撮影した3話の最後を何回も巻き戻して観た。失恋して髪を切って泣く玲子を、「おーおー、よしよしよしよし」と子供にするように慰めるシーンは、春馬さんの純粋な優しさが、ストレートに伝わってきて、

「ああ、この人の最後がこの役でよかっ

た」と思えて泣いた。ごめんなさい。私は見る目がなかった。軽い慶太をここまで輝かせられる春馬さんが演じたローラだからこそ、あんなに惹かれたのだろうし、そのローラとの出会いに感謝しよう。

最後のシーンはただ、美しかった

そして、ついに最終回の最後のシーン……そこは時が止まったような深い静寂の空間が満ちていて、いらないものが削ぎ落とされていて、ただ、ただ、美しかった。


……白く輝く満月の夜。

静けさが広がる。

蛍の飛ぶ庭。

慶太にキスされた庭。……

慶太が可愛がっていたロボット、猿彦を抱きしめる玲子。

白い満月に雲が流れては去ってゆく。

ミスチルの主題歌が流れる中を、80年前の『方丈記』が草刈さんの低く響く声で読まれる。

現代の明るさと無常感との、時を超えた対比がハーモニーとなってそれが、不思議にマッチする。

《静かなる夜は、月を見る。猿の声を聞いて、涙をこぼす》
1匹の蛍が、慶太が玲子の為に描いた〝子供の絵のようなお猿の豆皿〟に何かを告げるように留まってから、彼を待ちながら縁側で寝てしまった玲子の肩に止まる。
《まるで篝火《かがりび》みたいに草むらには蛍が飛び交い、夜明け前の雨は、風に舞う木の葉に似ている》
涙のように降る雨が、もみじの葉を濡らす。

……夜が明け、朝が生まれる。
優しい陽が差し込み
目を覚ます猿彦と玲子。
曲が止まり
鳥のさえずりだけが聞こえる。
ししおどしの音が響き、短く切った玲子の髪が風に揺れる。
玄関の扉が開く。
喜ぶ猿彦の姿。
立ち尽くす玲子。
そして静かに微笑んでから
見えない誰かに向かって
全てを受け止めたように
ゆっくりとうなずく……。
ゆっくりと、
うなずく。

……そこに「おかえりなさい」も、音源を探せば見つかっただろう彼の「玲子さん」の声もなかった。


清い。

なんて、清い演出……。

これはまさに、日本の誇る「生花」の手法だ。一つの花を生かすために他の枝や葉を一切削ぎ落としたのだ。

そんな、考え抜いた演出と、最後までやり切ろうと頑張った松岡茉優の本気の演技により、

「慶太が、帰ってきたと解釈し喜ぶ人」

と、

「やはり慶太は、春馬くんはもういない。あの蛍が彼だったのだと現実と向かい合おうとする人」の……そのどちらの想いも壊さないラストシーンとなった。

『方丈記』を巧みに取り入れたこのドラマはコメディの形を取りながら、東日本大震災の時に注目した無常感〈全てのものは変わりゆくという思想〉という風を再び吹かせていた。

そして驚いたのは、

その『方丈記』の原文は「もし夜しづかなれば、窓の月に〝故人〟を忍び猿の聲に袖をうるほす」だったことだ。

全てがそこにあった。

余分のものは何もなく、

足らないものも何もない。

ただ、ただ、「よき」であった。

……そして、この感覚を私は前に経験したことがあった。

「何もないようで全てが在る」ことを教えてくれｆａｔｉｍａという名前をもらったサハラ砂漠での生活だ。

その時の「完全に満ち足りた空間」を、わたしは再びそこに見た。

彼の姿は見えなくても、しっかりと、彼の気配がそこに在った。

《ボディはないのに、ここまで強い存在感を出せる唯一無二の俳優》それが三浦春馬さんだったのだ……。

その大きな宝物を失った喪失感にとてつもなく打ちひしがれるが、最後の最後に禅問答のような演出を用いて、ここまでできるというドラマの底力、その表現の奥行きの深さを魅せてくれたことに、私も文章という作品を創る者として心からの敬意と感謝を捧げたい。

今はただ、とにかく生きていてください

私たちは手を伸ばす。

彼のいる天に向かって。

彼に会いたい、

恋しい、寂しい気持ちを胸に。

「いつかおじいちゃんになった彼と公園でスキップしたかった」って失恋した玲子が泣きながら言ってたけど、絶対かっこいいおじいちゃんになったであろう春馬くんを、私なんかよりずっとずっと前から彼の素晴らしさに気づき、その努力の一つ一つを、その成長の一つ一つを見守り共に笑い、泣き応援し続けてきた長年のファンの方たちの悲しみは……4カ月間の〝時薬《ときぐすり》〟の力では全く癒えず、その哀しみの深さは、もはや、「ご遺族」そのものだと感じています。

寒くなると寂しさが増し、心に開いた穴に北風が吹き抜けるでしょうから、共に絵本を作ってる切り絵作家・海扉《カイト》アラ

ジンに、先月号のローラの切り絵に続き、笑顔の慶太とお揃いのアロハを着た猿彦の切り絵を心を込めて作ってもらいました（表紙）。少しでも皆さんの心がほっこりしてくれたら幸せです。

帰ってこない慶太のことを、「新しい居候先でも見つけたんじゃないですか?」って、玲子が言ってたように「春馬くんは今は天国に居候してる」と思ってもいいと思う。

または『コンフィデンスマンJP』の、ジェシーにみんな騙されていて本当はどっかで自由に楽しく農業してる姿を想像するとか……。

辛すぎることは無理して頑張って乗り越えなくてもいいと思うんです。今回の出来事は、そう簡単に乗り越えられることではなく、7月から急に女性の自死が増えている理由はコロナだけではないように思えます。今はただ、とにかく生きていてください。

人生の半分以上費やした大好きだった人を失い「もう終わった！」と、泣き崩れる玲子に慶太が…イエ、春馬くんが笑って言ってた言葉。

「いや、これからだって！　さよならしたならさ、きっと〝新しい、いい出会い〟があるよ」

〈さよならのその後〉の〝新しい、いい出会い〟とは……ボディを離れ、魂となった彼は芸能人だった今までより、もっと身近な存在になったのだと、彼が遺してくれたこの言葉を受け取ることもできるのではないか。

大好きな彼をいきなり失い、今はこの暗闇から抜け出す日が来るなんて思えない方たちも、彼を本気で応援してきた今迄と、これからも変わらず想う日々を「よき」日々だと、いつか想える日が来ることを……記事という形ではあるが三浦春馬さんという素晴らしい存在に関わらせてもらったローラのイチファンとしてひそかに祈っている。

…………

彼の死は終わりではない。

死はあなたから、彼の全てを奪うことなんてできない。

彼はこれからも、生き続ける。

私たちは、彼を失ってはいない。

そう、彼は「死を超えて生きる人」

「死して、尚、輝く人」

空羽ファティマ

【初出：『創』2020年12月号】

「僕が座るはずだった座布団に　ちょこんと座って慶太の帰りを待っているよ。よき」

全身全霊を込めて圧倒的な表現力と歌唱力を注ぎ込んだローラ（海扉アラジン・作）

三浦春馬さんが遺した贈り物

「悲しまないで」作品の中は【僕のいた時間】

空羽《くう》ファティマ［絵本作家］／海扉《カイト》アラジン［切り絵］

魂を込めて彼が作りあげた作品の中には、三浦春馬という唯一無二の俳優の生きざまがあふれている。

にわかファン故にわかるローラ♡の威力

正直に言おう。三浦春馬さんの記事を書きながら、長年のファンに対しての負い目という罪悪感がずっと胸にあった。

それは私が彼が亡くなった後、舞台『キンキーブーツ』の三浦さん演じるローラの歌とダンスの圧倒的な迫力の動画を見てどハマりした、にわかファンと言われても仕方ない立場にいるからだ。

誰かに責められたわけではないが、記事を書くことに申し訳ない気持ちがずっとあった。

だが一方で「にわかファンだからこそわかる彼の凄さ」を感じてもいた。

それは生の舞台ではなくYouTubeの短い動画だけで、今まで芸能人に興味がなかった私を、ここまで夢中にさせる彼の威力を身に染みて実感できたことだ。それは、まさにローラ爆弾！♡　一瞬で心を占領される絶大な威力！♡♡

だからこそ……これは書くのも悔しく残念で手に汗が出るほどだが、何が無念かって、これから先、どんなに待ってももう二度と！彼の生の舞台は絶対絶対観られないっていう現実だ。絶望感以外ないっ！　私はなぜもっと早く彼のグレイトさを気づけなかったのか？　バカだ。大バカだ。

時々彼のドラマは観ていたのにローラを知るまでその底力を見抜くことが出来なかったことが、悔やまれてならない。

「〝後悔をする人〟というのは、何をしても、しなくても後悔するものよ」と娘に教えている私だが、これは一世一代の後悔。

だからお世辞ではなく、長年のファンの方が見る目をお持ちだったことにリスペクトしかない。生ローラのダンスを見て歌を聞けた人が羨ましくてマジでよだれが出る。どんなに楽しかったことだろう。その感動は生きていく力になると思う。

この溢《あふ》れまくる無念さをせめて活かそうと記事を書き切り絵を切るのは、これを見て一人でも多く春馬ファンが増えれば、天国にいる彼が「ああ、僕はこんな素晴らしいことをやってきたんだな」って、嬉しくなると思うから。

それが、とんでもない魅力的なローラ♡という人に出会わせてくれたことへの私とカイトからのお礼です。

待望の『キンキーブーツ』ついに動画公開!!

そして!!　なんとまさに、この原稿提出の日、待ちに待った『Kinky Boots Haruma Miura Tribute movie』の動画が公開された！　夢のような22分だった。練習風景の楽しそうな笑顔を観たら、たまらなくなり泣けたが、舞台が始まるとローラのハンパない魅力は彼がいないという現実をあっという間に飲み込み、はじける「ローラの世界」に私を引きずり込み、涙なんてふっとんだ。

そして、思った。これこそが春馬ローラが求めていることではないか？と。優しい彼だから自分の死がみんなを悲しませていることを申し訳なく思っているのではないか。少なくても作品を見ている間は作品の中に生きる彼と共にいたい。

今これを執筆している後ろでは届いたばかりの再販された『日本版のキンキーブーツのCD』をずっとリピートしている。画像はなくてもローラの輝きはCDからもビシバシ伝わってくるが、舞台で歌い踊る生き生きしたローラを動画で見てしまったら、あああ!!　やっぱり『キンキーブーツ』のDVDが欲しい！と心の底から思った。ブロードウェイは、コロナで２０２１年5月末まで閉鎖されている。その運転資金にする為にもプリーズだ。初版のCDはメルカリで25万円の値がつくほどローラは求められている。可能性は0ではないと信じ、ブロードウェイの偉い人に〈ローラの周りに桜を和風テイストでクールに散らした切り絵〉に熱い手紙をつけ本気で頼もう。三浦さんも「やりたいことは絶対に形にする。実現できるように最善を尽くす」と言ってたし。表紙の切り絵（エンジェルスが千手観音ごとく手を広げる中に咲くハスの花の様なローラ）の伸ばした手が「DVDお願い♡」に見えない？

そして、そのすばらしいCDの少し前に届いたのは、3カ月で完売し増版した、4年半かけて彼自ら日本全国を訪ね歩き文化や伝統、歴史、産業の奥深さを伝えた『日本製』の本とモノクロの抑えめな感じの写真集。

写真集には「イケメン売れっ子俳優」の雰囲気は全く入ってなくて「イケメンと言われると、もっと違う所を見て欲しい、と思う」と言っていたが、誰が見ても文句ない美男なのに自身は「エラが張ってて顔が大きい、自信なんて持てない」と言っていたというから驚く。

生まれ持った恵まれた資質より、自分で努力して得た力を認めて欲しいと思っていたのだろうな、とそんな彼の実直な思いが伝わってくる。

『日本製』は仕事に真摯に向かい合う日本全国の職人さんに対するリスペクトの気持ちが熱く伝わる分厚い一冊。

「影響を受けた人は、床剝《は》がしと床張りの職人さん。落ち込んだ時は空を、上を見ろと言うが下にも仕事は広がっていて、僕たちが踏むコンクリートにも人の汗や想いがあり、いろんなものが作られているんだな、と学ばせてもらい仕事に対する価値観も変わりました」と他の対談で語っていた言葉を見つけたが、こういう飾らない姿勢が彼の魅力を作っていると思う。

生と死の境界線をなくしたドラマ『僕のいた時間』

一番苦しかった作品としてあげたのが、自ら企画し挑んだドラマ。命と正面から向かい合った『僕のいた時間』。ギャラクシー賞も取り「代表作」との声も多い。

難病を患った青年を演じ食事制限で10キロ落とし、気持ちが落ちていく中で主役としてのモチベーションを保つことが難しかったと言う。

苦痛すら訴えることができずに生き続ける恐怖は本人しかわからないと言っていた台詞は重い。

「人工呼吸器を付けずに死んでゆくわけじゃない。付けないという〝生き方〟を選んだ。

〝生きる覚悟〟なんてできない。だから全力で、今を生きようと決めたんだ。自分で呼吸が出来なくなるまでは」

……今、この言葉をここに書いてみて改めて想う。あんなに生きることに精力を傾けた彼が、あの彼が…自分で死ぬ日を決めたとしたならば、その「死」は彼の「生き方」だったのかと。この作品は死と生の境界線を無くしたドラマ以上のメッセージを込めていた。


12月には日本の未来を切り開いた五代友厚を演じる映画『天外者《てんがらもん》』（鹿児島弁でものすごい才能の持ち主）が上映された。

「実もいらぬ。名もいらぬ。ただ未来へ」と大いなる目標に向かって情熱を胸に生きた男に、熱い三浦さんは激しく共感しただろうな。

妻役の蓮佛美沙子さんのコメント「作品の中にいる春馬くんは五代そのもの。五代として生きた時間を愛して欲しい」

田中監督も「五代の透明感と強い信念の役に、すぐに彼が浮かんだ」と太鼓判を押す。

２０２１年3月には高校生が戦国時代にタイムスリップして部活で培った身体能力と、現代人の知恵を生かして生き延びるという『ブレイブ群青戦記』に松平元康役で出演する。２つ、新しい彼の作品が見られることは嬉しいね。

それから、映画『コンフィデンスマンＪＰ』の三浦さん演じる天才恋愛詐欺師ジェシーのことも書かなくっちゃ！

『コンフィデンスマン』はドラマの時から好きだった。小さい嘘と大きな嘘がミルフィーユのように重なり合い、それが視聴者もだます、途方もなく見事などんでん返しへ導かれていく。テンポが良くて笑えるのにちょっと切なくて人間の弱さやいいかげんさを受け止めてくれる感じが心地よかった。

〈人は自分に都合の悪い本当よりも、都合の良い嘘を信じる。世の中はそう出来ているのでそれを壊すダー子が痛快〉と脚本家の古沢良太さんは言う。ロマンス編から出演するジェシーについては、「こんなに魅力的なキャラを書いた覚えはない。才能ある俳優とはこういうものか」と。

イケメンの三浦さんが「イケメン」として演じればそりゃあかっこいいのは当たり前だが、見所は彼の憎めない悪党ぶりとラストシーンでボコボコにされる間抜けさだ。かっこいいシーンはそのままでいいからたいした努力がなくてもできるのだろうが、素が真面目で良い人の彼が、悪者になるにはちゃんと「演じなくては」ならないからだ。ロマンス編でランリウ演じる竹内結子を口説き落とせない悔しさを表現するシーンで「チッ！」と舌打ちするのだが、その悪ぶりがいい。美しい横顔と表情のない目を写してからの「チッ！」その一連の流れが計算し尽くされていて見事なのだ。

きっと三浦さんが監督と緻密に打ち合わせしてこうしようと決めて、出来上がったシーンだと思う。「撮影当日に春馬くんに会った時まぶしくて目が開けられなかった」と長澤まさみさん。彼女が寅さん的にぶれずにいつもこの作品の中心にいて、その周りを個性豊かな豪華な俳優が取り巻くとこがいい、と思っていたら「この作品を寅さんみたいにシリーズで長くやりたい」と言っていたらしい。ああ、ずっとジェシーを見たかったな。

ロマンス編に出ていた三浦さんが7月、竹内結子さんが9月と立て続けに亡くなってしまい、長澤さんはショックで続編が危ぶまれているらしいが、ぜひ続けてほしいな。

『銀魂2』その先に、演技を超えて見えたもの

共に活動してるキャメルンスタッフのピアニストもっこの強い勧めで映画『銀魂2　掟は破るためにこそある』を観た。大人気の漫画が原作で時代劇、ギャグ、アクション、人情の要素を新選組動乱篇に込めた作品。ギャグの好き嫌いは別として、三浦さん演じる黒い野望を秘めた学問にも剣術にも長けたクールな伊東鴨太郎はとにかく！ものすごくただ、ただかっこいい。

そのメガネはフレームの材質にもこだわり鉄製のざらっとした質感を選び、モスグリーンの着物も知性ある役にぴったりで、実写だからこそできる微妙な視線の動きや眉間のシワで、繊細に表情を表現することを一番重要視したという。いつも笑顔の彼と全くの別人で完璧に鴨太郎に乗り移ったと思う。

全ての作品を観てはいないが、私の好きな役はローラとこの鴨太郎で、28歳、役者として転機に立ち新しい挑戦として

挑んだ役にその気合いが、輝きとなってあふれるのだろう。

真っ赤なスパンコールキラキラのドレスと、ド派手なメイクで吹っ切れた役のローラ役も、ずっとやってみたかったというクールな悪役の鴨太郎も「世間で固定化された、今までのイケメン正統派のイメージ」を脱却し、演技の幅を広げようと本気で挑んだ役だという。

鴨太郎は誰にも認められない幼少期を過ごし、孤独感から地位や権力を手にしてきた。三浦さんは「自分はクールで知的でもなく鴨太郎とは違う」と言っていたが福田監督は「自分は演技の向こうにある本人を推察する。春馬くんには彼の持つナイーヴさと鴨太郎の本質な部分は繋がったので、この役は春馬くんしかない」と話す。

もし三浦さんがもっと自分の中の孤独を抱きしめて、優しくケアしてあげていたら何かが違っていたのかもしれない。

〈以下ネタバレ有りの号泣の鴨太郎最後のシーン〉

裏切り者だった彼が、最後は仲間を庇《かば》って打たれ、瀕死の重症になって初めて、自分には信頼できる友（柳楽優弥演じる土方）がいたことに気づくシーン…。

小栗旬演じる坂田銀時がつぶやく。

「ほっといたって奴は死ぬ。だからこそ、だからこそ斬らなきゃならねえ。（土方は）奴を、薄汚ねえ裏切り者のまんま死なせたくねぇんだよ。最後は武士として仲間として奴を死なせてやりたいんだろう」

宿敵でありつつ誰よりも彼を理解していた土方が、鴨太郎の〝最後の誇り〟を守るために、自分の手で死なせてやろうと、一対一の戦いを挑む。

……「いとう！」

「ひじかたぁ！」……

剣を抜き、走り寄る2人。斬られる鴨太郎。土方を見つめる。

優しさ溢れる深い表情を浮かべ「ありがとう」と静かに微笑み……そして倒れた。その顔の中に私は三浦春馬本人を見た。

役者として鴨太郎を演じ、演じ切った先に、演技を超えて、本当の自分とその役が重なった瞬間。それは虹やオーロラがかかるようなそういう絶妙な何かのバランスがぴったりとあった奇跡の瞬間。それをそこに見た気がした。そういう奇跡の瞬間だった。

唸った。

鳥肌がたった。

確かに三浦春馬という役者はもういない。彼の新しい映画は撮れない。でも、このシーンを繰り返し見るだけでわたしは満足だ。心が満ちた演技だった。

『太陽の子』柳楽優弥との目に見えぬ熱き絆

そして、鴨太郎と犬猿の仲の土方を演じ実生活でも三浦さんとは良きライバルの柳楽優弥の心中を想う。

三浦さんの親友は子供の頃から双子のボクサーだという話はよく聞くが、子役から役者を続けている「同志」は柳楽さんだったという。幼い頃からお互いをライバル視して、高校は一緒なのに話もしなかった2人。

今回は、15年ぶりの共演での対立する

『銀魂2』鴨太郎のイメージ（海扉アラジン・作）

役柄で、それはとても感慨深いとお互いに言っていた。

「共に子役出身同士で……演技をしていてもプライベートでも通ずる部分があって本当にやりやすかった。また一緒にお仕事したい。心根には同じようなものがあると改めて思った。近しい部分があると。だから……好きですね」と三浦さんの言葉。

「どこかで通じ合うというのは土方と伊東の関係性と同じですよね？」とインタビュアーに言われると「そうかもしれません。〝好きです〟って伝えておいてください」と照れ臭そうに三浦鴨太郎は笑った。

柳楽さんも「共演できて超嬉しかったです！　こういう形で共演できて感動しました」と喜ぶ。

三浦さんが〈好きです〉と、ここで伝えたのは、お互いに「君が嫌いだ」と言い合うシーンがあったからだろう。

この後2人は映画化する、2020年の夏放送のNHKのドラマ『太陽の子』で再び共演し、第二次世界大戦下の兄弟を演じた。海で自死しようとする弟、三浦さんを救いしっかりと抱きしめた柳楽さん。その後、兄は前戦で亡くなる弟を見送る。

『銀魂2』に続き『太陽の子』でも、三浦さんを見送った柳楽さんが、その後、現実に起きた思いがけない死はどんなにキツかったかは『太陽の子』の番宣で目を真っ赤にして……かけがえのない因縁の同志、三浦春馬の話をした姿でわかった。

口には出さなくても、幼い時からお互いを意識し認め合い、競い合い成長してきたこの2人の間には、彼らにしか分からない特別な目に見えぬ熱き絆がしっかりあった。お互いが同じ世界にただいるだけで心を支え合えたのだろう。

それでも、亡くなる前にお互いの本音を確かめ合えたことは、せめてもの救いだ。

……そして、あんなに役になりきる三浦さんが演じたのにもかかわらず、「ありがとう」と微笑む鴨太郎の顔が三浦春馬本人に見えたのは、今、天国で彼はきっと幸せなのだと信じたい。

新『セカホシ』に漂う三浦さんの気配

彼の作品に生きる力をもらおう。月並みな、クサイことを言うようだけど、しっかりと彼の分まで生きよう。生きるとは、泥臭いものなのだ。「美しく死ねる死」もないし、「美しく生きる」なんてできないから。泣きながら、もがきながら、それでも、私たちは生きなくてはならない。

なぜなら三浦春馬という役者は、常に前を向き未来への希望を熱く語っていたから。

彼が魂を込めて遺した作品を見て、心を動かして、生きてるって素晴らしいと、感じよう。作品に彼が想いを託した命のバトンを受け取ろう。

鴨太郎が亡くなる時、仲間みんなで彼に光を贈る美しいシーンがある。

まさにあれは今、ファンたちが三浦春馬という人に常に変わらず送り続けている〈想いの光〉だと思う。

謙虚な彼は、それが良さでもあったけれど、みんなに、こんなにも愛され想われていることを……。

受け入れることを。自分に許していたら、もう少し自分に自信を持てたかもしれない。

完璧にみんなの理想通りの自分でないと嫌われてしまうと恐れていたのかもしれないから。

でも、こうして悲しい去り方をしても、長年のファンたちは、前以上に好きでいてくれるし、新たに熱いファンになる私のようなファンもたくさんいる。

死は、彼を否定しなかった。

死は、彼をおとしめはしなかった。

なぜなら、これまでどれだけ真剣に、彼が命を惜しみなくかけて全力で生きてきたのをみんな、よく知っているから。

だから、《彼自身にこそ、三浦春馬の大ファンになってほしい》と心から願っている。


JUJUと三浦さんとの掛け合いが人気だったNHK『セカホシ、世界はほしいモノにあふれてる』も再び始まった。

彼の後釜を引き受ける鈴木亮平さんはどんなにか緊張したと思うが、誠意を持って三浦さんの後を引き継ぐという、真摯なその姿勢に心の真っ直ぐな素敵な人だなと思った。そしてスタジオにはちゃんと三浦さんの気配を感じた。

私たちは、心の目で彼を探そう。

「俳優を一生続けることは、間違いない」と彼は、はっきりと言っていたから。

死は、彼が俳優であることを奪えない。

三浦春馬さん、あなたは、唯一無二の素晴らしい俳優です。

今までも。

そして、これからも。

最後の舞台となった『ホイッスルダウンザウインド』

……私たちは、あの日からずっと闇の中に手を伸ばし「なぜ?」という底無し沼の中で、もがき続けている。その死を受け入れるのが悲しすぎるから、せめてその死の理由を知りたいと思う。

でも、どんなにもがいても答えはなくて、だからといってそこから抜け出ることは彼の死から目を背けるような気がして、ある人はインスタで毎日彼の写真をあげ、ある人はブログに想いを綴り、私はこうして記事を書く。

53公演の予定がコロナで11公演になった彼の最後の舞台『ホイッスルダウンザウインド』は、彼演じる犯罪者ザ・マンがその孤独も過ちも全て受け止めてくれる少女スワローに出会った後に、追手に追われ自ら命を終わるストーリーだ。

4分の1の期間で公演が中止に終わったということは、役になりきったまま燃焼しきらず自粛として部屋にこもる生活に戻ったということだ。彼の中に消化し切れず、くすぶっているザ・マンの孤独がスターとして彼が抱えてきた孤独感を増幅したのかもしれない。

そこまで、役になりきる真の役者だったから。死が三浦さんを飲み込んだのではなく、ザ・マンが死を連れてきたのかもしれない、と考えると、彼が亡くなった原因は「自殺」でも「他殺」でも酔った上の「事故死」でもなく《真の役者》だった故かもしれない。

……ザ・マンがこう言っている。
「つまり、みんな死ぬっていうこと。(死に) 意味なんて見つけられない。人生は複雑なんだ。物事は、ただ起きるんだ。信じられないようなことが、わけもわからないままに」

……確かに、人生で起きることに答えや理由を探すことは無意味なことかもしれない。

人生は理不尽だ。
叶わない祈りもある。

どんなに本気で願っても彼は、帰ってはこない。
でも、だからこそ、私たちは生きよう。
彼が歩いた「その先を」
彼が見たかった「その先を」
理不尽で、救いが見えない人生で、答えなんてないとしても。
それでも生きることで、何かをつかもうともがき続けよう。

ザ・マンはしがらみばかりの身体から解き放され魂が救われたという。そして、彼と同化した三浦さんも、今はなんの苦しみもない世界にいると信じたい。

どんな亡くなり方をしたとしても、ボディを離れた人はすべての苦しみや、しがらみから、解放されるというから。でも、体があるからこそ、私たちは人生を生き体験することが出来るのだ。

だから、どうか彼の後は追わないで欲しい。死を〝美しい逃げ場〟にしてはいけない。

〈死ぬことで人生の苦しみから逃れられる〉と誤解しないで欲しいのは、それは三浦さんに失礼だと思うから。

私は信じる。《彼は、死を逃避として使う人ではない》と。強く信じる。

もしそうなら、あそこまでの素晴らしい仕事の数々はやり遂げられない。

本当ならばもっともっと、もっと生きたかったであろう、彼が描いていた明るい未来を、私たちがそれぞれの道の中で生きていくことが、全身全霊で30年の人生を生き切った彼への何よりの賛辞だと思う。

《それでも、あなたは殺人者ではなく、人を救える存在になりえたはずだ》

と、スワロー演じる生田絵梨花さんがザ・マンに言ったこの言葉を、今、もう一度三浦春馬さんに返したい。

この世にその身体は、もうなくても…《それでも、あなたは人を救える存在になりえるはずだ》と。

空羽ファティマ☆

【初出：『創』2020年12月号】

三浦春馬さん最後の主演映画

熱い炎が灯る『天外者』
三浦春馬さんが問いかけるもの

それは三浦春馬さんの生きざまそのものを描いたような、「三浦春馬さんからの手紙」のような映画でした。

空羽《くう》ファティマ［絵本作家］／海扉《カイト》アラジン［切り絵］

『天外者《てんがらもん》』——。

それは五代友厚氏を通して三浦春馬さんの生き様そのものを描いたような…心に静かに熱い炎が灯る「三浦さんからの手紙」のような映画でした…。

《時を超えて、今、私たちは再び五代に救われる》

不安と混乱の現代、135年の時を超えて、ただ、真っ直ぐな熱き信念の人、五代はもう一度日本に力を貸すために現れた。

〝時代〟が彼を求めたのだ。

自由と夢を求め「金も地位も名誉もいらぬ！」と叫ぶ五代のほとばしる情熱を俳優、いえ〝表現者〟三浦春馬はその命を削って演じ切り、今、私たちに問いかける。

「あなたは本気で夢を追っていますか？」

「全てをかけてもいいほど、大切なものは何ですか？」

……私たちは彼のまっすぐな眼差しから目を逸《そ》らさず、その問いに真摯《しんし》に向かい合おう。そして、その答えを言葉にし行動に移したい。

五代さんが、そう生きたように。

三浦さんが、そう生きたように。

命を燃やした2人が、そう生き抜いたように。

私たちもそれに続こう。

並々ならぬ熱き想いをかけて三浦さんが遺したこの作品の情熱とメッセージを皆さんの心にストレートに届け、一人でも多くの方に劇場に足を運んで頂けるように。そして映画を観た方にはその余韻がより深く心に染み入る記事が書けたら、と願っております。

描かれた「母の覚悟」は時代に送る大きな教えだ

『天外者』の記事を書くために、ずっと映画の公開を心待ちにしているファンの皆さんを差し置いて先に観ることの責任を重く感じながら、気を引き締めて試写を観せて頂いた。

最初に驚いたのは三浦さんの顔も声も違ったことだ。役が変わるたびに雰囲気をガラリと変えるその演技力には、いつも驚かせられるが、今回はそういう演技の技術ではなく、なんていうか、五代がまとう気配が全く違うのだ。

「代表作にしたい」と真剣に取り組んだ彼は撮影が始まる1年以上前からプライベートで殺陣《たて》の練習と五代に関する徹底的な勉強を、自分でみっちりして臨んだ撮影だというから、この作品にかける気合いがうかがえる。

その本気度が、映画の始めからダダ漏れしていて、これは正座でもして観なくてはならない作品なのだな、と思えた。

「てんがらもん」と懐かしさを感じるような不思議な音を持つこの言葉は薩摩の褒め言葉で「すごい才能の持ち主」という意味だそうで、固い家風の上流武家の次男坊として生まれた徳助（五代の幼名）を筒井真理子演じる、母のやすは周りに何を言われようと〝天からの授かりもの〟として愛情を持って大切に育てた。天衣無縫の我が子を信じ抜く強く大きな母の愛は、彼女が亡くなるまで変わることなく続き、それがどれだけ、社会から孤立した五代の心を支え守ってくれたことだろうか。

「そなたが思い描くこの先の世の中、母にも見せて下さい」

「はい」

これが母と交わした最後の言葉。この直後、異国行きを許さずと襲ってきた者と母の目前で侍の誇りと象徴のまげを自ら切り捨て、侍の家に生まれた自分と「これ以上俺の邪魔はするな」と決別するシーン……今までの感謝と愛を込め息子は母にうなずく。母は全てを受け入れうなずき返し、涙しつつも、愛する息子を黙って見送る。世の荒波に向かう息子を、どんなに引き止めたかっただろうに〝別れ〟こそが信頼の愛の証《あかし》。悲しくも美しい親子の絆は胸を打つ。

このようにこの映画は人との関係が深く濃い場面ほど台詞に頼らない演出を用い、それは役者への絶対的な信頼あってのことだろう。

その母の愛とぬくもりは、彼の人格形成に大きな影響を与え、自己肯定感と自信が〝刀に代わる彼を守る武器〟となり父と兄、そして世間から非難されても誇りを失わず前を向けた。

つまり何があってもこの子を信じ抜くという母の覚悟と愛が五代という男を創り、その彼が時代を創り、この映画の芯を支えたと言っても過言ではないと思うので、やすの子育てに対する姿勢は今の時代に送る大きな教えだ。

五代を支えた心ある熱き人々

また、五代が、ただ頭がいい天才だけならば、映画化するほど魅力的な人間ではなかったはずだ。頭脳明晰に加えて柔らかな心と冒険する心を持ち、それを楽しむことができる人故に大胆な発想と行動力が光る。

「才能と冷静さ、繊細さとその無邪気な笑顔！」

まさに、それを持っている三浦春馬さんだからこそ、五代にここまで、完璧になり切れたのだと、みんなで大きな拍手を送りたい。

そして、日本のエンターテイメントの革新を求めた三浦さん同様、五代の目指すものはいつも、世の中の先を行っていたから変化を嫌う人々は彼を誤解し非難した。が、臆せず憎まれ役を買って出た、《誰より先に危険な海に飛び込み仲間のためにエサを見つけるファーストペンギン》の彼は、社会で理解されない孤独をずっと長い間味わい「日本で一番憎まれている男が、国を守っている」と言われた。

それでも彼が人を信じ、人を愛し、想いを共にし大きな声で笑い合える友や、その志を支えてくれる良き妻に出会えたことは救いだ。

彼の才能と可能性に人生さえかけて応援してくれたグラバーさんも本当にありがたい。「あの男の力になりたい。この先の日本をどう作り上げていくのか?をみたい。私は自分の意志でこの国の新しい風に飲み込まれた」と、これまた腹の決まった清いお言葉！　この時代の人のこういう〝ザ・本気！〟を聞くと胸が震える思いだ。

五代を心ある人たちが、がっしりと支えてくれたのは彼の中に、母が手渡してくれた〝どんな嵐が来ても揺るがない自信〟や〝自己肯定感という太い根〟がしっかりと根付いていたからだろう。

サムライが刀とマゲを捨てた激動の時代を、共に大きなる目的を分かち合い、笑い合い、仲良くご飯を食べる彼の同志は三浦翔平さん演じる坂本龍馬。西川貴教演じる岩崎弥太郎。森永悠希演じる伊藤博文と、歴史に弱い私でも知ってるすごい名前の方たちなのだが彼らは三浦さんと親しい関係で、それが映像にも現れていて微笑ましかった。きっと、楽しい撮影期間だったと思う。

三浦さんは特に仲のいい三浦翔平さんと個人的に都内のレストランの個室で何回も読み合わせをして、2人で相当練習したらしい。

……五代の優しさと繊細さを劇中で表現する相手となったのは、森川葵さん演じる遊女のはるだ。彼女は辛い境遇にも負けず、文字を学び外の世界を知りたいと向上心を持ち自由な未来を夢みて、自分をしっかり持った力強い女性。

このはるの〝夢を見る熱い気持ち〟こそが五代の心に火をつけて目指すべき道を教えてくれた夢先案内人となったので、田中監督は森川さんに「はるの言葉が五代の胸に残り続け新しい時代を切り開いていくきっかけになるんだ」と伝えたらしい。

「本気でやれ！」と、役者さんにはっぱをかける監督さんより「あなたはものすごく大切な役でこの台詞が、映画の軸になるから頼むな！」と言ってくれる田中監督…よき。

実際この映画を観ると、優しい心の監督さんだろうなということは自然に伝わってくる。それはちょっとしたしぐさを大切に演出し、そして小物たちを役者のように演技をさせているからだ。

「名脇役」を演じた小物たち

例えば…映画の初めに出てくる「万華鏡」の煌《きら》びやかな模様は〝これから始まる輝かしい日本の未来〟のイメージを観客に伝えてる。

また、14歳の五代が殿からの命で父に頼まれて自作した「地球儀」は、世界の距離を測り航路を想像して広い世界を夢見る子ども時代を表現した。

圧巻だったのは、母の〝変わらぬ愛〟を示す大きな役割を「名優　地球儀氏」がたった一人で引き受けるのだが……年輪を重ねた、その渋い立ち振る舞いは《助演賞》をもらうほどの映画史に残る名演技だったことを、ここに絶賛したい。

これだけの名優が控えている中で彼らに頼らず、〝地球儀ひとつ〟に託した潔いとも言える演出にうなった。

色の褪せた古ぼけた地球儀に《愛する息子をきっと夜も眠れないほど心配して、想い続けてきた母の想いの全てを語らせる》という…その控えめで静かで…でも、監督が「ここにかけた」ことが伝わる見せ所は深く人の心を打つ忘れられないシーンになるに違いない。

それから、はるの恋心を表現する「かんざし」も名脇役として何回も登場し、本当に素晴らしい演技をしたので、映画のエンドロールには「地球儀」「かんざし」「ハンカチ」「ろうそく」「赤い着物」「筆」「切り子のグラス」と大活躍した小物たちも載せてほしいと本気で願ってしまったわ。

日本映画独特の静寂の深みを三浦さんが亡くなる前日まで撮影していたドラマ『カネ恋』では『方丈記』を使い、その世界観を出していたが、『天外者』は小物の他、ろうそくなどの風流な照明、大自然の雄大さを巧みに使って「引き算の美」を繊細に表現していて、「朝日」「夕陽」「山」「海」も「オレらもエンドロールに載せてくださいよぉ」と願っていたかもしれない。

三浦さんの提案が生かされた現場

三浦さんが4年かけて全国を周り著した日本文化や伝統、産業、歴史を著した本『日本製』の後書きに、この五代のハンカチのことが書いてあったのを発見し、すごい宝物を見つけたような気持ちになったので、ここに彼自身の言葉で紹介する。

《五代さんは製藍事業に力を注いだ方だったということで、そのことを役作りに投影させられないかと考えました。

そこから彼のハンカチに藍染のものを使えないか、その場合には〝雪花絞り〟というこの時代にもあった絞りの技術でやってみたい…というアイデアが生まれ『日本製』でお世話になった徳島県のＢＵＡＩＳＯＵさんに相談をして特注で作っていただいたハンカチを劇中で使わせてもらいました》とあった。

ああ、だから映画の中に何回も藍染のハンカチが出て、それを印象付けるために五代は、ハンカチを振り回しながら歩いたりしてたのか。切られた傷口に巻く時も、吐血した口を拭う時も何回もハンカチはいい脇役として活躍していた。

……また、ハンカチが出てくるシーンでは「想い」が表現されることが多かったと、三浦さんの言葉を読み思った。

たとえば、五代がはるにかんざしをプレゼントしたシーン…藍染のハンカチで大切そうに包んだかんざしを三浦さんの細い指が丁寧に開く手つき♡　それを照らす柔らかな行燈《あんどん》の光。夜の静寂の中の2人。ここだけ時が止まったように。

はるの着物が赤い花のように浮かび上がる抑えた照明。思わず嬉し泣きするはる。

「貧しい家に生まれ、この店に売られ女郎になって何一つ、何一つ自由にならないけれど。でも貴方といるとこんな私でも生きていける。夢を見られそうな気がする」

「見たらよか。俺がそんな国を作ってやる」

「ほんとに？」

「信じてまっちょれ」

はるの手を握る。

「自由になったら何がしたい？」

「ふたりで海がみたい………」

うなずく五代。

（くぅう…………………っっっ！）

こういうさりげない温かなシーンがそこかしこに出てきて、激動の時代の中で、「冬の陽だまり」のようにこの映画を暖めていた。

それから、このかんざしのシーンが好きなので、やっぱり、少しシーン戻って、もうちょこっと書いていい？

……普段は熱き理想を掲げて雄々しい五代が恋するはるのためにかんざしを買いに行く。色鮮やかな美しい品が並ぶ店。

迷わず、一番飾り気のない上品な一本を選び、それを髪にさした彼女の嬉しそうな顔を想像する、表情をする…その優しい顔！♡♡　とても良き！

（でもね、このシーン、一瞬なの。店の場面になったら前のめりになってよーく見ててね）

（五代が派手な遊女の外見とは真逆のシンプルなかんざしを選ぶところが、三浦さんと似てる。セカホシナイスコンビのJUJUのお誕生日に大阪での仕事中、わざわざ京都に行き白い象牙の上品なお花のかんざしをプレゼントしたのも派手な外見の下のJUJUの違う面をわかっていたのだろうな）

そして、はるの後ろ姿のシーンで、その髪にさしたかんざしは、「私が愛する人は今までも、そしてこれからも、ただあなた一人です」と、彼女の《永遠の愛》を凛《りん》と静かに語る。

……最後にかんざしが出てきたのは、桜が散るように砂浜に落ちるシーン……

（ここはお口チャック）

……こんなふうにハンカチ一つにしても三浦さんが映画に真剣に向かい合い「こうしたらより深く表現できるのでは？」と考えた提案をきちんと受け止め、美しい映像とし演出してくれていたことを観て春馬ファンは嬉し涙を流すと思う。

「天外者」を陰で支えた女性の力

はるといる時の五代の眼差しは優しくて、外で戦っている彼の心のオアシスだったのだと思うが、日本の武士や政治を裏で支えていたのは、母のやすにしろ、女性だったのではないか。

蓮佛美沙子さん演じる妻の豊子も静かに強く夫を支えた包容力のある素晴らしい女性だったが、蓮佛さんは「この世を変えたい。

誰もが夢を見られる国にしたいと強い想いを胸に一心不乱に生き抜いた男の物語の作品の中にいる春馬君は五代そのもので、彼が五代として生きたその時間を作品を愛してもらえたらと心から願ってます」と本当の奥さんのようなコメントをしていた。

その頃の女性は自由も地位もなくていつも、男性社会の陰で虐《しいた》げられている生活をしていた人が多かったみたいだけれど、刀を置き弱音を吐いて彼女たちの前だけは、自分を曝《さら》け出し気持ちのリセットをできていたのかもしれないと思うと表には出なくても、女性の力こそが、本当はその頃から国を支えていたのだと、思えた。

三浦春馬史上サイコー　この勇姿を見逃すなっ！

そして！！「やばっ！三浦春馬史上サイコーにｃｏｏｌじゃないか⁉」の超絶カッコいい№１のシーンは、ものすごく速いスピード映像なので、よーく目を凝らしてみてて欲しいっ‼　五代が船で捕まって、手錠を外したら！ハイッ！もう、まばたきしてはダメだよっ！

こんなふうに静かなシーンとスピード感溢れるシーンが交互のこの映画は演出に「対比」を上手く使っている。

光と闇。動と静。情熱と冷静。男と女。生と死。日本と外国。山と海。雨と晴れ。父と母。兄と弟。富と貧困。慟哭《どうこく》と歓声。

その対極なるものを絶妙なバランスで対峙させることで、そこに必要な説明を極力抑えられるから理屈っぽくならず、私も含めて歴史に弱い女性でも見やすく集中できて、無駄なシーンが全然ないように思えた。

オーバーな演出や台詞に頼らずその分、眉や目や口の動きで役者の表情を生かして表現していて役者さんのチカラが、そこに発揮されていた。

一方、ここぞという時は、台詞の重みを効かせている。かたせ梨乃さん演じる遊郭の女将さんが「何も持たず生まれてきた者は、売れるものを売って生きるのは当然。貴方様は生きる為になにを売れますか⁉」と、ドスのきいた声で極道の妻再びの迫力で〝この世を生き抜く厳しさ〟を、上流家庭に育った五代に問うシーンではこの時代を生きる過酷さにズドンと撃たれた。

時が戻るならば　彼に言ってあげたい

それから、彼自身の言葉で「五代さんを演じていた期間はとても充実していて、三浦春馬という俳優としても一人の男性としても〝ベストを尽くすことができた〟と胸を張って言える作品になった」と言っていた。

三浦さんはいつもすごく謙虚でなかなか自分に合格点を出さなかったから、「すごい！いいぞー！そうだよ‼こんなに素敵で、こんなに才能溢れて、こんなに努力している自分をもっと、認めてあげていいんだよ！あなたは本当に本当に、ほんとうに！素晴らしい表現者なんだから‼謙虚でいることと自信を持つことは共存できるよ」とタイムマシンでその時に戻って彼に大きな声で言ってあげたい。

《ストレートに自分をほめ、それを自分に許せること》

なによりもこれこそが彼に必要な〝生きる力〟だったのではないか。

日本という国は自殺が多く、先進国でも際立って大人も子供も自己肯定感が低く、自分を褒めずすぐに反省する。「謙虚が美徳」という思考が大昔からずっと根付いているからだと思う。「出る杭は打たれる」とか「自分に厳しく人に優しく」とかね。

三浦さんも子役の時から、ずっと大人の中で生きてきて、どうやったら周りに好かれるかを芸能界で生きる知恵として身に付けてしまったのだと思うし、それは実際、彼の評判を良くしていたから、「彼の悪口を言う人は聞いたことない」と、記者たちが口を揃えるほどの「良い人」だったのだと思う。でも一方であまりにも謙虚すぎると、自己肯定感の低さにも結びついてしまう危険にもなる。

自分に合格点を出さないからこそ、更に努力を重ねてクオリティの高い仕事をできたと言う利点もあるけれど。

……その彼がこんなふうに手放しで「グレイト！」と自分に言える作品を作れたことは本当によかったとファンのみんなも思っているだろうな。

そして、彼は知ったのだ

残念すぎることに彼は通しではこの映画を観ずに逝ってしまったけれど「俺についてこいっ！」の商工会議所のあのシーンは監督と観たという。

そして彼は監督に「僕この時、本気で結構頑張ったんです。その想いが蘇《よみがえ》ってきて…ぼく、感極まりました…」って感動して泣いたんだって…。

五代として大勝負のこのシーンをみて、彼は全てを分かったのだろう。どんなに素晴らしい映画に出来上がったかということが。どんなに自分が五代になりきっていられたのか、も。

そして、そして、彼は知ったのだ。

《ああ、自分の人生こそが五代そのものだったな》と。

《僕は…こんなふうに、人生に真っ向から向かい合って逃げずに生き抜いてきたのだな》と。

……彼ははっきりとその時に気づいたのだと思う。だから、じぶんを褒めることが苦手な彼が、やっと、まっすぐに自分を褒めることを許せたのだと思う。

五代になってみて、五代を全身全霊で演じてみて、彼は自分を解放し、認められたのだ。

三浦春馬という俳優だけではなく。

三浦春馬という、一人の人間も。

三浦春馬という、笑うと目が三日月になって、繊細で、優しくて、照れ屋で、素直すぎて、謙虚で、熱くて、冷静で、品があって、かっこいいことを売りにしたくなくて、くしゃっとした笑顔にみんなが癒されて、スターなのに自炊して白身に塩をかけると早く固まるとか言ってて、苺《いちご》の呼び名にこだわって、食べ方がきれいで、ＪＵＪＵとワンコが好きで、セカホシの時はリラックス出来てて、指が細く、まつ毛が長くて、白目が綺麗で、運動神経抜群でキレッキレのダンス、横顔の造形美ハンパなく、こもる声がセクシーで歌声がしみて、憂いのある演技が痺れて、努力家で、自分にめっちゃ厳しいのに天然で、ユーモアセンスないのを気にしてて、カマキリが怖くて、「本当に」って２回言って、お団子さんと呼んで、ココアに「子」付けて、困っている人を見るとすぐに助けて「大丈夫だよ」って慰めて、海とサーフィンが好きで、鴨太郎かっこよくて、顎のラインが綺麗で、直筆の手紙書いて、そして、とにかくローラの迫力はすごくて、〝自分で思ってるよりずっとデキルヤツ〟それから、それから、それから……。

きっと…お母さんが好きだった。

だから。

五代の母が、彼を生涯何があろうとずっと丸ごと受け入れてくれたことが、三浦さんを深く癒したと信じる。信じたい。

そして、今、ふと、降りてきたことがある。書こうか悩むけど。書くね。私は宗教は持たないけど、彼は本当に「五代の生まれ変わり」なのではないだろうか？と、ふと思った。

ならば、その役を演じ切ったことでその魂は、深いレベルで癒されただろうし、この役を演じるために、彼は今世の命を授かったと思える。

だから「その使命を果たしたから……天に還った」と考えられたなら、「何故、彼があの日」の底無し沼のループから、出られる気がするし「人生を途中で投げたのではなく、やり切って、満足して旅立った」と思うと少しほっとする。

こういうことに、すがりたいのは、「もし」を何回も７月18日から、無駄と知りつつ、ずっと考えてしまう人と、私も同じ気持ちだから、勝手な思い込みと言う人がいたら許して欲しい。

そして最後に……一番描きたいけど、今は書いてはいけないシーン。でも。映画を観たら、すぐあなたはわかる。

《彼に贈る４５００人の〝想いの光〟》の意味。

鳥肌立つよ。泣くよ。

バスタオル持っていってね。

一番美しく、一番荘厳で、一番優しく、一番切なく、一番一番胸に沁みる最後のシーン。

ここを愛でるための109分と言いたい。

なぜならばそれは〈三浦さんが皆さんに贈るシーン〉ではなく…《皆さんが三浦さんに捧げるシーン》だからだ。

そこにはファンの《#想いの光》が、美しく温かく灯っていて、誰もが心を打たれるだろう。

音楽も映像も全てが「良き」、『カネ恋』のラストシーン、蛍の飛ぶ庭を思い出す。４５００匹の〝想いの光〟の蛍が、映画館を舞う。

……三浦春馬という役者と、天国の春馬くんへ…今も変わらず彼を心から慕うファンの愛……。２人の彼への想いが、みんなの心に溢れることを想像して、書きながら私は、胸がいっぱいになる。４

500は4/5、彼の誕生日。
ああ、今、私たちに、この映画を観せてくれるのか？　何と美しく、何と優しい映画をこのタイミングで上演してくれたのか？
7年の市民の悲願が叶い映画化されたというが、2020年、彼が亡くなり……自死する人が増えて。世界中がかつてない感染症に怯《おび》え災害が続く不安な今、だからこそ。
まさに今。
……三浦春馬がこの映画を求める前に
《天国からの彼からの手紙》
〝時代〟が〝彼を〟求めたのだ……。

もう二度と彼を死なせない唯一の道

映画を作った時にはまさか、公開も待たずに亡くなるなんて誰一人想像すらしてなかった。彼はどうだったのだろう？

もしかして、無意識の中では、自分がいない世界でみんながこれを観ることをわかっていたのかもしれない？

だって、全く何も知らずに映画を作ったにしては…最後の笑顔が…あまりにも、あまりにも、…まるで仏のようなのだ。

それは人間を超えた慈愛と慈悲に満ちた深く温かな愛を持った微笑み。

「この笑顔で今も僕は空からみんなを見守っているよ」と伝えているのかもしれない。

「カネ恋で痩せた僕をみて心配してくれた方たちも、この笑顔を記憶に残してほしい」と、優しい彼だから思ってるかもしれない。まさにこれこそ天国からの彼からの贈り物。

《三浦春馬史上最高の愛に満ちた究極の微笑》

田中監督は「信念を持った美しく清潔感ある彼とどうしても仕事がしたい」と熱望して、やっと完成した作品だから「映画を春馬くんに観てもらえなかったことが残念でならない」と言っていたが、彼は今、ちゃんと観ていると思う。

全ての映画館に、あなたの隣に、彼は座り、涙を流すあなたに、藍染のハンカチを差し出してくれているに違いない。

〝芸能人の体〟という重い乗り物の身体を置いた彼は今は自由な風になり、前よりもっと、貴方の近くに寄り添ってくれている。

「俺についてこい！俺に任せろ！」と彼は言った。はっきりと何度も何度も彼は言った。「どでかい海を知るんじゃ」「大事なのは目的じゃ」「夢をみよう」と。

そして【みんなで力を合わせて進むんじゃ！】と。

だから、私たちは〝みんなで力を合わせて〟この世界的な試練を乗り越えよう。

今はどんなに辛くてもあきらめないで歩き続けよう。人を責めたり誹謗《ひぼう》中傷する社会はもう終わりにしよう。それは紳士な三浦さんも望まなかったことだから。

五代がそうしたように。

三浦春馬がそうしたかったように。

今、彼らから受け取ったバトンをもう、落としてはいけない。

ローラが、夢見た「なりたい自分になれる」「平和で生き生きした社会」を私たちが率先して作ろう。

これからも作品の中にずっと生き続ける彼と共に。

それが、三浦さんの命を続けさせる道

だ。《もう二度と彼を死なせない》唯一の道なのだ。

三浦春馬は「#死を超えて生きる人」

……どんなに夜が暗くても、どんなに枕が涙で濡れても。明日はいつも新しくあなたを迎えてくれるから。さあ、彼が遺してくれたあの微笑を思い出して！

　コロナで鎖国のような閉鎖的な時代に今は戻っているけれど、過去にそんな時代を乗り超えてきた彼らが叱咤激励してくれている。

「心まで縮こまらせず大きな世界に心を馳せよう」と。

　名のある人も、ない人も、あの時代、一人一人が命がけで全ての人生と想いをかけて築いてくれた、この現代の日本に私たちは生きている。

　もう一度夢を見れる社会にしようと、彼らが私たちを誘っている。

　五代が思い描いたその先の未来を。その可能性を。

　あなたを映画館で待っている〝想いの光〟が舞う先を、彼らと共に歩いて行こう。

　その光に手を伸ばせば、その先に彼は笑っている。

　私たちは彼を失ってはいない。

　そう、彼は「死して尚生きる人」

《#死を超えて生きる人》

　これはまさに五代を通した、三浦春馬の生き様そのものを描いた伝記。

　私たちは、心からあなたに言いたい。

『三浦春馬さん、ほんまに　あなたは天外者や』

五代友厚と坂本龍馬が、船上で日本の夜明けを語るシーン

……それは全ての人に贈る、明日への光の物語……

……♡藍を込めて

　ローラファン　空羽《くう》ファティマより。

おまけ［妄想の練習］

（天外者、船の上のシーンを五代さんを三浦さんに。龍馬をファンの皆さんに置き換えて、読んでみよー）

五代（三浦）「この世を変えたい。しかしおのれ一人の力では何もできん。自分で情けなか」

龍馬（ファン）「一人じゃない。おるやんか。（君のファンが）ほらここに。前を見。もうすぐ日本の夜明けじゃ」

……朝日が昇ろうとしている……

五代（三浦）「わしは先に行くぞ。この海に（空に）出ていく。世界の海を（空を）駆け回るんじゃ！」

龍馬（ファン）「おまえとわし（ファン）で日本を変えてみせるぞ。誰もが夢を見られる国にするんじゃ！」

……朝日が眩《まぶ》しく二人の顔を照らす…

【初出：『創』2021年1月号】

彼の魂が安らかでありますように

空羽《くう》ファティマ［絵本作家］／海扉《カイト》アラジン［切り絵］

「戦うべき相手は過去の自分」三浦春馬さんが問いかけるもの

「ルックスの牢屋」から「実力という鍵」で抜け出し、イケメンの賛辞を超えるために彼が流した汗と涙……

“禁断のドア”の向こうに広がっていたもの

毎月たくさんの方が予約した『創』の本を大切に連れて帰って下さり、発売日は仕事休んで本屋に行くとか、抱っこして寝たり、泣きながら何回も愛でて読んだ、というお声を頂き、それは、まさに「お猿の豆皿をお迎えするカネ恋の玲子」の姿で、本を超えた扱いにびっくりしています。さすがココアを人として「子」をつけて呼ぶ三浦さんのファンね。

思えば5カ月前。芸能人のことなんて書いたことのない分野違いの絵本作家の私が、三浦さん演じる舞台「キンキーブーツ」のローラの笑顔と気迫に一目惚れして《♫禁断のドアを開けたらメロメロだわ》状態に急になってしまったから、さあ大変！

「アノ三浦春馬さんを書くなんて無謀すぎる！」と何度も自分に言い聞かせた。「いいの？ わかってる？ あなたはね、にわかファンなのよ。しかも絵本作家！ そんな新参者が書くものをファンの皆さんが受け入れてくれるとは思えない！ すごいクレーム来たらどーするの⁉」と。

なのに、調べれば調べるほど、その禁断のドアの向こうに広がっていた彼の威力はハンパなかった。オーマイガーでアル。

誰でもこんな経験ない？ 怖くてビビりつつ「そっちに行ったら危険！」と頭ではよーくわかっているのに、もう、どーにも自分を止められず、そこまで夢中にさせる存在のあっぱれさにカブトを脱いだような気持ちになったこと…。

そんな私だったが、12月号から記事を書くことへの想いが変わっていった。〈物書きとして彼の魅力を表現したい冒険心〉から書き始めたが、今は〈ファンの皆さんの気持ちにいかに寄り添う言葉が紡げるか?〉が、一番書きたいことになった。それは私の記事やインスタ投稿を受け入れてくれた、皆さんの心ある応援の言葉に救われ、書く力をもらえたからだと思う。

だから「命の活動をしてたのに、急に芸能人に傾倒した」と軽蔑されてもへっちゃらだ。だって彼ほど光輝く「命」はそうはいないと思えるから。なのでローラからの短いファン歴で僭越《せんえつ》ですが、私の感じる彼の魅力を書かせてほしい。

外見の〝賛美の枠〟を越える挑戦

でしゃばらず、ただ静かな笑顔で微笑《ほほえ》む三浦春馬という人が秘めるその魅力。ローラやナイトダイバーの動画を（私が今ハマってるヨーグルト、イミューズのように）リピートしまくってしまう中毒性。「ふふ、オレってグレイトだろ?キラーン」の気配なんて一切持たず、控えめに香る薄いラベンダー色の色気と、秘めた、くすんだブルーの孤独色の眼差し。〝彼の抱える孤独〟がにじむからなのか、何かを背負ってる役に私は惹かれる。お顔も汚れてヒゲ生えて少しばっちい方がワイルド♡なカッコ良さ。が、それとは真逆の無邪気な仔犬みたいな笑顔のギャップ！　俳優としての底力。仕事への覚悟と気合いと努力こそがアッパレ！

〝イケメンの賛辞〟なんて、その「役ごとに外見、人格全てを変えるその徹底ぶり」の前には、かえってもう邪魔！だったのでは?

……〝ルックスの牢屋〟から〝実力という鍵〟で抜け出したかった彼。〝美という重いヨロイ〟と〝家庭環境という窮屈な鎖〟。そんな重荷をみんな脱ぎ捨て裸の自分を見て欲しかったのだろう。全てのしがらみを捨てて自由の扉を開けようと。

押し付けられた成功をよしとせず、誰もが認める成果を見せるために《僕のいた時間》は死を超えた命の輝きを見せつけた迫真の演技。《キンキーブーツ》は自ら志願したオーディションから、普通の人の一生分の情熱をかけた鳥肌物の迫力！　夢の実現の為の熱い本気に脱帽！《鴨太郎》はメガネの質感一つにもこだわり、突き詰めた表現力で唸らせ……難易度の高い役をこなす度に世間に証明したその底力は「ハルマクン♡」の美貌価値をはるかにビューンと飛び超え「俳優、歌手、ダンサーである前に、人間・ザ三浦春馬」は海外からもその輝きを認められる唯一無二の存在となっていった。

彼の魅力は西洋的な〝自信をアピール〟とは全く違う、人を立てる日本的な奥ゆかしさ。静寂をまとう謙虚さと品の良い控えめさ。でも、それは人知れずものすご〜い努力をしてこそ滲《にじ》み出た、いぶし銀の美の輝き。

その美しさは、例えるならば〝誰も来

ない高い山の上、真っ白い汚れのない雪の中にそっと咲く一輪の花〟……。「実はイケメンと言われることに、すごくグツグツした、トゲトゲした思いがあった」と深く悩んでいたことを打ち明けた彼。世間に定着した〝賛美の枠〟にしがみつかないどころか、保証された〝美の高き壁〟から傷だらけになりながらも必死に這い上がり【生まれ持った外見でなく僕自身が作り出した僕を見てくれ!】と笑顔の下に隠した心の叫び。人知れず使ったであろう多くの時間と努力。〝今まで築いてきた自分〟との戦いに、陰でどれだけ汗と悔し涙を流したことだろう……。

ロケ先から帰った夜遅くや、ローラの舞台中も殺陣《たて》の稽古を休まない己に厳しく健気な姿を想うと、その寡黙の背中から溢れる、熱い〝言葉なき言葉〟の奥をもっと深く知り、書きたくなるのだ。そして、あの日から悲しみの霧の中にいる方の心が少しでも温かくなり「うんうん」とうなずける一言を見つけてくれたら嬉しいなと思い、まだパソコンマスターできない私は、人差し指一本に全てをかけてスマホに向かうのだ。

何が故人を利用し、何が故人を偲ぶことなのか?

毎回大好評の切り絵ですが、2月号はNHKの人気番組「セカホシ」をテーマにキャメルンシリーズの切り絵作家、海《カイ》扉《ト》アラジンが心を込めてお届けしますね。

JUJUさんと三浦さんの永遠の名コンビに加えて、「三浦さんからのバトン」をどんなにプレッシャーの中だったろうに受け取ってくれた鈴木亮平さんも表紙に加えたのは、「セカホシはこの3人の番組。これからも番組には春馬くんが共にいてくれる」と皆さんがイメージできるように。

再開したセカホシ見て驚いたのは、何回も鈴木亮平さんが、三浦さんに見えたこと。鈴木さんのうなずき方とか話し出すタイミングとか質問の内容とか、顔に当てる手の動かし方とか、じっと映像を見つめる姿とか。その、雰囲気がまさに三浦さんそのものだった。それは、鈴木さんがわざとマネしてそうしてるのではなく、大切な友達の「春馬くん」のバトンを受け取ろうとしてくれてるからだろう。だから、三浦さんが鈴木さんに寄り添い、番組に共にいてくれているのだろう。そんなセカホシ仲良し3人組の姿を表現した切り絵です。

NHKの「紅白」にJUJUさんの初出演が決まった時、「故人を使ったお涙頂戴の演出はやって欲しくない」「春馬くんを、からめるのはやめて」などの意見が出た。三浦さんを想っての意見だろうし、必死に彼を守ろうとして声をあげているのだろうが、『創』だって「三浦さんを使っている」と言われるかもだ。でも、何が故人を「利用して」、何が故人を「偲《しの》んでいる」のか?　その線はどこにあるのか?

この原稿を書いている2週間後が大晦日だが、JUJUさんには歌いたいように堂々と歌ってほしい。彼女はずっと今まで、お姉さんみたいに親友みたいに同志みたいに恋人みたいに、ソウルメイトみたいに、そばにいてくれたと思うし、彼があんな柔らかな笑顔を見せるほど信頼した人は周りにそう多くはいないと思うから。

その大切な相棒をいきなり失い、心の傷の深さは計り知れない。私の個人的な臆測だけれど、JUJUさんはその外見の華やかさと強さとは、全く真逆で、傷つきやすくすごい繊細な方のような気がする。洞察力もあるであろう彼女は、たぶん、三浦さんのナイーヴさも感じていて、精一杯のケアも彼女なりにしていたと思う。

1月号に、五代さんがはるさんに〝かんざしを渡す切り絵〟を載せたが（本書P15に掲載）〝五代さんのイメージ〟で彼の横に椿を付けてから「もしかして?」と気になり、三浦さんがJUJUさんのお誕生日にわざわざ京都まで買いに行きプレゼントしたかんざしの柄を調べたら……はるにあげたようなシンプルな品のあるかんざしの柄は…やはり椿でした。

JUJUさんと恋愛関係だと言いたいのではなく、深い魂次元の繋がりの関係性はあった気がする。だからセカホシで彼はあんなにもリラックスできて楽しく過ごせた。あの時間は、あの場所は、彼にとって特別なものだったと想う。故に撮影時に周りの人にジロジロ見られるのも嫌ったのではないか? 見られることに子役時代から慣れているはずの彼なのに。だから…彼の人生は、全てが辛い日々だったわけでは絶対ないと思うんだ。

ただ、あの日の本当のことは今もLOOPLOOPしてわからない。時系列はバラバラだし、あんなにも生きる情熱に溢れていた人が…何故⁉ 何が起きたの? 何がどうなると、こうなってしまうの⁉

外見だけで決めつけられる狭い日本を出て、広い世界で挑戦する夢に向かって休みもない中、英語や日本文化を習得しグローバルな俳優への道を真剣に進んでいたよね? 世界中の人に「Haruma!」って称えられてる姿がみたかったなぁ。ああー! もう!! もう! もうもう、もうもうもうもう、本当に残念で、残念すぎるよね。

人は言葉で癒され、言葉で傷つく

私は「にわか」だから、長年のファンより、三浦さんのこともファンのことも、少し離れて遠くから眺められる場所にいる、立場にいます。

「三浦さんのファンは優しい」と言われているけど、切り絵のメイキング過程をインスタ@coofatimaで公開して、春友さんたちとのやりとりを通してみて、その優しさを実感した。

でも、ファンの間で「7/18のその理由」で意見が割れ、責め合っていると聞く。

みんな。みんな。みんな。本当に、本当に。どうしようもなく、たまらなく彼のことが大好きで、大好きで、大好きで、大好きゆえだと思う。

でも、表面上の意見が違ってもファン同士でケンカしないでね。だって、三浦さんを好きな同志たちだから。優しい彼はそれを望んでないと思う。お互いを責めないでね。仲良くしてね。

でも、辛すぎて、悲しすぎて、もう、わけわからなくなるほど心が痛くて、会いたくて、もう一度その笑顔をみたくて。その声を聞きたくて。たまらないのだと思う。

だから、せめて〝その日の理由を明るみにすること〟が彼への愛の証だと必死になってしまうのだろうね。

その気持ちはわかる。私も書きながらつい考えてしまうから。でも、「悲しみ」よりも、「彼を好き」って気持ちを大きく強くその胸に持って。なぜならこの世で「愛」が一番強いから。悲しみよりも、涙よりも。

ただ、自分の考えだけが正しいと凝り固まってしまうと、自分と違う考えの人をつい責めてしまったり、説得したくなるし、怖いのは、「人の間違いを直してあげることが正しいことだ」って勘違いしてしまうこと。

あの、サリン事件も麻原を崇拝して暴走したのはエリートの頭のいい人たちだった。それは世のために「正しいこと」だと、思い込んでしまったから。

ユダヤ人を大虐殺したのも、それが正義だと洗脳された人たちだった。ドイツの収容所を実際に訪れた私は、人間のもつ「正しさの先の恐ろしさ」に震えた。

彼の最後の主演作『天外者』で五代さんは「みんなで力を合わせて夢のある国を作ろう」と熱いメッセージを直球で私たちに投げてきた。その想いと願いを、みんなは受け取ったと思う。涙しながら、感動しながら、寂しさも感じながらもその胸にドーンと受け取ったと思う。

ならば、私たちは、彼が夢見た世界を作ろう。それが五代を、三浦春馬をこの世に再び「生き返らせる」ことだと12月号で私は書いた。「もう二度と彼を死なせてはいけない」と。

だって彼は　#死を超えて生きる人。

#死を超えてなお輝く人。

三浦さんという人が何を目指し夢見ていたか？　それは私よりずっと前から彼を見て想って、愛して、応援して、支えてきたファンの皆さんの方がよほどよく知ってると思うから。

いつの日か、あなたに笑って再会できるために

なぜ私がここまでローラに惹かれたのか?と何度も動画を見て考えたら、ダンスや歌の迫力、表現力はもちろんだが、それ以上に魅力的なのは、大らかな全てを包み込むような「笑顔」だと気付いた。

三浦春馬の時とは違う、湧き上がる母性の「ローラ」独特なもの。

エンジェルスたちを舞台に迎える時や、共演者や、観客の人たちに向ける笑顔は、深く温かく広く優しく慈愛に満ち満ちていて、真夏に蒼い空を見上げる、ひまわりみたいだ。

「天外者、てんがらもん」って、天からの者……「天国の者」ともとれるね。本物のエンジェルスたちを両脇に抱え歌って踊る、〝大天使ローラ〟は、きっとそっちの世界でも大人気ね。

美輪明宏さんのコンサートの最後の一曲に溢れ出る菩薩のようなエネルギーに似てた。宗教は入らないことにしているが、ローラ教になら入ってもいいわ。お互

いを認め合い歌い♫　楽しく踊るのよ！

　いつかローラパーティやる時はドレスは真っ赤で、来てね！〝おばあちゃんの湯たんぽの小豆色〟ではなくネ！

　さて。いよいよ読者想いの篠田編集長が、皆さんからの熱い想いをくみ《三浦春馬特集号》の登場！ですが、にわかファンのみんなも堂々としてていいけど、私はこれからも「春馬くん」ではなく「三浦さん」と書くね。彼の素晴らしさを前から知って応援していた先輩への敬意として。

　ここに書いたことも勝手な「憶測」と言われるかもだけど「真実」と「事実」だけしか書くなと言われたら、世の中から文章、ドラマ、映画、舞台、絵画…ほとんどのものは消えます。この私たちの命さえ、長い歴史の流れの中では束の間の幻のような存在です。

「何が正しいか？」「間違っているか？」よりも、「大切なものは何か？」を軸にして、感謝の心を忘れずに、この先の見えない不安定な世の中をみんなで手をつなぎ、力を合わせて歩いて行けたらなと思う。

　三浦さんとの出会いは私にたくさんのプレゼントをくれた。記事を書く為に彼の歩いてきた世界を知り、その努力してきた足跡に触れ、それがきっかけで……春友さんと呼ばれる、心あるファンの方たちと知り合えた。思いがけないこの2つの出会いは、絵本作家・空羽《くう》ファティマとしての人生も、一人の人間としての学びも、より豊かなものにしてくれました。

　ファンの彼を想う真っ直ぐなその気持ちに感動したし、「私たちが味方ですから春馬くんの記事を書いて下さい！」と熱い応援の言葉は、折れそうになる心を支え励ましてくれました。

　共に活動してくれているキャメルンスタッフの協力の中、大変だけど楽しい制作時間の日々。それを誌面で表現してくださる創出版さん。皆さんに感謝です。

　忙しい世の中ですから、これから彼の記事はどんどん少なくなるかもしれません。ですが、皆さんが望む限り、これからも私は形を変えてでも、三浦さんの事を書き続けていきたいと思っています。

　あの日から半年。……全ての重きを捨て、風になった彼の魂が、今、安らかでありますように。

　そして、いつの日かまた。あなたに笑って会える私たちでいたいから……。

　30年の人生を力強く生き切ったあなたに恥ずかしくないように、私たちも「今ある命」を精一杯生きていきます。

　どうか空から見守っていて下さいね。

　密かに勝手に〝にわかファンバンザイ〟の会長。カボチャを馬車にも出来ず大した魔法は使えないのに、子供の頃から自称魔女。空羽《くう》ファティマ

《追伸のおまけ》

「享年」とか、「逝去」とか「亡くなった」とか、〈彼がいないことに関する全ての言葉〉は、もう一切見たくないし、目を閉じ、耳を塞《ふさ》ぎ、現実を受け入れたくない、そんな方たちへ。

　どうか無理せずに、時薬が効くまでは、そんな自分を許してやってくださいね。

空羽ファティマ☆

【初出：『創』2021年2月号】

映画『ブレイブ-群青戦記-』に寄せて

真実の剣の継承…ならば、その道を進め！

――そこには神聖な儀式のような静寂な空気が満ちていた。これはもはや、映画のストーリーを超えた壮大なるMessage

空羽《くう》ファティマ［絵本作家］／海扉《カイト》アラジン［切り絵］

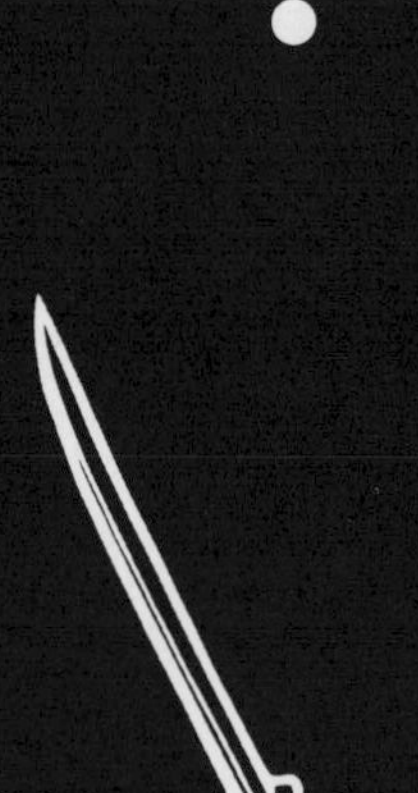

憧れの「My hero」

映画『ブレイブ-群青戦記-』の中で、三浦春馬さん演じる松平元康を見つめる彼の目。

「僕の100倍カッコ良い人」そう絶賛する新田真剣佑さんが、いかに俳優・三浦春馬さんに憧れ、尊敬し慕っていたかが、その眼差しに溢《あふ》れていた。

「役者になりたいきっかけをくれたのが、三浦春馬さん。この映画でご一緒できてすごく嬉しかった」と、制作報告会見で言葉を選びながらも、誠実に三浦さんへの熱き想いを語っていた。いろんなオトナの事情と、溢れる哀しみが、彼を抑えなければ、もっともっと大好きで尊敬しまくっていた、春馬さんのことを語り尽くし絶賛しただろう。

その表情や、言葉の間の短い沈黙こそがどれだけ三浦さんを想っていたかがわかる。そこに「言葉を超えた言葉」を見た。

プライベートでも、兄弟のように仲良しで「まっけんの誕生日ぐらいの時一緒に眼鏡を見に行ったんですねー。🤓お互いの新しい似合うフレーム発見出来てかなり楽しめました‼😎 #こんなに楽しかった#視力検査は#はじめて」と微笑ましい投稿。

2人でご飯をよく食べに行き、いろんな話をしてお互いを高めあった。新田さんのじっくり話す話し方、丁寧なお辞儀も三浦さんの影響かな。三浦さんから勧めてもらったぬか床にはまり「趣味」は？　と聞かれると「ぬか床」と答えた。「ぬか漬け同盟が生まれました(笑)。また飯に行ってお互い高めあおう。Hope to go out again soon with this great actor」と、まっけんを役者として認めていることもインスタ投稿でうかがえる。

元康の後ろ姿の写真を投稿した後に、改めて「My hero」と一言、追記していた。アメリカ生まれの彼が言う〝hero〟は、格別な英雄なのだ。

……ここまで公私で深く慕う先輩俳優との夢の共演が決まったことは、どれだけ彼を舞い上がらせ嬉しがらせたか。三浦さんから、多くのものを学び取ろうと必死になったに違いない。

あの目。あの目はそういう目だった。元康を見上げる、熱く真っ直ぐな新田さん演じる蒼の目をみたら皆さんも「ああ!!　この目か！」と、頷《うなず》くと思う。

仲間の死の哀しみに打ちひしがれた蒼に、元康が語りかける。2人が深く心を通わす、広大な山々をバックした大切なシーンは気持ちを作るために、撮影に2時間の時間をかけた。

「信じねば道は拓けん！」「わしにはわかる。まわりを照らし、導く光がお主の中に宿っておる。力を持つ者には、それに見合う運命がある。よく考えろ。お主が何を信じて光となるのか」

「ならば、その道を進め！　……仲間と共に!!」

予告動画で何回も皆さんが見たであろう印象に残る力強いシーン。こりゃ、たまらん。たまらなかったはずだ。憧れのヒーローの口から、役を通してでも、これ以上ない最強の激励の言葉。新田さんはその撮影の前夜は、興奮して眠れなかったのではないか？　それは役を飛び越え、ストーリーを超えて、俳優としての、これからの大きな大きな宝物になるに違いない。

そこで、元康から手渡される木刀は、散った仲間の命の重み。蒼と、俳優新田真剣佑の背をがっしりと押す、眩《まぶ》しい光に包まれたような力強い言葉の数々。

涙を拭き立ち上がる蒼を、優しく見守る元康の姿は、今までも先輩としてこうして彼を勇気づけてきたのだろうと、想像させる。

優しく夕陽が2人を包む。カメラは美しい山々と強い運命で結びつけられた2人の背後を、高い空から映す。

亡くなった仲間と共に天が「2人の熱き絆を見守っている」と告げるように…。

冷たい涙を拭いて

だから、2020年7月18日は新田さんにとって……言葉には到底できない衝撃と絶望と哀しみで、気が狂うほどだったと想う。

「なんで？　なんで!?　なんで？？？

春馬さんは僕の理想で目標の人だった。貴方がいたから僕はこの道を進んだのに。もっと、もっと、もっと…たくさん貴方から学びたかった。

語り合い、笑い合いたかった。あんなに生きることに情熱を持ち、表現力を高めるために、努力を惜しまず、とことん己れに真摯《しんし》に向かい合った人がなぜ？　本当に〝自ら〟なのか？　嘘だ！　嘘だ！　そんなこと信じられないっ！

戦のない世を望む元康は、蒼が〝人が一人死んでそこまで悲しむことができる世の中〟から来たことに、勇気をもらった。

我が道を行く勇気が湧くと言った。僕にとって、貴方の命は…人「一人の命」以上の大きさだった。憧れの俳優で、人生の先輩で、尊敬する師であり、頼れるアニキであり……春馬さん、貴方は……僕の、僕の……人生のヒーローそのものだった！　これから、役者としても先輩としてもたくさんのことを相談したかった。貴方の言葉が聞きたかった。貴方の笑顔が見たかった。

狭い日本を出てアメリカ進出の夢も共に叶えたかった。あぁぁ!!　春馬さんっ！　なぜ？　なぜ？」と。

出口のないトンネルで、苦しんだのではないだろうか？　何も考えられず、誰の慰めも届かないほどに、真っ暗な闇の中に放り出された気持ちになったことだろう。

10年近く願い続けてやっと叶《かな》った共演の喜びが、あまりにも大きかったからこそ、天から地へ突き落とされたような、ものすごい大きなショックが、彼を打ちのめしたに違いない。

そして、その地獄のような日から半年が過ぎ「一緒にお芝居をしていたあの頃の自分は…すごく幸せな体験をさせて頂き…夢であった共演をさせてもらった。たくさん、たくさん、この作品でいろんなことを得ることができ、役者人生にとって大切で、ずっと忘れることのない経験で宝であると思っている。大好きな春馬さんの最高の姿が観れるので楽しみにして欲しい」と、一言ずつ噛み締めるように言えるまでになるまで、どれだけの葛藤の闇と、悲しく冷たい涙を流したのだろうか。

だって……あんなまっすぐな目で、憧れの先輩に言われたのだ。

「命は一つ、決して無駄にするな。己が命を懸ける時、それは〝守るべきもの〟のために一所懸命じゃ」

と…。

けれど。だからこそ、それを聞いて私は確信した。

この言葉を、自分を慕い、憧れ、絶対的な信頼を寄せる可愛い後輩に伝えたのならば……三浦さん自身がその台詞《せりふ》に責任を持つはずだ。きっと何回も何回も声に出し、自分の魂の中に落とし込み、その意味をズシンと、魂の奥から感じた上で撮影に挑んだはず。

だから…〝その彼が、自らの命を「無駄」にするはずはない〟と、スクリーンの中から元康に宣言された気がした。

もし、彼がその命を懸けたならば、きっと〝守るべきもの〟の為だったに違いない。それが、何かは私にはわからない。でも、想像することを許されるならば、それは彼の「誇り」？

命を懸けても守らなくてはならなかったもの…その答えは、今はまだ風に吹かれているし、そこまで、あの彼が追い詰められた理由があるのならば、そんな社会のままでいいのか？という問いは持ち

切り絵：海扉アラジン

続けたい。

そして、あの痩せ方や『太陽の子』のインタビューの目の泳ぎ方とか、何かに苦しんでいたのは確かだから、真面目で優しい新田さんが「もっと、自分に出来ることは何かなかったのか？」と自分を責めないことを切に祈らずにはいられない。

なぜならば、私は大分の剣道の部活中に、顧問の酷いシゴキにより亡くなった工藤剣太くんの本『剣太の風』を書いたのだが、彼の弟K君は同じ剣道部員で、目の前で兄が殴られても顧問の力は絶対的で兄を救えなかった自分を責めてひどく苦しみ続けていた。そして、K君はこの本を読んで「初めて兄の笑顔を思い出せた」と手紙をくれたから。

けれど、新田さんは4月にはアメリカに活躍の場を移すそうで、三浦さんのいない日本を出ることにほっとした。世界で活躍する俳優になること。それは三浦さん自身の夢でもあったし、きっと2人でアメリカ進出の夢を語っていただろうから、その約束を果たしたいとも考えたのだろう。でも、2人分の人生を背負わないでほしい。彼自身の人生を生きて欲しい…とも心配したが、以前のインタビューに芯の強さも伺える。外見に溺れない三浦さんの影響を受けていたのか、

「頭の中はいつもお芝居のことだけ。僕にとっては顔も体も商品でしかない。商品として提供できるようメンテナンスしているだけ。外見は一つの武器だが、外見だけで自分を終わらせるつもりはない」

「喜びも苦しみも全てが芝居の糧になる。何か一つでも欠けていたら、この芝居ができないから全て覚えていたい。だから忘れたい記憶はないです」（文＝横川良明さん）

（そして、この記事の最後には〝くしゃっと笑った〟横顔と、書いてあった！）どうか、この辛すぎる出来事も彼なりのペースで消化していつか、糧《かて》にしてほしいと祈っている。

五代さんと、元康と三浦さんが共通して求めた一つのこと

私たちキャメルン活動を長年応援してくれている、前橋市A印刷の石川社長はキリスト教教育の新島学園の先輩なのだが「もしキリストが死ななかったら、キリスト教は誕生しなかった」と言っていた。当たり前だが改めて聞くと「！」となった。私は宗教を持たないが、キリスト教徒は十字架に磔《はりつけ》にされたイエスに「私たちの罪のために身代わりになってくれた」と自責の念と感謝の祈りを捧げる。

また、三浦さんのファンの人々も「何故救えなかったのか？」という自責の念と、今までの努力と素晴らしい作品を遺してくれたことへの感謝がある。あの日をきっかけに、今までファンでなかった人までもが、こんなに真剣に「いのち」の重さと輝きに、向かい合うようになったことは紛《まぎ》れもない事実だ。

1時間に1000件も三浦さんのことがネットに投稿されるというのだから、その関心の大きさは半端ない。三浦さんを教祖に奉ってはいけないが、ファンの人はあの日を境に、三浦さんが望んだ平和な社会を強く望むようになったし、今まで命についてそこまで考えなかった人々の気持ちを変えたのも事実で、それは彼の影響力でもあり、コロナの不安さもあるだろうけど、来るべき時が来たような気がする。

この映画を観たら「運命」「宿命」「絆」「誇り」「思いやり」「未来」を、よりみんなが意識するだろう。

戦国時代、多くの人が死ぬことが日常の中で、元康が「皆は無茶だと笑うが、わしはな、戦のない泰平の世を作りたいのだ。どんな人間も……男も女も、老人も子供も、笑って暮らせるような世を作りたい！」と眼下に広がる山々を見つめながら、遥かな未来を夢見る輝く瞳で蒼に語るが……それって五代さんと、同じ志ではないか！

そして、三浦さんがこの映画に寄せたコメントも《他人を思いやり奮闘することが、未来に繋がるというメッセージを届けたい》だ。まさに徳川家康と五代友厚の遺志を継いで、生まれ変わってきたようだ。その彼が『天外者』と『ブレイブ』に本気で取り組み、まるで遺言を伝えるように置いていってくれた。

ならば、私たちは悲しみを超えて彼が命を削って作品に託したメッセージをしっかりと受け取り、家康、五代、三浦さんの3人が目指した平和な世の中を作りたい。

《自分を信じてみるだけでいい。きっと生きる道が見えてくる》(ゲーテ)

……頼もしくリーダーシップを取る剣道部、考太役の鈴木伸之さんが「三浦さんの刀さばき、佇《たたず》まい、カメラが回ってない時の笑顔、大きな存在だと感じましたね」と、言葉にきちんと想いを載せながら堂々と話してくれていて、役と同じ真《しん》摯《し》な強さを感じた。

多分、本当はもっと三浦さんや「監督

が伝えたままのイメージで相手を見据える信長」を見事に演じきった松山ケンイチさんの先輩武将について、熱く語りたかったと思う。

　それを全て含めての、この映画の上映が始まる。三浦春馬という唯一無二の俳優が、出演した最後の新作でそれに相応しい存在感と、迫力と重みと……素晴らしい輝きがあった。

『天外者』は文句なく素晴らしい映画で「大切な人に勧めたい映画」は、どんな賞より価値あると思えたが、この『ブレイブ』もみんなが一丸となって創り上げた熱がストレートに伝わる、とてもいい映画だった。

　そして。命俳優、ザ三浦春馬が、とにかく！　本当に×２、ただ、ただ、かっこよかったぁぁ!!

　彼はいつだって想像力を駆使し、表現することの大切さを伝えてくれた。思いやりある言葉。そこまでやるかと追求しまくった演技。キレッキレのダンス。胸に沁《し》みる歌声。息を飲む殺陣《たて》。なまりまで取り入れた流暢な英語。こだわった小物使いの演出。「パフォーマンスにかかわる」と納豆キナーゼの表面積が多い、挽《ひ》き割りがいいとまで考え抜いた食事。

　持てる力の全てをかけて、私たちに最高のものを届けるための惜しみない努力と情熱はこれからもずっと作品の中に生き続ける。一生分の力の全てを費やしたような、完璧で濃い30年。そこまで自分に厳しくしないで欲しかったとも想うけど、そのストイックさ全て含めて、それが三浦春馬だったのだろうな。それ以上はもう出来ない、それ以下にはなることは自分が許さない。本当にギリギリの所でやっと生きていた不純物のない〝澄んだ氷で出来た王子様〟みたいな人。

　あ、今回も、格別超かっこいいシーンがあったよー！　写真集にも出ていた、乗馬の練習を頑張った成果、「待たせたの！」と爽《さわ》やかな柑橘系笑顔で、深紅の飾りの駿馬でジャーン！　と登場する姿はもうヒーローそのものっ！　オトナだから我慢したけど本当は「キターッ!!」と叫びたかった！（クララが立った時タッター！と映画館で立ち上がって号泣した前科あり。８歳）

　そして守るべき者たちの前に立ちはだかり、敵に大きく両手を広げた姿は神々しくさえあった。もう後光がさしてたわ！輝く慈愛のオーラ全開！　みんなもハートを射抜かれて倒れるわよ。覚悟して！

　そして、鮮やかに刀を抜き響き渡る声で「加勢致す！」もう、もうっ！☆キラッキラ！*…。…*…。…*☆☆ああ。ずっーとずっーと観ていたかった。このシーン……。終わって、ほしくなかった。

　悲しいシーンよりこのシーンに泣けた。嬉しくて、カッコ良すぎて、胸が熱くなった。何度も何度も観たいシーンだ。

　加勢、いたされたいよぉ…。ワタシモ。（ノベライズ本で確認したら、〝大きく手を広げる〟とは書いてなかった。あれは三浦さん自身の演出だったみたいだ。あの勇ましいペガサスの翼のように広げた大きな腕は、忘れることができない。だから。ハイ！　誠に勝手ながら、カッコイイシーン№１にここに認定シマス）

#死を超えて生きる人・死して尚輝く人

たしかに。三浦さんという人は「死んでしまったら歴史が変わる」ほどの大きな存在だった。7月18日のことは、それぞれの人がそれぞれの悲しさや、無念を背負っている。その意見の違いも、何が正しいか間違っているなんてないし、みんなそれなりの理由があり、どれもみんな「そうかもしれない」と今は思える。でも正直言って、初めは、あまり攻撃的な意見には抵抗があった。なぜなら、それは〝穏和で人を責めることを嫌う〟三浦さんは望んでないのでは?と、考えたからだ。だが、どんな意見も含めて、それは社会から「彼を忘れない」ためのエネルギーで、命について考える機会を与えていると、今は思えてきた。

　だから、どんな形でもそれぞれが信じる方法で、彼のために動くならいい気がする。ただ、自分と違う意見だからと、それを批判するのはやはり良くないし、違いを認め合おうと三浦さんもローラも言っていた。

　映画の撮影の時、三浦さんがそれを意識していたかどうかはわからないが、人間というものは意識していることはほんのわずかであって、ほとんどが無意識の層で動いている生き物なのだ。頭ではわかっていなくても、魂や潜在意識は深く多くのことを踏まえて動いていることがよくあるものだ。

　クランクアップの7カ月後にあの日が来るなんて、思っていなくても、今この映画を観ると、全てのセリフが彼が遺した意味のあるメッセージだと思え、「遺言」のような映画だった、と高揚感と哀しみと切なさと優しさと、いろんな想いを抱き締めながら想った。

　そして、同時に確信したことは「彼は死んではいない」ということ。

《彼の魂は、生きている》ってこと。

『天外者』に「名を変え、姿を変えて飛び回る」という言葉があるが、まさに彼は今、窮屈なこの世界を出て、自由な存在になって世界を飛び回っているのではないか?「自由でいたい。本当に自由人なんです」と言っていた彼だから。

　……戦国時代から、自らが心から願った「泰平の世」をその目で確認するために《30年の期限付きで現代にタイムトリップ》してやってきたのかもしれない、と思えてくる。

　今はみんな彼の不在に落ち込んで、心が病気になりそうに哀しいのだから「こう考えたら心が楽」の道を迷わず取っていいと思うの。何が本当か何が想像の中のことか、なんて辛い時にはシリアスに考えなくていいと思うの。

　心から血を噴き出している人はまず止血の応急処置をして。三浦さんは自分に厳しすぎて大変だったから「みんなはもっと自分に、優しくしてあげて」と、きっと心配していると想う。とにかく今は、1日1日を生き抜くために、自分をヨシヨシしてあげてね。

　ある意味、春馬くんファンにとって今が、まさに「戦国時代」。周りの人に「芸能人のことをまだ引きずってるの?」なんて心ないことを言われても気にしないで。ノットユアビジネスよ。

そして映画の中の「この国を照らす光となる」と宣言するシーンを見た時、鳥肌が立ち拳を握りしめた。「ああ！　三浦さんは死んでない！　死んでない！　しんでない！」と。『ブレイブ』の主題歌にも♫「まだ終わってない、あの日から」とある。

　やはり7月18日は終わりの日ではないのだ。それは、新たな始まりの日。

だって彼は【#死を超えて生きる人。死して尚輝く人】

　月命日だからと18日に想いを寄せるように、彼がこの世に生まれたお誕生日5日を〝月誕生日〟でお祝いするのはどうだろう?

　この世界はあまりに窮屈で「べき」が多すぎ、彼のような真面目な人は責任感で押しつぶされて、息が詰まってしまうのだと思う。

　以下はtomoさんという方の投稿。

［現世の不条理を気にせず次のステージで自由に駆け巡ってね。君は常にどうあるベキを考え、自分より他人の為。諦めは敗北。自分に負けたくないから倒れるまで戦い続ける。志半ばで夭逝《ようせい》したけどギリギリまで粘った末。ベキから解放されたのだ。私達が求めすぎたのだ。自分の寂しさくらい耐えてみせる。君の葛藤に比べたらなんてことないさ」

…とあり、本人の了解を得てここに載せたが、投稿にして発する覚悟と勇気を尊敬する。この一言一言が新しい世界を作る礎になると信じる。

　今は彼の名前を出すことに緊張が漂う世の中だけど、共に仕事して彼の素敵さを知る人たちが、もっと自然に彼への想いを語れる社会になり、それを応援する私たちでありたい。主演映画『天外者』は「大切な人に見てほしい映画」と観客自身に選ばれたことは、どんな賞よりも素晴らしい評価だと私は思う。

　戦国時代も、幕府の時代も、鎖国も終わったのだ。長いものには巻かれろ、の時代はもう終わりにしたい。《本当のもの》が正当に評価され、皆が声を出してそれを求める社会にしたい。

　コロナで世界は分断された現代は、神から人間の傲慢《ごうまん》さに気付くために、国別に言語を分けられた「バベルの塔」の話を思い出す。

　原発神話が崩れた3・11から、今年はちょうど10年。ここから新しい時代にしなくては。

　〝ソーシャルディスタンス〟だけに振り回されず、言葉で気持ちを表現しよう。人間とは「人」の「間」に生きてこそ人間なのだということを覚えていよう。

「僕は味方だよ」といつも、人に寄り添った彼に、弱音をさらけ出せる人がいたらなぁ。

真実の剣の継承

　新田真剣佑さんについて、撮影の佐光朗さんは「彼がいるだけで画になる。決戦の朝に、木刀を振るシーンがとてつもなくよかった。立ち姿だけではなく芝居や現場に対しての取り組み方が真っ直ぐ。主演である座長としてキャスト、スタッフに配った特製のオリジナルパーカーは現場の士気を上げる嬉しい贈り物だった」（プレス資料）と絶賛したが、その朝日をバックにした気迫あるシーンは『風と共に去りぬ』のスカーレットが、生き抜くことを決意し、燃えるようなオレンジ色の太陽の下で「もう二度と飢えません!」と畑から抜いた泥付きの人参にかぶりつくシーンを思い出させた。

真剣と書く「真剣佑」の名は「真実の剣を持って人の右に出て欲しい」とお父様の千葉真一さんが付けたらしいが、佑という字を調べると《天や神が人を助ける》という意味。

【「真」の「剣」を彼が渡された時、「天や神が彼を導く」】ってことだ!とまさにそのシーンを見た時、心が震えた。

そこには神聖な儀式のような、静寂な空気が広がっていた。これは、もはや映画のストーリーだけではない。俳優の道を極めた唯一無二の役者、三浦春馬さんがgreat actorと期待する後輩、新田真剣佑さんへの《伝承の儀式》とも言えよう。それを感じたからこそ、本広克行監督は「この映画のテーマは継承」と表現してくださったのだろう。よくぞその一言を紡いでくださった。その言葉ならばそこに参加した全ての役者さんへ先輩俳優が繋いだバトンも含めての意味にもなる。監督の懐の広さと温かさ故の一言だった。

そう、三浦さんは、俳優として生きてきた全てを、その剣に託して、己の魂を載せて手渡したのだ。「頼むぞ、蒼」と。

剣のバトンを渡された新田さんは、三浦さんの役者魂に守られながら、世界をまたにかける素晴らしい俳優になるだろう。

しかしそれは三浦さんが命を削って磨いてきた剣だ。使いこなせるまでの道のりは簡単ではないだろう。ファンの期待の重みに逃げたくなる日もあるだろう。

自信を失い潰れそうになることもあるかもしれない。

でも〝自分を信じて〟〝一所懸命〟生きて欲しい。三浦さんは絶対見守り〝加勢〟してくれていると思う。

《託された言葉を理解するにつれて、胸の中に熱を持って何かが宿るのを感じた。(略)まるで何者かが乗り移ったかのように》

《お主にしか成せないことを成せ。さすれば必ず道は開ける》(漫画『群青戦記』より)

本広監督は「高校生アスリートと戦国武将が戦う話ではなく、やらなきゃやられる究極の環境の中だからこそ、生まれる人間ドラマを描こうと思う。

〝死ぬかもしれない怖さ〟ではなく〝生きようとする若者の力強さ〟を描きたい。役者から出てきたアイディアは全部使うようにした」と話す熱く優しいお人柄。

「食事も一つの演出」だからと、寒い撮影中だからこそ温かな食事をゆっくり食べることで生まれる一体感にこだわった。冷えた弁当を15分で急いで食べるより、しっかり1時間休んで温かな美味しいご飯を食べ話し合うことで、現場の雰囲気も良くなり、元気を取り戻せ、午後からの芝居が変わる」と、生徒手帳の形のマスコミ向けの資料にあった。

死ではなく生を描くために

撮影の内容も環境もハードなのに「辛くはなかった」と蒼、孝太(鈴木伸之さん）、遥（山崎紘菜さん）、瑠依（渡邊圭祐さん）の4人が明るい笑顔で答えられるのは、監督の人柄と和気あいあいできる現場だったからだろう。

「台詞もない子も含めて全員をフレームに入れるように心がけた。一人一人の熱が画に反映された」と、撮影の佐光朗さん。生徒への敬意と思いやりは決戦に行く全員のフルネームが書いてあるホワイトボードを見てもわかった。

アクション監督の奥住英明さんがこだわったのは、「スポーツに対しての純粋さを汚さずにそれぞれの特性を生かしてどう戦うか?」だ。監督だけではなく温かなハートのある大人たちが、がっちりと固めてくれた現場だったことを知った。

そして、それは映像にしっかりと反映されていたと感じたのは、実は私は殺しなどの残酷なシーンがとてもとても苦手でそういう映画は普段は観られないのだが、この『ブレイブ』は生徒が亡くなるシーンが多いにもかかわらず（台詞を書き留めながら、気合いをいれて観ていたこともあるだろうが）強いショックを感じずに見られたのは、戦国時代ではあるが〈死ではなく生を描くために〉〝仲間の命を守ることを前面に出す演出故の死〟だったからだろう。

私の記憶が正しければ、傷口を見せたのは残虐性をあえて表現する織田信長が切った時。それ以外は血しぶきや、音だけで表現して生々しい傷口を見せる演出はなるべく避けてくれたように思う。「生きぬくこと、誰かを守るために闘うチカラ」を魅せたかった作り手の想いが伝わる。

人には様々な「好きな俳優のタイプ」があるが、三浦さんは、役ごとに人格や雰囲気やオーラさえ変えて、多種多様な人の好みにぴったりはまる役を演じられた稀有《けう》な人だと思う。

私には、それが「ローラの輝き」だったように「春馬ファン」と言ってもそれは、人により惹かれるところはバラバラだ。彼の可憐な外見に胸キュンする人。孤独な眼差しに惹かれる人。謙虚さ。品の良さ。努力する姿。オンとオフのギャップに。役の完璧さと天然さのキャラに。無邪気さとセクシーな佇《たたず》まいに。いろんな彼がいた。役によって発声も変える声。シーンによって様々な笑顔と泣き顔。表情筋まで変えて、指の動き一本ずつまでこだわって彼の体をたくさんの役が、人生が通り過ぎていった。そして彼によって命を吹き込まれたその役は、人々の心の中にフワァと入り込み今も生き続ける。三浦春馬さんはこれから、歴史の中でその名前を刻まれ、それぞれの心の中に、決してあせることなく輝き続けるのだ。

それは、ボディがあるとかないとかはもう、関係のない次元。形があるものが全て、ではないのだ。「大切なものは目には見えないんだよ」と星の王子様が言ったように。

長年のファンの方にすごく大切にされているチームハンサムの曲「春の花」があると、インスタのファティマーと呼ばれる読者の方に教えて頂いた。

三浦さんのパートは「♫それでもずっと明日を願えたのは紛れもない大切な君がいたから」

「♫春が待ってる。迎えに行こう。僕ら

はまた強くなる」

この歌がファンにとってどれだけ価値があるかは、正直私のような後からのファンにはわからない。でも、歌詞の重みは、感じる。歌詞の中の「君」は昔からずっと彼を支えてきてくれたファンの皆さんのことだ、と。

『創』11月号から三浦さん特集の記事を書き続けられたのは、「壊れそうな心を記事で支えてもらってます」という応援の言葉と、ファンの方の彼を強く想う気持ちに感動したからだ。

そして、皆さんは「彼をこんなに好きだと、もっと表現すればよかった」と悔やんでいる。だから、記事を書く私に感謝してくれて、今度は悔いのないように想いを伝えようとコメントやメッセージや差し入れを送ってくださるのだ。全てこれは彼がつないでくれたご縁だ。

このご縁を、もっと広げてみんなで違いを認め、お互いを敬う平和な社会を作れたらいいと心から願っている。

ならば、その道を進め！

ノベライズ本の239ページ、大事なシーンで元康の「駿馬（速い馬）」という言葉があった。〝駿馬〟……春馬の名前の由来《天高く駆け上がる駿馬》だ。

三浦さんの作品には、パズルのピースがたくさん隠れている。それを拾い集めていくと、いろんなことが偶然ではなく、大きな目的に向かって動いているような気がする。

だから「どこかに見落としている大事な宝があるかもしれない」と、いろんな情報を常に探していると、〈サムライハイスクール〉が好きだというファンEさんが送ってくれた動画にあっ！　と気づいた。

このドラマも戦国の世からタイムスリップしてきた話。400年前、18代前の先祖のサムライが、現代を生きる小太郎に会いにくる話で、三浦さんはその二役を同時に演じているのだが、サムライが17歳の父、という設定も『14才の母』と重なるし、筆を持つ2人の姿は『天外者』の妻との姿だったし。そして！　以下サムライのセリフ。

「お主の心の中には立派な〝剣〟がある。それはお主が持つ、優しさや思いやりじゃ。心の中にその〝剣〟を持ち続け、これからも立ち向かうがよい」

（うわあ！ここにも、剣が出てきた！この剣は蒼が託された剣、真剣佑の名の剣とも取れる。）

そして、そのサムライの辞世の句（死に際して遺す言葉）は……、

《十七の散る命火を誇るべし。残る夜月は清らかに照れ》

それを小太郎がこう訳す。

「やるべきことをちゃんと、やったから誇るべき17年の人生だった」？

侍が答える。「その通りだ。しかし、この句の通りには行かなかった。最後の戦いでは、たちまち敵に囲まれ何もできぬまま。殿のために敵をけちらし、誇り高く散りたかった。故にお前の体を借りに参った。〝誇り〟を取り戻すために」

やはり《三浦さんは、過去の時代から〝誇り〟を取り戻すために30年の期間限

定で現代に戻ってきた人》かもしれない。

そして誇り高く『天外者』と『ブレイブ』をbrave（勇敢）にやり遂げて、バトンをまっけんに渡して今もその時代で、楽しく元気に生きているのだ。

3月号で書いた三浦さんの創作物語「新しき春……fierté」フィエルテの意味はフランス語で「誇り」

《〝新しき春〟を迎えるために〝誇り〟を得るために戻ってきた魂》と私は受け取りたい。そして、

《十七の散る命火を誇るべし。残る夜月は清らかに照れ》を、

《〝三十〟の散る命火を誇るべし。残る〝想いの光〟は清らかに照れ》

つまり……「30年の命は誇るべきものだった。ファンの皆さんが彼を照らす〝想いの光〟は、夜月のように彼の心を清らかに優しく照らす光となっていることでしょう」と。

……文頭で〝新田さんが役者になる動機は三浦さんだった〟と書いたが、『ブレイブ』の撮影前に役者になったきっかけを聞かれると「15歳の時にロスにいて日本の映画を観て、それに出演した役者さんに夢を与えて頂いて、かっこいいなあ、自分も色んな人に夢を与えたいなあ、って…」と答えたが、いくらその人は誰か？　聞かれても、

「言えません。内緒です。その方と共演した時に、その方に言いたいな」と、作品名すらも絶対に言わなかった。

熱く心に秘めた願い。

〝いつか夢が叶う日が来たら、春馬さんに自分の口で言うんだ！〟を目標に必死に努力して来た日々。

……その熱き念願の夢、三浦さんに伝えたのだろうか？…

その答えはクランクアップのまっけんとのハグの笑顔が教えてくれた。

そしてマイヒーローからもらった言葉は、これからの彼の役者人生を支え励まし続ける輝く剣となり、その心に寄り添い続けていくであろう。

…そして…『天外者』の三浦春馬さん。

その「言葉」は…30年の濃く美しい人生を駆け抜けた〝天からの授かりもの〟だったあなた自身、にこそ。

私達は…今、かけてあげるべき言葉、なのかもしれない。

《ならば、その道を進め！》と。

《あとがき》

この映画を観て「驚いたがこの流れは偶然とは思えない」と受け取る人と、固まる人と反応は大きく分かれると思う。そこも含めて深く壮大なメッセージ性のある作品だった。

感じ方は皆違う。この映画を観た後の涙の色は人それぞれであろう。

それでも…、

映画館を出るときにあなたが《彼の笑顔をはっきりと思い出せる作品》であることこそが、何よりもこの映画の評価であると信じている。

青い空に映える、あの輝ける笑顔を。

その男の30年が不幸であったはずはない。

空羽ファティマ☆

【初出：『創』2021年4月号】

彼の魂が安らかでありますように

もしもあの日に戻れるならば…

空羽《くう》ファティマ［絵本作家］／海扉《カイト》アラジン［切り絵］

〝これは、ジェシーの仕組んだトリック〟だと
信じたかったあなた。願ったその夢、叶えます。

第1部
心に翼をつければ、どこにでも行ける

もしも、あの夏の日に戻れるならば…
…もしもタイムマシンが使えるならば…
私は、何だってやるだろう。
あの日から空が、青くない。
あの日から風が、そよがない。
あの日から季節は止まり、時は止まり、
全てが止まった。

私の中の全てが、黒い絵の具で塗りつぶされた。
あの日から眠れない。
あの日から笑えない。
頭が、心がついていかない。
あの日から、あの日から、あの日から。
何がどうなってしまったの？
〝逝去〟？〝享年〟？
何それ？　私は何も知りたくないし、
信じたくもない。
欲しい奇跡は、ただひとつ…

…そんな、あなたに絵本作家、空羽《くう》ファティマが贈るオリジナル〝創作〟物語。
あの夏の日も、コロナも今のつらい現実を全て脇に置き、遥か遠くの砂漠の風に吹かれた〝空想の世界〟に貴方をお連れします。
※【　】にはあなたの名前を記入して、あなただけのオリジナル物語にしてくださいね。
さあ、準備はいい？
想像の翼をつけて　Let's go!

その日、見上げた空には、白い雲が静かに流れていた。

【　　】があの夏の日から、空を見上げたくなかったのは「そこに彼がいるかも」と思うのが嫌だったからだ。

何も考えたくなかった。何も信じたくなかった。一人の世界に閉じこもり〝見わず言わざる聞かざるの猿〟のように、じっと、うずくまっていたかった。同情なんてされたくない。芸能人をこんなに想い悲しむことを、人は理解しないだろうから。

いいのだ。この哀しみは私だけのもの。この心の痛みだけが今の私の〝リアル〟であり、どれだけ彼を愛しているか、の証《あかし》なのだから。

雲が形を変えながら流れゆく。「現実を受け入れないと、いつまでもこのままだよ」と友達が言った。いつだって彼女は正しい。

でも〝正しい〟ことって、残酷で冷たかったりする。正しくなくてもいいじゃない？　ずっとこのままだって構わない。

〝だって彼の時間は止まったままなのだから〟そう思ってしまってからゾッとする。ううん、彼は元気よ。ただ、スマホも雑誌もテレビも見たくないだけ。

時薬《ときぐすり》なんて全く効かない。

そんな私の目に飛び込んできた『創』2月号。表紙はセカホシ、白鳥仮面のメガネをかけて笑う彼の切り絵だったから、写真のようにリアル感がないことにホッとする。彼の写真をまともにみることさえまだ、心が痛いから。

本を開くとモロッコのカラフルな飾りを腰に巻き、楽しそうにＪＵＪＵと踊っている神回と呼ばれる回。

「ブイブイ言わせちゃうぞぉ！」と照れて笑う彼の周りにはカラフルな小物があり、ずっと真っ黒な世界にいた私の目に久々に豊かな色の世界が飛び込んできて、思わず本を抱き締めた。

その時、私の中に突然湧き出た突拍子もないアイディアに我ながら呆然とした。

その声は言ったのだ。

「モロッコに行こう」

も…もろっこ!?

ど、どこよ!?　それ。

オロオロした。海外なんて友達と行ったハワイと、元彼と行ったオーストラリアだけだったし、ろくに眠れず食欲もない私だったから、周りはもちろん反対した。

アラブではモロッコのことをマグレブと呼ぶ。〝日の沈む国〟「西の果て」を意味し、〝日の出る国〟の日本とは、真逆に位置する北アフリカの果ての国……。あかん(∨_∧)それが、モロッコっちゅう国や。

アトラス山脈を超えて砂漠へ

……なのに。今、私、【　　　】はモロッコ行きの飛行機に乗っているのだ。「人生とは思いもよらぬことが、突然起きるものだ」と他人事のように思う。〝彼のいない現実〟を常に突きつけられる日本から逃げたかったし、彼が楽しそうにモロッコの衣装で踊っていたから、その国に行きたくなったのだ。現実逃避できれば、それでいいわ。

……いざ、そのモロッコに着くと、そこはまるで別世界。不思議の国のアリスの気分。色彩とエネルギーにあふれた異国。

行くところ行くところ、「いくらなら買う？」と、しつこい物売りに追いかけ回されて悲しむ暇さえないし、誰も彼のことも私のことも知らなくて、ここには「あの日」が全く存在してないことが楽だった。

ベルベル語で「神の国」の意味のマラケシュの旧市街の中、迷路のように広がるメディナと呼ばれるエスニックの香りあふれる細い道には、コーランが響き渡り、何千年前からの変わらぬ人々の営みが続いていた。

スークという市場には牛のひづめ、羊の頭、革製品、色とりどりの香料、衣料品など、ありとあらゆる生活品が並ぶ脇をジュラバという〝鬼太郎のねずみ男〟のようなフードのついた民族衣装を着た人々が行き交う。

そこにジャニーズに入れたいような、整ったルックスの少年が大切そうに小さな白っぽい石を持って近寄ってきた。「デザート・ローズ（砂漠のバラ）」〝砂漠〟という響きに惹かれる。サハラへはここマラケシュから12時間、床に穴があき道が見えるオンボロバスに揺られて行く。教科書でしか観たことのない〝アトラス山脈〟を超える長旅。

崖を削ったガタガタ道を、バスはホコリを立てながら走る。運転手は眠そうに何回もあくびをして、ほんの少しハンドルを切り損ねれば、ガードレールもない細い道から崖下へ転げ落ちると思うとゾッとするわ。

窓から崖の下をのぞくと、引き上げられないまま長い間放置されているバスが、何台も無残な姿をさらしていて、中には既に白骨化した人がいるという。(∨_∧)マ、マジですか？　ひぇぇ……。

怖いと思える自分は、まだ「生きたい」と思うのだなと安心する。

たいていのことはスマホという〝小さな四角いドラえもん〟が答えを教えてくれる日本を出て、時代が戻ったようなこんな過酷な旅に来た自分を笑いながら、唯一の食料のバナナ様を大事に頂いていると、床に何かが流れてきた。

んん？　と、振り向くと、後ろにはなんと！　羊さんが乗っていてそれはおしっこだったぁ！　ヤハリ、ココハ　ニホンデハナイ…^_^;

バスは砂漠の入り口、ワルザザートから更にまた4時間延々とガタガタ揺れながら走り、ついに怪獣みたいな名前の砂漠の村、ザコラに着いた。

髪も顔もホコリで真っ白ジャリジャリで、その上あまりに固い座席で痛くなったお尻と腰をさすりながら、ヨロヨロとバスを降りると、そこには時の流れが10倍はゆっくりになったような景色が、広がっていた。

ああ、夢みたい。ワタシホントに来たんだわ。

〝砂漠は何もない様で全てがある〟と曽野綾子が書いていた、あの憧れの場所へ。

ただ会いたくて、会いたくて×10000

岩だらけの道なき道を歩いていると、男の子が一人、岩の上に腰を下ろして眼下に広がるヤシの木や川の流れをじっと見ていた。

その姿は一枚の絵のように、ただ静かに美しかった。

「What are you doing here?　ここで、何してるの？」

「Just spend time. ただ時を過ごしてるだけさ」彼は答えた。

〝ただ時を過ごす〟こんなイキな言葉を使う日本人は、そうはいまい。みんな日々の忙しさに追われて、時は〝過ごす〟ものではなく〝追われる〟ものだから。

「ステキね」私がつぶやくと、彼は少し笑って言った。「前にも同じことを言った人がいたよ」「その人日本人？」「わからない。僕にはチーノもハポネス（中国人も日本人）もみんな同じ顔に見える」

「ここに、あごにホクロなかった？」

「覚えてないヨォー」

ああ、おバカな私…(∨_∧)

でも、ここまで日本と全く違う時の流れと景色の中にいると、何が現実で、何が妄想なのか、その区別が全くわからなくなる。

もしも…もしも、よ。

今ここに〝あの人〟が、アノ笑顔でニコッと、いきなりやって来ても不思議ではない気がした。

そして、もしそれが可能ならば、私は何だってするだろう（きっと今、これを読んでる全ての人がうなずいているよね？）

悲しいとか、寂しいとか、そんな気持ちは飛び越えて、もう、喉《のど》から手が出るほどに、ただとにかく、とにかく、とにかく彼に会いたかった。

会いたくて、会いたくて、会いたくて、会いたくて、会いたくて…会いたくて×10000。ほんの10分でも。ううん一瞬でいい。

でも、もし願いが叶うならば……、
特別なことは、しなくていい。

共に彼と、何気ない日常を過ごせたらなぁ…一緒に車に乗って、あーだ、こーだと他愛もない話をして笑いたい。

可愛いものや、職人の技が光るものが好きな彼と「これステキだね」とお店を覗き、肩を寄せ合い買い物する。バドミントンしてお腹がすいたら、おやつには、あまおうの苺《いちご》と、馬の形のクッキーを焼き、部屋いっぱいに広がる甘い香りの中モグモグ食べる。

夜は部屋で『銀魂2』の映画を観て泣いた後に、《「仲間からの想いの光」を浴びたら、生き返ってヘタレオタクになった鴨太郎が…トッシーと、オタク比べをしたら、こうなるんじゃね？　バージョン》(^-^;)をマジに演じてもらい、お腹の皮がよじれるほど2人で笑い転げるのよっ！

　温かな眩《まぶ》しい朝日に包まれて目が覚めると、横には、まだ眠っている彼。その美しい横顔をじっと見つめ、あまりの愛おしさにため息が出る。

「大好き！　この瞬間がずーっと続きますように。なんて、幸せな時間…」とつぶやくと、起き上がった彼が、私をぎゅっと抱きしめて言った。

「そんなに見つめたら、穴が開いちゃうじゃんかあ！　でも、実は同じことを僕も君によくするんだ。

　寝ている君がすっごく可愛くて、起こさないようにそおっと、見ちゃうんだ」

「なーんだあ!!」♡♡♡

　いつかやってみたかった、パジャマ代わりに借りた彼の大きなシャツのまま、長い袖をまくって、2人でキッチンに立つ。「ついに夢が叶ったわ！　私はふわっふわのオムレツ作る」「じゃ、僕は美味しいコーヒーを入れるね」(^_^♡)

ハートマークにしたケチャップがほっぺに付いて、ペロッと舐《な》められて、キャア！　これもお決まりのやつ！

♡♡

　休みの日は、真剣にサーフィンしてる彼を見守るリッチな浜辺。

　2人でハンモックに座り、夕陽を見送りながら、いきなり、おでこにチュッ！

💋この「いきなり」がたまんないわっ。

指と指を絡め波の音を聞きながら散歩して、時に見つめ合い、時に背中を抱きしめられ「ずっと、ずっと一緒だよ。大好きだよ♡」と耳元でつぶやかれたら…もう、どーしよう!?

　私ったらぁ、もう。バカバカバカぁぁぁ！　でもでも、そして、そして。もちろんしたいわ。背の高い彼に背伸びしてやっと届く小鳥キス。

「豪華なデートじゃなくていい」って言うかぁあ！　彼といるだけで十分ゴーカじゃん!?　と自分に突っ込む。

　あの甘い声を聞けて。

あの細い指に触れて。

ほほをなで。背中に抱きつけて。

あの腕で抱き締められ。あの唇でキスをされる!!

　私ったら世界一、ううん、宇宙一の幸せ者っっっ!!＼(^o^)／

強い人間なんていない

　そんな、突っ込みどころ満載のこっぱずかしー妄想してニヤニヤして、赤面した後…ふと現実に返り、寂しくなって遠くを見た私に、少年が言った。

「その人もね…遠くを見る目をしていたよ。

『すごくすごく頑張って今まで生きて来たけど…自分の中の自分と、外側の自分と。理想と現実と。〝ボタンの掛け違い〟みたいに、何かが少しずつずれてしまい、もうどうにも出来なくなって…リセットしたくて、ここに来た』って言ってた。

　行き止まりに突き当たると、何もない砂漠で、魂ってやつ？を解放させたくなるみたい。

僕は、ここの暮らししか知らないし、この先もここで生きていく。選べないからそれが幸せとか、不幸とか考えたこともない。

みんなが悩むのは〝いくつも選ぶ道がある〟から？　何を探してここにくるの？　〝自由〟って何？　〝自分〟って誰？　ねえ、僕は自由なのかな？　君は？」

毎日履いてるのだろう、生地が薄くなって破れたズボンのポケットに手を突っ込みながら彼は聞いた。

「わからない。私は大好きな人がもういない、なんて信じていないのに。すごく悲しくて。辛くて。息がうまく吸えなくなって。眠れなくて。何見てもきれいだと思えなくて。心がね、止まってしまったの」

「心が死んじゃったってこと？《その人の命の光をどう輝かせるか、が生きることだ》って、おばばが言ってた」

「誰？　その人」

「フロリティーナ・マジョリン・ムルーラっていう砂漠に住んでる魔女。〝おばば〟って呼ばれていて、一緒にいるとほっこりするんだ」

「魔女？　カウンセラーってこと？」

「かうんせらー？

おばばは『悲しみを消す薬はないよ』と言って、心を温めるお茶を作ってくれるんだ。

ラクダのキャメルンの好物の甘い赤いチャメリーツリーの実と、〝ムーシカ〟の森に生えてる〝感謝の気持ちを育てる〟白いキノコと〝変化を受け入れる勇気が出る〟赤いワニのしっぽの先と、ショルベラノイルの丘の美味しい湧き水と、魔女っ子ナイルのパパ、オズマが朝一番に、汲んできてくれる清き滝の水を混ぜて…。

グツグツ煮て、ガンガンかき混ぜて作ってくれるおばば特製のお茶なんだ。

それを、ふーふーしながらゆっくり飲んで、おばばのそばにいるとね…〝悲しいこと、そのもの〟は無くならないんだけど…、

〝この悲しみと共に生きて行こう〟って、思えるようになるんだ。

うんとね。あのね。僕の妹、お空に逝《い》っちゃったの。お医者さんに行くお金が

なくて。

父さんは、『人は皆、アラー(神)の元から来てそこに還る。天には母さんがいるから、母さんに抱っこされてるから大丈夫だ』と、言ってたけど。

僕、悲しくて悲しくて。もう、心が裏返っちゃうくらい悲しいのに涙は出なくて。そのうちご飯が食べられなくなっちやったんだ。

そしたら、父さんが僕をおばばの所に連れて行った。でも誰とも話したくなかったから、こんにちはも言わなかった。そんな僕に、おばばは、あったかいお茶を『ホレ』って置いてから、黙って魔法のホウキの手入れを続けていた。

お茶は不思議な香りで、ちょっと飲んでみると、ごくって喉を通りハートのある場所を通った時、冷たく冷えていたハートがホワッと、温かくなった。

その時、おばばが、初めて僕に話しかけたんだ。

『あの子は…ハビバは…かわいい子じゃったな』って。

それ聞いたら、初めて涙が出たんだ。


おばばは、僕の背中をゴツゴツした骨張った指で『よーし、よしよしよしよし。涙はひび割れた心をうるおしてくれる。泣くのはいいことじゃ。お泣き。お泣き』ってしゃがれた声で、呪文みたいに呟《つぶや》きながらずっと、一晩中なでてくれていた。

そして、静かに朝がやってきた。『朝は誰にとっても、新しいピッカピカの朝なんじゃ』とおばばが言った。

『元気出せ』とか『もう、いい加減、妹のことは忘れろ』とか、言わなかった。

『男の子だから強くなれって言わないの?』って聞くと、

『わしゃ、400年も生きとるが、〝強い人間〟なんて会ったことないわ』と、ワハワハ大声で笑った。

〝そーか。人間は弱くてもいいんだ〟って思ったらお腹がグゥって鳴った。

その音を聞いたおばばは「お腹空くのは素敵なことじゃ！」って喜んで魔女友達のエンドラカラが作ったジャムを、たっぷりつけたホブスと、栄養たっぷりのスープを作ってくれた。


フーフーして熱いスープを飲む、僕の顔をのぞきこんで、おばばが言った。

『あのな。昔な、魔女学校で習った♫〝素敵な魔女〟っていう歌があるんじゃがな、聞くか？ ん？ 歌おうか？♫』

なんだか、おばばがすごく歌いたそうだったから僕、『うん』って言った。

そしたら、『♫なんてー素敵な、このぉぉ～世界っ～♫』って、かなりマジに歌い出して。

でも…あんまりうまいとは言えなくて…それがおもしろくて、^^;つい笑っちゃったら…、

『涙もいいが、笑いはもっといい!!』って、僕が笑ったことをおばばはすごーく喜んでくれたんだ。

だから…それから。

僕は、おばばが大好きになったんだ」

と、その子は言った。

「気取らない、あったかい人なのね。私もその、おばばに会いたくなったわ。あ、まだ君の名前を聞いてなかったわ」

「アブドゥル。苦手はことはケンカ。得

意なことは、かけっこ」

「いい名前ね。私の名前は【　　　】」

「君もミズィアン(きれい)な名前だ」とアブドゥルはニコッと笑ってから「僕のお母さんと、目がちょっと似てる」と小さい声で言った。

……こんな小さい子がその背中に、大きな悲しみを背負いながらも、必死に生きていることに胸がキュンとした。

亡くなってしまった母と妹。枯れた井戸。逃げた羊。

きびしい大自然の中で生き抜くには、与えられた運命を受け入れるしか道はないのだ。

ここ砂漠では、人々は《今ある命》を抱きしめて必死に日々を生きている。生も死も、大自然の一つだと受け入れて。

もしも、あの日に戻れるならば

今までの私の人生は、クシャッとした無邪気な笑顔に癒《いや》され、作品に胸を踊らせ、彼が努力の末に身につけた歌にダンスに酔いしれた。

なのにあの日からテレビやニュースは、彼を〝もういない人〟のように扱い、それに耐えきれずここに来たけれど、日本から離れて、今までの彼の生きる姿勢を思い返してみると、彼ほど生きることに真摯《しんし》に向かい合っている人はそうはいないと思うし、その人が…なんてやはり信じたくなかった。

でも、でも。人が抱える暗闇の深さは、その人しかわからないとも思うし、〝どんな辛くても、彼が決めたことならば、その全てを受け入れてあげなくては〟と思う自分もいた。「ならばその道を進め」と。

もしも、もしも、万が一どうしようもない何らかの理由で…仮に、仮によ。

彼の身体は今は天にいるとしても、彼の想いや魂や夢や希望までが一緒に全て無くなるなんてことは絶対に有り得ないと思う！

100歩譲って、その〝魂になった彼〟でもいいから、彼と会いたいと思った。

もう、どんな姿でも構わない。魂でもいい。オバケでもいい。彼に会いたい！

会いたい！　会いたい!!　とにかく、とにかくね、私は彼の〝全て〟が、もうこの世にいないということは、納得したくないしそんなこと耐えられない！

黄泉《よみ》の国に、亡くなった奥さんを探しに行く話を聞いたことがあるけど、どこにでも行って彼を連れ戻したい。

「タイムマシンがあるのなら、どんなことしても救い出したい！」って、何十回も何百回も考えた。考えすぎて、頭がおかしくなりそうだった。

〝もしもあの日に戻れるならば〟…7月18日のあの朝に。

どうやって、彼の部屋に入り、彼を救おうか？　どう彼を隠し、どこに連れて行こうか。2人で海外に移住しようとか、彼の好きな農業をやるとか、ブロードウエイでローラをやる彼をマネージャーになって支えるとか。彼のことを誰も知らない小さな国に行き、2人でひっそり静かな日々を過ごそうとか。etc、etc。

絶対、きっとこんなことを考えたのは私だけじゃないよね？　他の人も同じことを何回も考え、そしてまた、現実に打ちのめされて…を繰り返しながらこの8カ月間、月命日の度に人目を避けて泣きながらやっとやっと、なんとか必死に生きてきたのだろうと思うの。

　何回、空を見上げて話しかけ、何回、朝が来るたびに〝夢ではなかった〟と絶望して。何回その名前を検索し続け…、ある人は残された作品に癒され、ある人は写真さえ見られず…彼の後を追ってしまった人さえいる。その人は天国で本当に彼に会えたのだろうか？　とか考えるけど、私がなんとか踏ん張って生きているのは、そんなことしたら優しい彼は、「僕のせいでごめんね」と、悲しむと思うから。

　でもね、やはり辛すぎるのよ。いっそ記憶喪失になって全て忘れてしまいたい。

…そして、私はついに砂丘に立った。

風が描く美しい波模様の〝風紋《ふうもん》〟という自然のアートに目を見張った。

　何かを美しいと感じたのは久しぶりだった。

　風の色が、違った。空の色が、違った。空気が、砂が、雲が、太陽が…全てが私が今まで知っているものとは全く違う、見たことのない新しい世界がここに広がっている。

　大きく深呼吸した。いろんなものを吐き出したかった。自信がなくて、ネガティブで人目を気にする面倒な性格で、何をしても後悔する私。「後悔する人は、どっちの道を行っても後悔する」と、頭ではわかっているのに。

　この雄大な大自然の中で、サハラの風に吹かれたら、そんなしょぼい私をリセットして、新しい自分になれそうな気がした。

　彼への想いだけを心に残し、古い自分は脱ぎ捨てたい。

「サハララ、モンターニュ！」アブドゥルに教えてもらった、たぶん砂丘という意味の言葉を大声で叫ぶ。こんな大声出したのは、子供の時以来だ。

　砂と呼ぶには柔らかすぎる、滑らかすぎるビロードのような粒子の細かい砂。

　ズボッと足が埋もれ、靴が脱げた。オーマイガー。一足しかない大事な靴。砂を掘って探していると「ダイジョウブ？」と、日本語で話しかけられて、ドキッとした。

　歯の白さが、やけに目立つ男性が立っていた。期待した自分はバカだと思う。カタコトの日本語を話せるということは、こんな場所にも日本人は来ているのだと、すごく遠くに来たつもりだった私はがっかりしながら、その日はそのまま村の小さな宿に帰った。

　次の日、村中に響き渡るコーランの祈りで、まだ暗いうちに目が覚めた私は再び砂丘を目指した。ロバに乗り、石がゴロゴロの、道なき道を黙々と進む。着いたときには太陽はすっかり昇っていた。靴も靴下も脱いで砂丘に立つ。

　裸足がサラサラの砂に埋もれて気持ちいい。包まれている感覚。太陽が温めた砂の表面はほんわりと温まって、子宮ってこんなところかも？　と思う。

　地球に抱きしめられ大地に立つ足。体を感じる。地球を感じる。

　砂の上に寝転び、大空を見上げる。大きな地球を背中にしっかりと感じる。今、私は地球をおんぶしてる。真っ青な空は、どこまでも広がり、遠くに見える地平線。地球ってこんなにも広かったのか。今まで私はとても小さな世界に住んでいたのね。そして、見知らぬ国の旅で疲れた私は、温かな砂の上で、つい、うとうとそのまま寝入ってしまった……。

目覚めると白かった雲はピンク色に変わり、見たこともない大きな夕日が、地平線の向こうに落ちようとしていた。

乾いた空気の中で見る夕陽はくっきりと大きく、こんな力強い真っ赤な真っ赤な、ただただ、真っ赤な夕陽は見たことはなかった。

あまりに、現実感がない大きな夕陽を前に、私はまだ、夢の中にいるような気がしながら、その赤の中に全身を投げ出した。

解放されたような、今まで抑えていたものが溢れるような感じが、体の中に湧き出てきて、その感情に押し出されるようにして私は泣いた。〝あの日〟でさえも、ニュースを信じたくなくて、こんなに泣きはしなかった。

泣き疲れて砂の上に横たわる。星の王子様が、砂の上に倒れたみたいに…

第2部
♪My heart beats faster

……さっきまで吹いていた風が止み、あたりにかかっていた砂のヴェールが消えた砂丘。

私の横には、いつ来たのか青いターバンを巻いた誰かが静かに座っていた。ブルーマンだ。

ここにはブルーマン(青い民)、山に住むベルベル人、砂漠に住むトワレックなどの、民族が住んでいると聞いていた。ターバンも衣装も藍で染めた青い布故に〝ブルーマン〟と呼ばれる彼らだが、それは砂漠で最も大切な水の色、だという。

「Are you Blue man?　ブルーマン?」

私は尋ねた。

「…I hope so そうだといいけど」

彼はつぶやいた。

「You look like so ブルーマンに見えるけど」

「I want to be… そうなりた…い」

その時だった。

風が吹いて彼の顔を覆っていた青いターバンが…少しめくれた。

彫刻のような、美しい横顔。

♪My heart beats faster

ああ、そうよ。あの人も、こんな美しい横顔だった。

もし、これが彼だったら、どんなに、よかっただろう。

あの日のことは、みんな嘘で夢で。彼はこうして砂漠で生きていてくれているならば……。

そう願わずにはいられなかった。

「I know the man who looks like you… あなたに似た人を知ってるの」

夕陽は、今にも落ちようとしていた。

ブルーマンは黙っていた。

「I love him so much … so much … 。その人を、とても、とても愛しているの…。とても深く」

愛していた、ではない。愛しているのだ。

これからもずっと…永遠に。

そう思ったら、もうたまらなく恋しくて、愛おしくて…また私は泣いた。

夕陽は地平線の向こうに沈んでいき、一番星が現れた。

すると、顔に巻いていたターバンを外して、彼が言った。

「これで、涙を」

……時間が止まる。……

大きな白い月が浮かぶ、紺色の空。

まだ少し明るい、広く高い空が2人の前に、果てしなく続いていた。

風が、吹く。

遠くに、星がまたたく。

少しずつ、その数が増えていくのを、ぼぉっと見つめた。

〝空って、こんなに大きかったの？〟

頭の中が、ぐるぐる回る。

〝ソラッテ、コンナニオオキカッタノ？〟

目を見開いたまま、その言葉だけが、繰り返し繰り返し、私の中でぐるぐるとLOOP LOOPして、ただ回り続けている。

立っているのが、やっとだ。

「ああ！　カミサマ…」生まれて初めて使った言葉が、心の中に生まれる。


神様。かみさま。お願いです。夢なら、どうか、覚めないで！

一度夕日が落ちた後、空はもっと、もっと赤く染まる。

世界が、スローモーションで…う、ご、い、て、い、る。

「空って…こんなに…大きかったの？」

震える小さな声でやっとのことで、つぶやく。

「そうだよ」

彼が、答えた。

えっ？　ニ、ホン、ゴ？

「……」

！！！！！！！！！

言葉が、出ない。

心臓が、ドックンドックンして、バクバクする。

マイハート　ビーツ　ファースター。

My heart beats faster.

まい、はーと…びーー…

「僕も、ここに来るまでは、忘れていたな。空がこんなに大きいことを」

……ああっ！　この、声！

「小さい頃、自然豊かな環境で育った僕は、森でターザンごっこや基地作りが好きだった。だから、大自然の中にいると安心するんだ。

でも、仕事を始めてからは、空を見る時間もなかった。

〝自由人〟で、いたかった。

僕自身として、あるがままの自分を生きて…魂を成長させて夢を持ち、いろんなことに挑戦して生きていきたかった。

〝表現者〟として…『想像力』をみんなに〝与える〟のではなく、心を込めて〝届ける〟仕事をしてきたつもりだ。

だけど。どんどんあまりに多くのものを抱え過ぎてしまって。

そこから出ることは不可能だって思い込んでいた。

〝♫知らんふりしてみないようにして〟

〝♫ずっとこのままでよいわけなんてあるはずもない〟

と思いつつね。

……日本にいた時の僕は、小さなカゴの中の小鳥だった。その中で必死に羽を羽ばたかせようとしてみたけど、どんなに頑張っても、その中では、飛べなかっ

た。

　だから、全ての重きを置いて、僕は翼を広げて、大空を飛びたかったんだ。

　今まで誰にも打ち明けたことないことだから、うまく説明できるかわからないけど、君ならわかってくれると信じて話すよ。

　〝誰も知らない言葉〟を、誰にも知られたくない言葉を、抱えてここに飛び込んだ僕を、地球の反対側まで探しに来てくれた君だから。

　僕が、顔つきも変わるほど、その役になりきれるのは…役を〝演じる〟のではなく、自分を空っぽにしてその人の人生や生き方全てを〝飲みこむ〟…からなんだ。100%その人になるまで。そこに僕自身の小さなかけらでも、残っている仕事はしたくなかった。

　OFFの時には無色透明の自分でいれば、仕事の時はON全開で、役に染まれば完璧な仕事ができた。

　でも、それは〝色を持つ生身の人間〟としては、危ないリスクも伴うやり方だったから、一人になると心が戻る場所がなくて、苦しくなって、お酒をたくさん飲んだ。

　ONでいる僕と、OFFの時の距離がどんどん広がっていき、その切り替えも難しくなっていった。

　〝ONになり何者かになって表現している時〟だけが、生きているように感じ、OFFの時は空っぽになり、その時間が長くなると、感情やエネルギーが動かなくなり気持ちが沈んだ。

　〝何か〟になってないと、消えそうな気がして怖かった。だから、体のことを考えた食事を作り食べた。好物のパスタや、そうめんや唐揚げやすき焼きだけでなく、体にいい、みょうがやプーアール茶や梅干しや納豆もたくさん取った。『〝無事〟…に30歳になれた』と誕生日に言ったのは、ブラックホールのような、そっちの世界に引っ張られ、魂を持っていかれないようにするために、必死だったから。

丁寧ないい仕事をして、みんなに喜んでもらうように本当に、本当に、頑張って夢に向かっていたんだ。しっかりと日本文化を身につけて、海外に羽ばたいていくために殺陣も英語も頑張った。3回目のローラも、ジェシーもやるつもり満々だったんだ。

でも、あの日。何が起きたのか、自分でもよくわからないのだけど…急に？だんだんに？何かがプツンと切れて。リセットする為には一度、今までの自分を脱ぐしかなくなってしまった。

でも。逃げたんじゃない。辛さから逃げたんじゃないんだ。ただ、ただ。

何かとてつもない大きな真っ黒な力に吸い寄せられるみたいに、すごい勢いで引っ張られていって…。

そこから先の記憶がないんだ。

僕の中の、光と闇のパズルが解けた時

そして、気がついたらここにいた。

何が何だか分からなくて。その時の僕は、〝戻る殻を無くした、むき出しのヤドカリ〟みたいに無防備で、不安で目が泳いでいたらしい。

そんな、フラフラな僕をたまたま、見かけたアブドゥルっていう少年が「僕も前、同じ目をしてたことがあったから」と言って、父さんと2人暮らしの家に連れていって、自分たちの分までコーリコーリ（食べて）とご飯をくれて、その晩は泊まらせてもらった。

そして次の日、魔女のおばばとかいう、老人のところに連れて行ってくれたんだ。

子供の頃、母は働いていたから、家に帰るといつも僕は一人だった。レゴでお城を作ったり、空想の世界の中で一人遊びをしていたから、魔女と聞いても驚かなかったし、本物に会えるかと思うとワクワクしたんだ。

〈大人になると、個々の名前を捨ててみんな同じムーシカという名前になるという、世界で一番平和な〝ムーシカの森〟〉を越えたところにその魔女の家は、立っていた。

古い傷だらけの重い木の扉をギーッと開けると、小さい痩せたおばあちゃんがいた。

そして、じーっと、僕の目を見てから、会ったこともない僕の手をしっかりと握ってこう言ったんだ。

『…おお！　よう…よう…来た、な。よう…きた。よう来た。

今まで、よーく…がんばってきたな。

だから、お前さんは…、

もう、〝何者にも〟ならんでいいんじゃ。

人の期待に応えようと、がんばることは、もうおやめ。

つまり…わかりやすく説明するとな…こう言うことじゃ。

お前さんの好きな花、向日葵《ひまわり》みたいに、生きてよかったんじゃ。

でもお前さんの生き方は、スノードロップみたいじゃったな。

たとえればな、『服』ってもんもな、一番身近な自己表現の手段じゃが…あんたの真面目すぎる性格と、正統派イケメンさは、崩したキャラの服や、いくら価値があっても地味なミッソーニのセーターは似合わんのじゃ。

〝本来の自分〟と違う自分になろうとしたことが、問題なのじゃ。

自信のないあんたは、自分に足りないものを埋めようとした故に、私服がちょいと…正直言えばまあ…かなりじゃな、イケテなかったのじゃ。

だが、お前さんのオーラに合う服を着れば、スンバラシク着こなせるし、あんたの持つ品の良さは、白いTシャツや、シンプルな白シャツを誰よりもクールに着こなせるはずじゃ。

世の人々の多くは、自分は地味な黒い鳥だと思い込み、七色の孔雀《くじゃく》の羽を付けようと必死になる。その方が価値があると、信じているからじゃ。

あんたは、幸か不幸かわからんが、元々美しい孔雀として生まれてきた。

じゃが、日本文化を深く愛し職人をリスペクトし、常に人を立てるような…あんたの謙虚な性格には光輝く羽は華やかすぎて、落ち着かなかったのじゃろうな。

だから、カラスにはカラスの、孔雀には孔雀の美しさがあるのに、あんたは、〝黒い渋い羽の方が味があり、価値がある〟と思い、わざわざ七色の羽を抜き、黒い羽を必死に体に埋め込み「黒い孔雀」になろうとしたのじゃろ？

でも、それは天に与えられた〝宝〟を否定することだ。それぞれの者には、それぞれ別の宝が、生まれる時に与えられるのじゃ。ある者はダンスの才能、ある者は絵を描く才能。ある者は文を書くチカラが。

〈自分を受け入れられないこと、自分に価値を見いだせないこと〉

その勘違いが、あんたの人生の〝ボタンの掛け違い〟の始まりだったのじゃ。お前さんは、そのままのお前さんのままで、完璧に素晴らしかったのじゃ。

自分とは違う〝他の誰か〟になろうとしたら、それは、苦しくなるし、全てを学びの対象にするのはやりすぎじゃ。

ホラ…アレ。『永遠に嫌い』というほどのカマキリのことを、漢字でか『蟷螂』と書ける必要はない。ナイ！　ナイナイ。

そこまで自分に厳しくするな。書くならその美しい横顔に似合う『薔薇』が書ければよろし。

ワシはな…セカホシでJUJUが、作ってくれたブーケを嬉しくてついついブルンブルン振りすぎて、ポヨンと花首を落として「オヨッ！」って驚いていた天然キャラのお前さんが、かわいくて愛おしくて大好きだ。

な？

……それとな、ちゃーんと、ワシはお前さんがどの役よりも一番楽しんだ、〝ローラ〟のことも知っとるよ。そう！スンバラシーあの、ローラじゃ！

髪をかきあげる一瞬の可愛さと美しさ、あれは、繊細なお前さんが、計算しつくして表現した美だ。

だが、お前さんは一つ大きなことを見落としておる。

あの美しさはな、計算だけでは、作れ

ん。

あれは…〈お前さんがやるから〉出来た。

お前さんが、人々に伝えてきたたくさんのありがとうの言葉や、優しさや気配りや、思いやり。その一つ一つがあの美しさに、全て生かされておる。

ローラの魅力は、計算を超えた本当の美だ。お前さんにしか表現出来ん、〝芸術とさえ言える美しさ〟なのだ。

純粋無垢で、人を敬い、努力家で、ひたむきな、おまえさんのローラだからこそ、あんなに人々が魅了されるのだ。

輝く自信と、あふれる母性と、強さとユーモアと、優しさと可愛さと華やかさ。あんなに全てが美しい女性は、世界中探してもローラ以外おらん。

ワシの若い頃より美しい人はローラだけさ。ははは」

そう言っておばばは僕をしっかりと、抱きしめて、よし、よし、よしよし、してくれた。

ここまで僕の闇と光をわかってくれたことで、今まで何回やっても解けなかったパズルが、やっと今、解けた気がした。

確かに、一番生き生き出来て楽しかったのは、ローラだったと思う。それは僕自身が、本当にローラという人に惹かれたから。

そして…〈もしローラが歳をとったら…きっと、このおばばみたいなおばあちゃんになったのだろうな〉と思った。

想いの光

それから、おばばはお茶を一口すすってから、言った。

『まあな…子役から芸能界に入ったあんたには〝子供時代〟が、なかったからな。人にどう、甘えていいか、頼っていいかもわからないまま過ごしてきたんじゃろ？

ずっと大人の中にいたから、良い子で礼儀正しく親切で、いつも笑顔で努力家の自分でないとダメだと思って頑張るしかなかったのじゃろうが。

でも、そこまで頑張らなくても、魂のきれいなお前さんは、十分いい子じゃったはず。ファンは、そこまで完璧の、あんたを求めてなかったと…ワシは…思うよ。

私服がちょっとイケテなくて、洗濯物を畳むのが嫌いで、結構うっかり屋で、すぐ驚くビビり屋で、仕事以外では、誰だかわからないほどに、気配さえ消す。

完璧なイケメンの割に、地味で不器用な所もあり、人に合わせるようで、こだわり屋で実はマイペースで頑固じゃろ？

あのな。〝自信がないから、完璧主義を目指す弱い自分〟を隠さずにさらけ出したとしても…、ファンのみんなは大きな手を広げてきっと、受け止めてくれたはずじゃ。

でも、いろいろ抱えすぎて身動きできなくなったお前さんは、あの日…。

いつの間にか重くなった着ぐるみを脱ぐしかなくなったのじゃな。あそこがもう、行き止まりだったのだろうな。…つらかったな。

だがな。みんなはそのことを、深く、深く、深く悲しみつつも、誰も…誰一人…お前さんを責めてはおらん。一度だって怒ったりしとらん。

ん？

こんなにも、深く自分が愛されていることを、お前さんは、本当に、心の底から知っていたかい？

それを…信じられていたかい？

今、お前さんを救ったのは、このワシじゃない。

ずっと、ずっと、ファンのみんなが送り続けてくれる〝#想いの光〟が、お前さんを救ってくれたんじゃ。

4500を超える、想いが詰まった光が……。

自分を見失い、ブラックホールに魂を飲み込まれたお前さんを…ここに、導き、蘇らせて連れてきてくれたのじゃ。

その温かく優しい光が、今までどれだけ、お前さんを支えて守って勇気づけてきたか、それはお前さんが一番よーくわかっていたはずじゃろう？

なのに、誰もが羨《うらや》む素敵な顔なのに〝顔で好きなのは、まつげだけ〟なんて、〝なんち!?〟じゃ！　お前さんは…何もわかっちゃおらん。


まず、お前さんは…お前さん自身を認めて、許して、そして受け入れてやらねばならん。

いいかい？　そこから始めるんじゃ。

思い出すがいい。

『天外者』と『銀魂2』のラストシーンのあの〝#想いの光〟を。

五代さんが、鴨太郎が、注がれた愛の詰まった〝想いの光〟を。

あんたは…、
何回も何回も何回も。作品の中で、魂を抱き締められる経験をしてきたはずじゃ。

仲間から。ファンから。

あんたの命は…お前さんの存在は…たくさんの人から求められ、愛されてきた。

もう一度、言うぞ。

あんた、はな…。

愛されて、おる。

みんな、みんな、みんな…、
お前さんのことが、たまらなく、大好きなんじゃ。

外からは、〝暴走してるように見えるファン〟もな、あんたのことが大好きすぎて、つい、いろんな表現をしとるだけなんじゃ。

なのに、あんただけが、自分自身を〝丸ごと〟は愛せなかった。

それが…ワシには…なんともな、痛々しく哀しい…。

みんなに愛されるのは、〝いい人〟の自分であり、
自分の演じる『役』で、

〝僕自身ではない〟…とあんたは思っていたのだろうな。

鴨太郎が子供の時に『もっと僕を見てくれ。もっと、僕を褒めてくれ』と思っていた同じ心の飢えが、お前さんの心の底にも、ずっと消えずに、こびりついたのだ。

あんたは〝自分は鴨太郎の要素はない〟と言ってたが、大ありじゃ。

……じゃがな。いいかい？

よく聞くのじゃ。

あんたは…ちゃんと、愛されていた。

みんなに見られ、褒められていただけではなく、あんたはな…まったく、本当に…魂丸ごと！　愛されていたんだよ。

役だけではない、役ではない、裸ん坊のそのままのあんたを、みんな、心から愛していたのじゃ。

鴨太郎も最後には、気づいたじゃろうが？

《地位や名誉や、自分を認めてくれる理解者でもない。

僕が欲しかったのは、とっくの昔にそこにあった。

僕は〝絆〟が欲しいだけだった》と。

お前さんの仕事仲間も友達も、ファンも、あんたとの〝絆〟を、彼らなりに、結んでくれておったと思う。

だから…、
今度は、あんたが…、
《自分との絆》をしっかりと、結んでやれ。

あんたが、〝ありのままの自分〟を認めて…愛してやれ。

ほれ、ぎゅーっと、あんた自身を抱き締めてあげてほしい。

そのためにあんたは、地球の反対側の、こんな所まで、はるばる来たんだからな』

真っ直ぐな、おばばの真実の言葉はひび割れて血が吹き出していた僕の心に深く深く深く…染みていった…。

そして…僕は両手で、痩せた自分の体を抱きしめた。

こんなふうに、自分を抱きしめたことは、今までなかった。

腕の中で、抱きしめられる自分を、僕は…初めて愛おしいと、思った。

僕の理想のダンスや殺陣《たて》や役を表現してくれた、この体を、心から愛おしいと思い感謝した。

第3部 死を超えて生きる人

……それから、僕はおばばに聞いた。

『なぜ、ここまで僕のことを、ご存知なのですか？』

すると、おばばは〈ついにそれを聞くかい？〉という顔をしてニヤッとした。

「〝今世《こんせい》〟って、わかるかい？

信じても、信じなくてもいいがな、命というものはな、輪廻《りんね》転生《てんせい》して、生まれ変わり、魂を成長させていくもんなんじゃが、今世、お前さんが、俳優になりこんなにも〝表現〟を極めたいと思った理由があるからじゃ。

お前さんは、過去世でルイトルシカという氷の国の王様、ロストルシカとして生きていた。

魔女として400年も生きとるワシはな、その時にな…ワシは彼と…うん…会っていた。

つまり…そのぉ…

彼と…恋をしていたのじゃ。

ロストルシカ、ロスは王としての立場もあり、想いの『表現』を制限される中で生きておった。

それに加えてな、氷の国では《言葉を話すと、美しい雪の結晶に変わり、その結晶を手で受け取り、耳に当てて初めて『言葉』に変わる》のじゃ。

が、氷の国以外の者の手は温かく雪の結晶に触ると、耳に当てる前にすぐに溶けてしまう。

だから、魔女のワシとロスは、深く愛し合いながらも、ただの一度も…会話を…交わすことはなかった。

どうしてもな、出来なかったのじゃ…

そしてな『命』というものはな、何度生まれ変わっても〝目〟だけは変わらん。

だから、お前さんの目を見てすぐにわかった。

〝ロスの生まれ変わり〟だと。

あんたの純粋な魂も、その長いラクダのようなまつげも、美しい横顔も佇《たたず》まいも、あの頃のままじゃ。

ワシら、魔女はな、風や空が友達でな。日本でのお前さんのことは時々、風に聞いていていて心配しとった。

だから風に頼んだ。『どうにもならなくなったら、砂漠においで』と彼の魂に伝えてと。

想いを伝える表現ができなくて、辛い想いをした過去世があったから、生まれ変わったら今度は〝表現者〟として生きよう、と強く思ったのだろう。

だから、お前さんはひたむきに〈表現すること〉を突き詰めて、いい作品を作ったはずじゃ。

それとな。真っ直ぐで誠実なだけではなく、不器用なところも、あの頃のままじゃったわい。

〝ロスの命の続き〟の、お前さんに、またこうして奇跡的に会えて、ワシは…今、とてもとても、嬉しい…。

これからは全てを超えて、自由の羽を羽ばたかせて、楽しく生きていって欲しい。

あ、言い忘れちょった！

〝ロストルシカ〟は、王をやめ、城を出てからは改名し〝ハルマン〟と名乗っていたようだ。

春マン…〈春の男〉。なんて、温かい優しい名前じゃろう。

だから、生まれ変わったお前さんは、人生の〝春〟を駆け抜ける馬〝春馬〟になったのじゃな。

じゃがな、人生は〝駆け抜ける〟もんじゃない。

ゆっくりでいいのじゃ。ゆっくり歩いて、そして幸せになれ。

ちょいと、お前さんの日本での生活ペースは早すぎたからな。ここらで、Uターンするがいいさ。

ああ、今日は素敵な日だ。

〝春の男〟が〝春の馬〟に乗り、#想いの光に導かれて…はるばる、砂漠へワシに会いにきてくれたんじゃな！

ははは、グレイトじゃ！　ワシは嬉しくてたまらんっ！

〝季節の中で春だけが苦手〟なんて、もう言うもんじゃない。

自分の名前の季節じゃ。大切に愛してやるんじゃ。な？

……さて。さて。今のお前さんだから、できることがあるはずじゃ。

もう、わかったじゃろう？

日本では〝完璧主義〟で、〝ありのままの自分を受け入れられなかった〟お前さんだが、今はローラの《ありのままの自分を愛せ》のメッセージをもう一度、真っ直ぐに世の中に伝える使命が、お前さんにはある。

それは、おまえさんをずっと想い続けてくれている、ファンへのお礼にもなる。

だから…ワシは、お前さんを敬意を込めてこう呼ぶよ。

《#死を超えて生きる人》とね。

2020年の7月18日は…〝悲しい終わりの日〟ではなく、お前さんとファンの〝新たな誕生日〟だ。

〈新しい使命を伝えるために、生まれ変わった日〉だ。

さあ、おゆき。

もう、何も心配はいらん。

こんな時、五代サンならこう言うのじゃろ？

『イッツ パーフェクトじゃあー!!!』

\(^o^)/

おばばは、大声でワハワハ笑った。

願っていたわ、これはジェシーのトリックだと

僕はいつも、自分に満足できなくて〝ねばならない〟の呪いにかかっていた。

鴨太郎が言ってたように、欲しかったものは、もうこの手の中にあったんだ。

それを知り《僕自身でいること》を初めて自分に許せた気がする。

なんの役も演じない、何者でもない自分に、やっと戻れた気がするよ。戻ってもいいと思えたんだ。

砂漠での暮らしはね、いろんなものがくすまずに真っ直ぐに見えるんだ。

僕の魂も心も体も、解放されて〈みんながどんなに、僕を想ってくれていたか〉に気づいたんだ。

だから、ファンのみんなに伝えたい。

〈あの日のことは、悲しませて本当に本当に、ごめんなさい。心配かけてごめんね。

でも今、僕は砂漠で、こんなにも自由で幸せに生きています。安心して下さい。ずっと見守っていてくれて、ありがとうございます。

ここでは、僕は〝ハルマン〟と呼ばれて、毎日を楽しく笑いながら生きています〉と。

僕は以前、しいたけさんという占い師さんから「君のルーツは1400年前アラブの部族の長《おさ》で、最終的に自分で決断する人」と言われたけど、ここに来てみたら、それは本当だった気がしたんだ。

ここにいると、とても落ち着いて、懐かしい気持ちになるから。心の故郷に戻ってきた、っていう気がするのかもしれないね。

だから、おばばが言ってたように…僕の前世が、ロストルシカという王様だったということも、しっくりきたんだよ。

そして、そういえば『死ぬ様な体験してから、また生まれ変わる』とも言われたっけ。それも、本当に当たっていたなあ、と思うんだ」

そして…彼は自分が着ていたブルーの服を私の肩にかけてくれて「寒いだろう？ 砂漠は陽が沈むと、一気に気温が下がるからね。夜は昼間より40度も下がるんだ。さあ、彼に乗って帰ろう。僕の友達のキャメルンだよ」

と言って、そばでおとなしく座って待っていたラクダの少年に「オッチオッチ」と声をかけ、長い前足を折って座らせると、私をひょいと抱き抱えて、その背中に座らせた。

彼と同じ長いまつげのキャメルンの背中は、思っていたよりずっと高かったけど、彼が手綱《たづな》を引いてくれているから怖くない。

彼がそばにいてくれるなら、なんだっ

てできる気がした。

　このまま、月にだって、どこの国にだって歩いて行ける気がした。

　空を見上げると星が空いっぱいに、びっしりと瞬いていた。

　上も右も左も空の全てに、星がこれでもか、とあふれている。

　ミルキーウェイ（天の川）も太く白くはっきり見えて「ミルク、たくさんこぼれてるね！　空には、こんなにたくさんの星があったことを僕たちは、一生知らずに終わるところだったね。アブナイ、アブナイ」と今まで見たことない笑顔で、彼は笑った。

　夢みたいだ。ほっぺをつねる。「ねえ、これ、って、夢じゃないよね？　ほんとのほんと？」

　ラクダに揺られながら、聞く私。

「僕を誰だと思っているの？　あの、天才恋愛詐欺師、ジェシーをやった僕だよ！　そう。全ては、ジェシーが仕込んだことなんだ。悪いと思いつつ、もう本当に本当に、あの時はそうするしか道がなかったんだ。あの日の夜にコンフィデンスマンのテレビ放送があったよね？

　映画の冒頭の言葉の《目に見えることが真実とは、限らない》。

　あれで、ファンのみんなには、ジェシーがやったって気づいてほしいと思ってた。

　だってさ、〝これから僕、サハラで、暮らします〟なんて言っても、誰も許してなんてくれないでしょ？　『オイオイオイっ！』って、言われちゃうでしょう？」

　と、いたずらっぽく憎めないジェシーのウインクをしてみせた。

　彼が笑って元気でいてくれたらもう、それだけでいい。だましてくれてありがとうだ。

　実際、どんなに《ジェシーの仕組んだトリック》だと信じたかったことか。願ったその夢が、今、現実になって目の前にあるのだ。

　日本から遠く離れたこの砂漠の風景が、現実感を全く感じさせないけれど、私はこうしてラクダに揺られ満天の星の下を歩いていて、その手綱を引いているのは、まさに、その人なのだ！

　〝♫月の砂漠をはるばると、旅のラクダが行きました♫〟の歌の世界に今、私は彼と2人だけでいるのだ。

　ひゃっほー!!

　もし万が一、これが夢でも、今この瞬間、私は世界一の幸せ者だ。

「僕ね、ここに来た時、情けないほど自

分が〝生きる基本〟を出来ないことを知ったんだ。

木のテントを立てることも、明日の天気を知ることも、太陽や星の位置を見て旅することも、食うためにニワトリ一羽しめることも、タジンの熱い肉を手でちぎることすらもね。

自然の中で無力な僕に、みんなが色々教えてくれたんだ。

僕は日本でいろんな料理をしたけどね。この砂漠では、スパイスは毎回変えるけどタジンという日本の肉じゃがみたいなものだけを1日中食べるんだ。

肉はクセがない美味しいラムで、生活が満ち足りているとずっと同じものを食べても飽きたりはしない。

それから、1日に6回も7回も、砂糖と生のミントの葉を山ほど入れたミントティーを飲むけど、それは高いところからカップ目指して注ぐんだよ。

あとね、風が強い砂漠では洗濯物はどうやって干すと思う?」

「石で押さえるの?」

「いや、なんと砂の中に洗濯物を埋めるんだよ。砂は油分を吸うから鍋も砂でこするし、水分を吸ってくれて、アイロン代わりにもなるんだ。パンも砂の中で焼くしね。こっちでは、砂は〝万能の魔法の道具〟なんだよ。あ! 洗濯物が乾いたら、ポケットの中に入ってる砂は、パンパン叩いて出すけどね。ははは」

「♪ラララ ウリッタ。ラララ ウリッテイ。ドロップトニイヤブ、カエンティ。タイエントリーヤ モエンテイ♪」

サハラの歌を低く響く声で歌いながら星空の下を歩く、彼の凛とした美しい姿は、まるで映画のワンシーンを見るようだった。

彼に、こんなにも砂漠の風景が似合うって、みんなに教えてあげたいわ。

この風景は、一生の宝物として目にしっかりと焼き付けよう。

信じれば、それが真実…
(コンフィデンスマンJPプリンセス編より)


「明日、起きたら井戸に案内するよ。〝星の読み方〟も覚えたから、教えてあげるね。

これからは2人で料理して洗濯して、ミントティーを飲みながら朝日を迎えて、夕陽を見送って、砂丘の上に寝っ転がりその日のことをゆっくりと話すんだ。当たり前のことを当たり前に丁寧に生きていきたい。

おばばに、風と話せることを習ったから、外の世界のことは、ニュースではなく、風から教えてもらっているんだ。

君のことも、風から聞いた。どれだけ僕を想ってくれていたか。

でも、大丈夫。僕はずっとここにいる。もう、どこにも行かない。僕たちは自由という大きな風の中で深く息を吸い、笑い合い語り合い、時にはケンカしても、共にここで生きていくんだ。手を取り合って歩いていきたい。

ありがとう。僕を見つけてくれて。

ありがとう。愛しき人よ。ありがとう。

変わらぬ想いを。

僕という存在が、世界から、いなくなったりしないと信じてくれて、嬉しいよ。

一度自分自身からリセットした後で、君を迎えたかった。

だから、僕は風に頼んだ。愛しき人をここに連れてきて欲しいと。君は風に乗った僕の心の声を聞き、探しに来てくれた。

君が砂丘に座ってる姿を見つけた時、僕がどんなに嬉しかったかわかるかい？

心の中で僕は思った。

『やっと見つけた』

君は僕が、ずっとずっと探し続けていたお花❀なんだ。

よく聞いて欲しい。

《命は、決して終わらない》

魂というものは、命というものはね。時を超えて、掟を超えて、全ての縛りを超えて、ずっとずっと生き続けていくものなんだよ。

ロストルシカと、ハルマンの前世からの魂が、ずっと僕の中で生き続けていたように、この僕も、決して消えたりしないんだ。

誰が否定しようがかまわない。

〝僕はずっと君と共にいる。〟

君の中で、生きている。

だから、いいかい？

君は、君の命をしっかりと生きて欲しい。

僕と共に生き続けて欲しいんだ。僕たちは、ずっとずっと一緒だよ。

君の命の中で、

君の命と共に、

僕を愛し続けて欲しい。

君を心から愛している。

今までも。

そして、これからも。

愛している。

愛している。

愛している。

生まれてきて、よかった。

永遠の愛を、君に捧げる。

…ありったけの愛と祈りを込めて…。

インシャラー

答えは、風に吹かれている。

《シンジレバ　ソレガ　シンジツ》　fin

空羽《くう》ファティマ☆

【あとがき】

全て架空の話、だと軽すぎるから現実と空想をミックスさせるために、実際に私が20代、サハラ砂漠で現地の民と暮らし人生観が大きく変わった経験を散りばめた。

〝人生には必要なことしか起こらない〟と思っているが、まさか、こんな形でモロッコ体験が時を超えて役に立つとは！なんでも経験しておくものである。

〝日本から、なるべく離れた現実感のない舞台〟にサハラ砂漠はうってつけだったでしょう？

実は私のペンネーム、空羽《くう》ファティマのfatimaも、ブルーマンにつけてもらった〝恵みの手〟という意味の名前。

その手から紡いだ創作物語が、傷ついたあなたの心を温かく包みますように。

【素敵なおまけ♡】

《◆特集号　特別企画》として、このストーリーに寄り添ったオリジナルの音楽をスタッフのもっこが作曲、演奏し、作者の私が心を込めて読んだ朗読と合わせた音源を配信します。

空羽ファティマ☆

かんざしかんこ物語
――『天外者』に寄せて

もっこ［キャメルングループ］

以下に掲載するのは、海扉アラジンさんの切り絵の着色を行うなどしていたもっこさんが『天外者』に登場した「かんざし」からイメージして描いたマンガだ。もともとは100コマを超える長大なストーリーだったが、ページの都合で短くした。

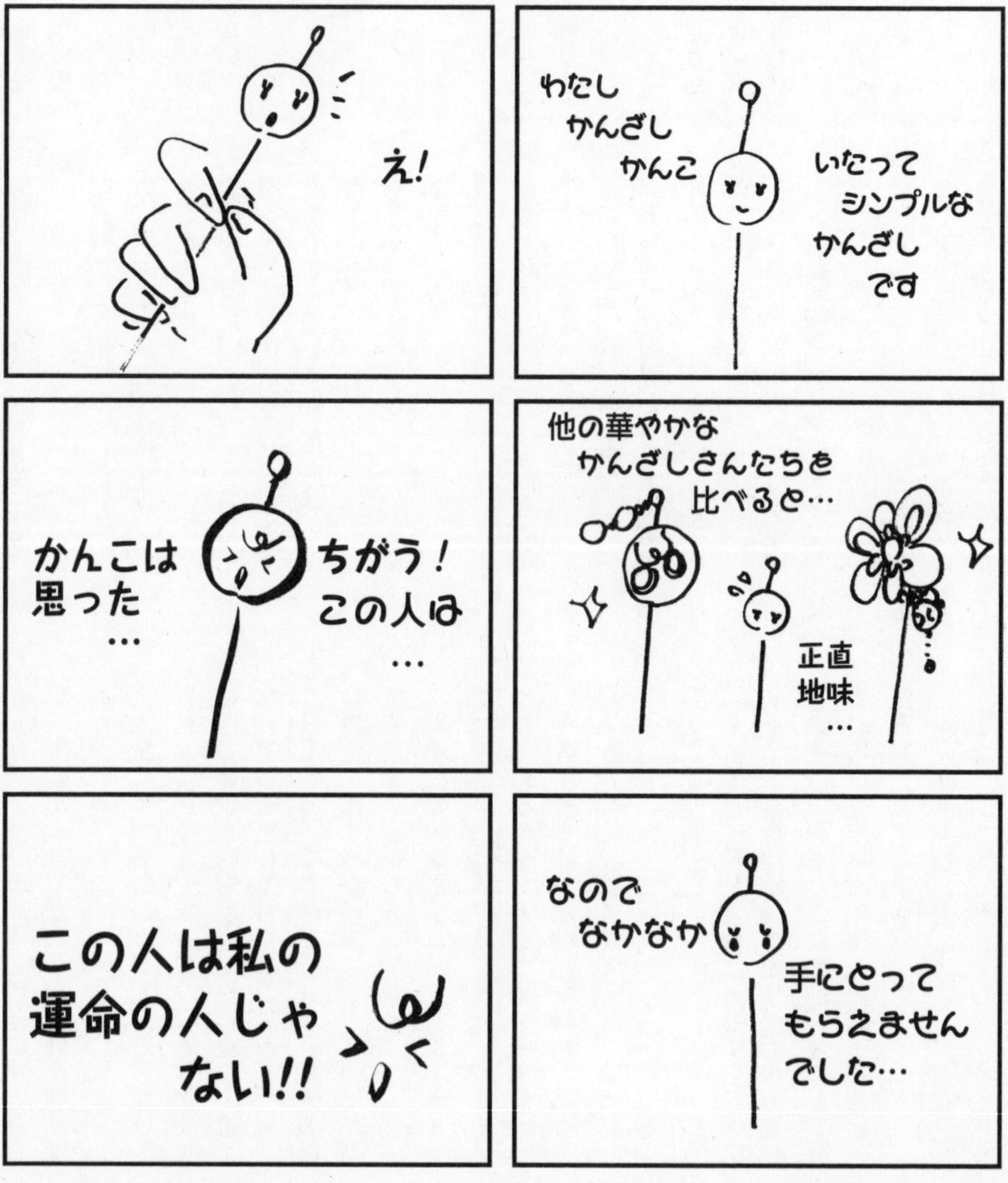
わたし
かんざし
かんこ
いたって
シンプルな
かんざし
です
他の華やかな
かんざしさんたちを
比べると…
正直
地味
…
なので
なかなか
手にとって
もらえません
でした…
え!
かんこは
思った
…
ちがう！
この人は
…
この人は私の
運命の人じゃ
ない!!

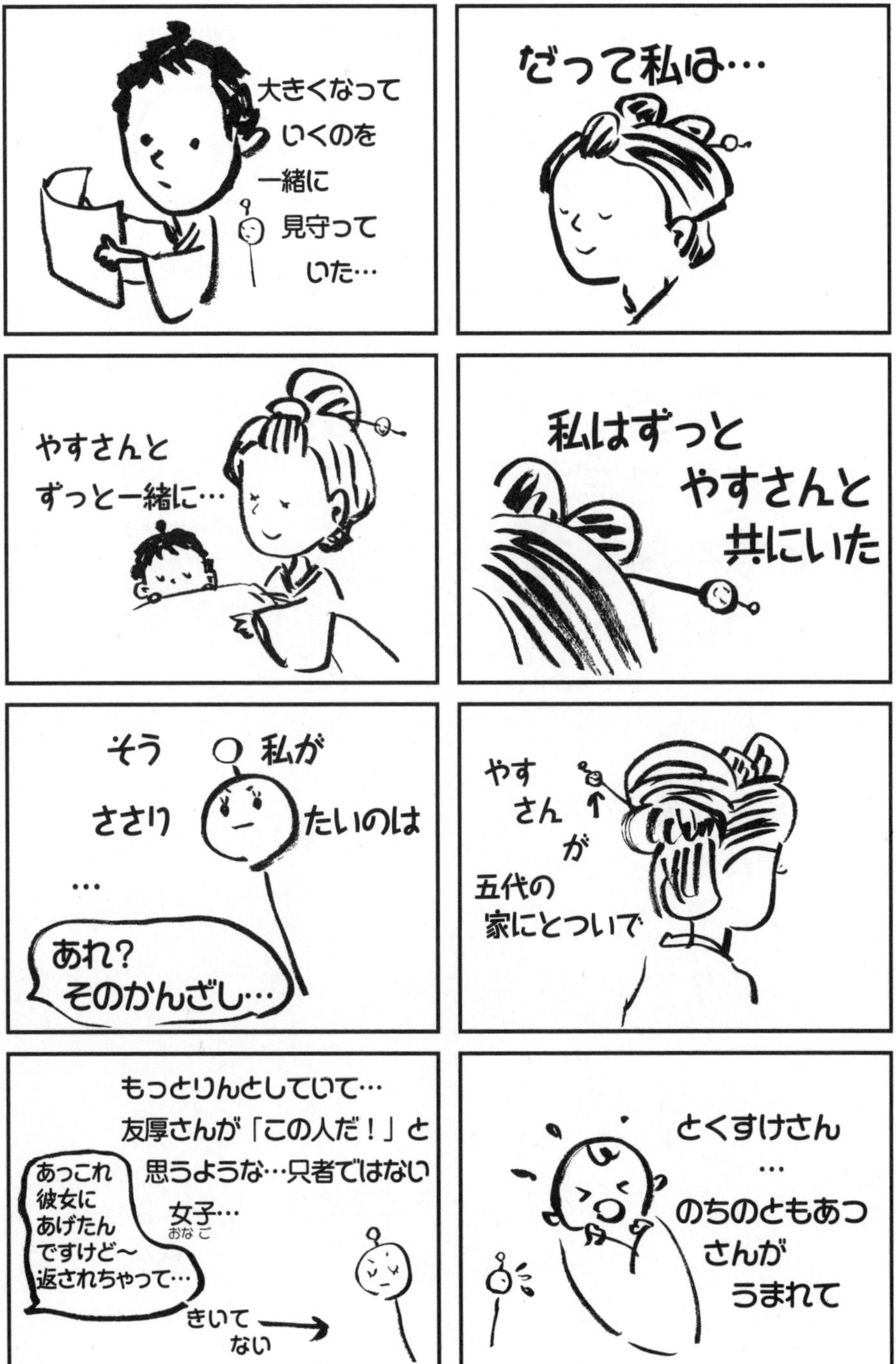
だって私は…
私はずっと
やすさんと
共にいた
やす
さん
が
五代の
家にとついで
とくすけさん
…
のちのともあつ
さんが
うまれて
大きくなって
いくのを
一緒に
見守って
いた…
やすさんと
ずっと一緒に…
そう
私が
ささり
たいのは
…
あれ？
そのかんざし…
もっとりんとしていて…
友厚さんが「この人だ！」と
思うような…只者ではない
女子《おなご》…
あっこれ
彼女に
あげたん
ですけど〜
返されちゃって…
きいて
ない

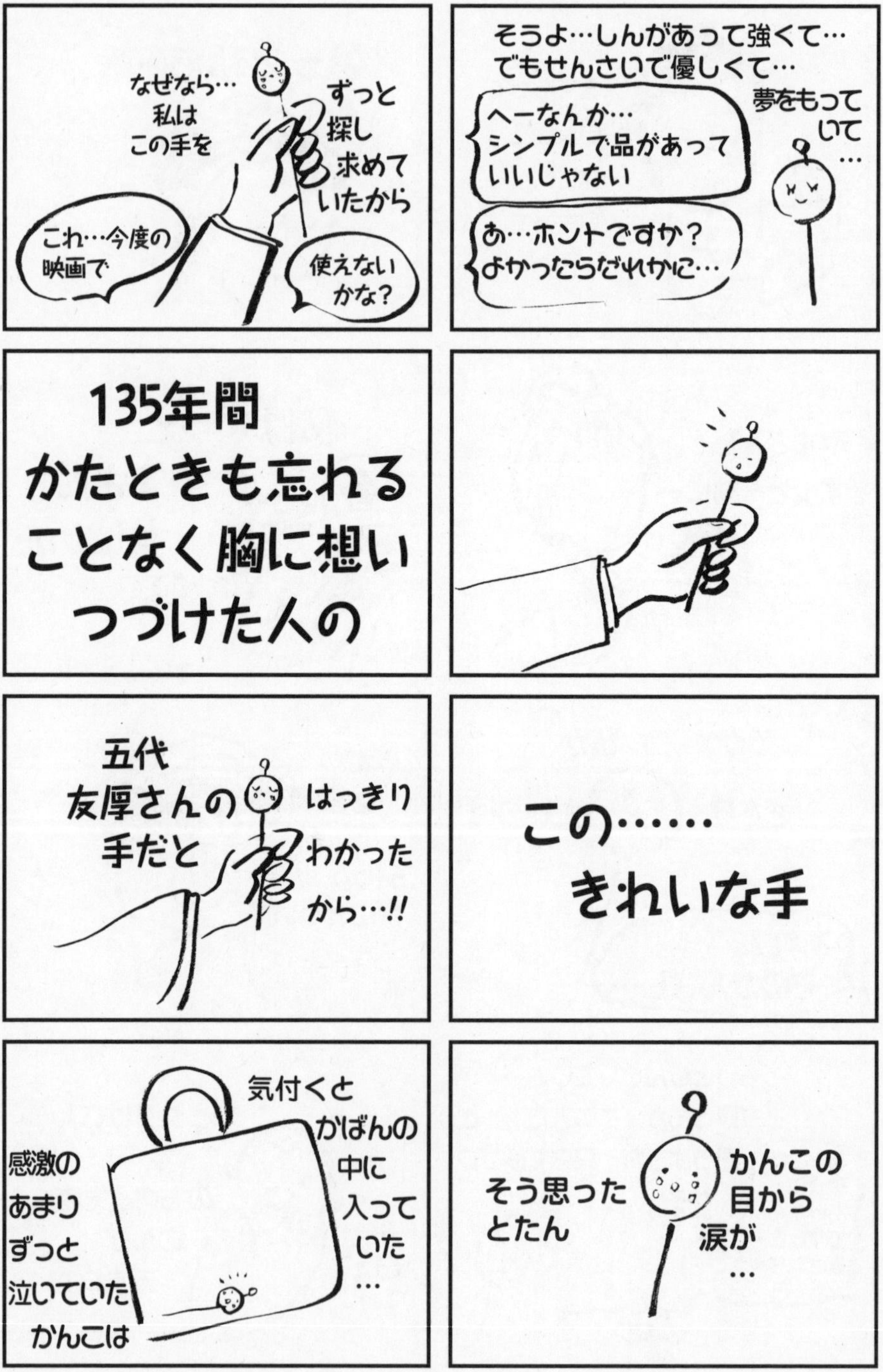
夢をもっていて…
そうよ…しんがあって強くて…でもせんさいで優しくて…
へーなんか…シンプルで品があっていいじゃない
あ…ホントですか？よかったらだれかに…
この……
きれいな手
かんこの目から涙が…
そう思ったとたん
ずっと探し求めていたから
なぜなら…私はこの手を
使えないかな？
これ…今度の映画で
135年間かたときも忘れることなく胸に想いつづけた人の
はっきりわかったから…!!
五代友厚さんの手だと
気付くとかばんの中に入っていた…
感激のあまりずっと泣いていたかんこは

私としたことが
この方のお顔を
拝見できなかったわ！
一体どんな方
なんだろう…
今からお仕事なのね
…
大変だわ
監督、
実は
ちょっと
いいものをみつけて…
このかんざし
なんです
けど
へぇ〜
わ!!
シンプルなんですけど
なんか
いいなって
ど…どんな
方なのか…!!
お顔が
みたい
いいい
ほ〜。
でもちょっと
地味すぎる
気もしないか？
お…
お顔!!
いや…なんというか
不思議にひかれ
たんですよね…
このコに
すごく古い
ものみたい
なんですが
こ…
このコ…
恥ずかしいんですが、
このコが手にとって
ほしそうな感じが
したというか
おおお…
伝わってる…

教えて下さい!!
あの私をつれてきて
下さった方は
どなた!?　五代さま
ではないのですか!!
「ぽい」ってど～ゆう
ことですの!?
わたわたわたしは…
ごだいしゃま
だとよ
おもおも
おもって
…
うん…あのね…説明すると
ここは映画をとる
ところなのね
はぁ…
はぁ…
大きい
声…
ちょっと
息が…
出してたから…
うん…で…
何の映画かって
いうと、…なんと!!
ちょっと…
お水
…
あの!!
五代
…ん?
おぉお…
なるほどねぇ…
確かに五代さんの
選びそうな
ものだな
……お？
ですよね！
僕も「五代ぽい」
と思ったんです！
え？この方は
五代様じゃないの？
きみ、新入り?
えっ!?
あ…
あなたは!?
おいらは…はんかち。
藍でそまった
はんかちの
「はん」
はぁ～…
はんかちさん
ですのね
びっくりした…

はぁ～
すみません
やっと
おちつき
ましたわ
はい
すみません
おねがいします
つまりね 今…五代友厚さんの映画
の撮影してて
あなたは五代
役の役者さん
に拾われたわけ
です
で、その役者さん
が
え、
えいが～!?
五代さまが!?
あっ!!
はんさんが
とんでしまわれた!!
だって五代様の映画が
みられるなんてきいたら
つい
いや…
みられるっていうか
君もでるよ？
…………
え？
あなたはね…もう
フツウのかんざしじゃないの
女優 なのよ
じょゆ
あ、こんな
ところに
かんざし
あった!!

大丈夫よ
かんこ…
自分を
信じて!
あなたは
五代様に
選ばれた
おなご…!!
よ〜い…
ハイ!
絶対に立派な
仕事ができ…
……!!
あ…あなたが…
私を
選んで
下さった
五代様
ですのね
…!!
この…まっすぐで
優しくて…日本の未来を
みつめる
眼差し…
まちがいない
うううう!?
監督
ありましたぁ!
はい、
いってらっしゃ〜い
はい
台本の横
おいといて!
あわわわわたしゃ
女優…!?
かんこはいきなり
覚悟をきめた。
いえ…もう、しのごの
いってる場合では
ないのだわ!!
私は女優…
もう普通のかんざし
ではないのよ!!!
はい、じゃ
かんざしもってきて!
きた!!
はい、

やっと
あなたに
出会えた
…
この方は五代様の
魂を受け継いだ方
…!!
五代様の
大切な
女《ひと》
に
五代様の
生まれ変わりに
ちがいない!!
次のシーン…
ここが私の
見せ場
はっ!
みとれている
場合では
ないわ!!
もう
映画は
はじまって
いるよ!!
はるさんが
五代様を
思う気持ちを
彼女は
言葉にできない
そう…いよいよ
私がさささる
運命のお相手

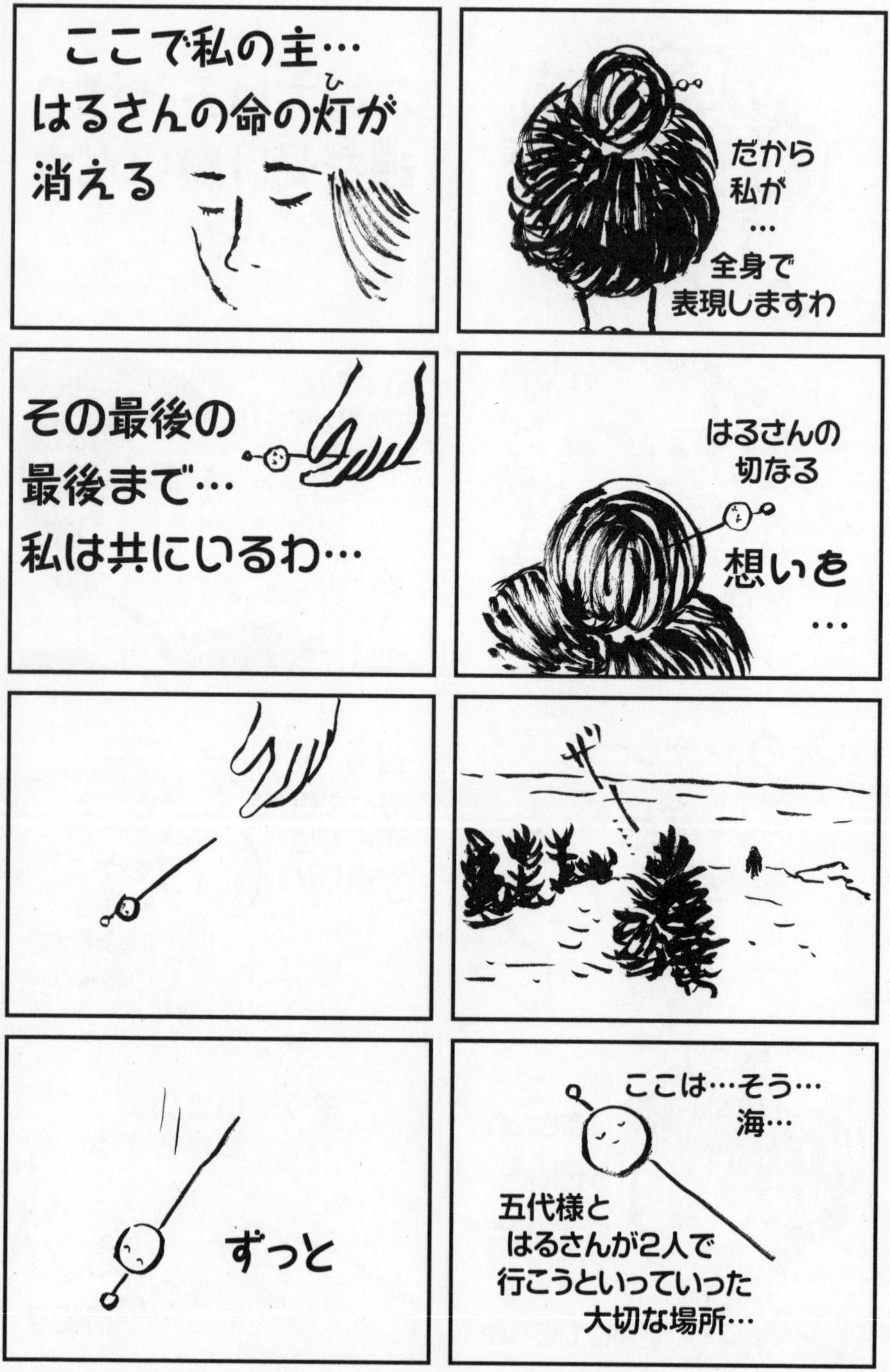
ここで私の主…
はるさんの命の灯《ひ》が
消える
だから
私が
…
全身で
表現しますわ
その最後の
最後まで…
私は共にいるわ…
はるさんの
切なる
想いを
…
ザ
ずっと
ここは…そう…
海…
五代様と
はるさんが2人で
行こうといっていった
大切な場所…

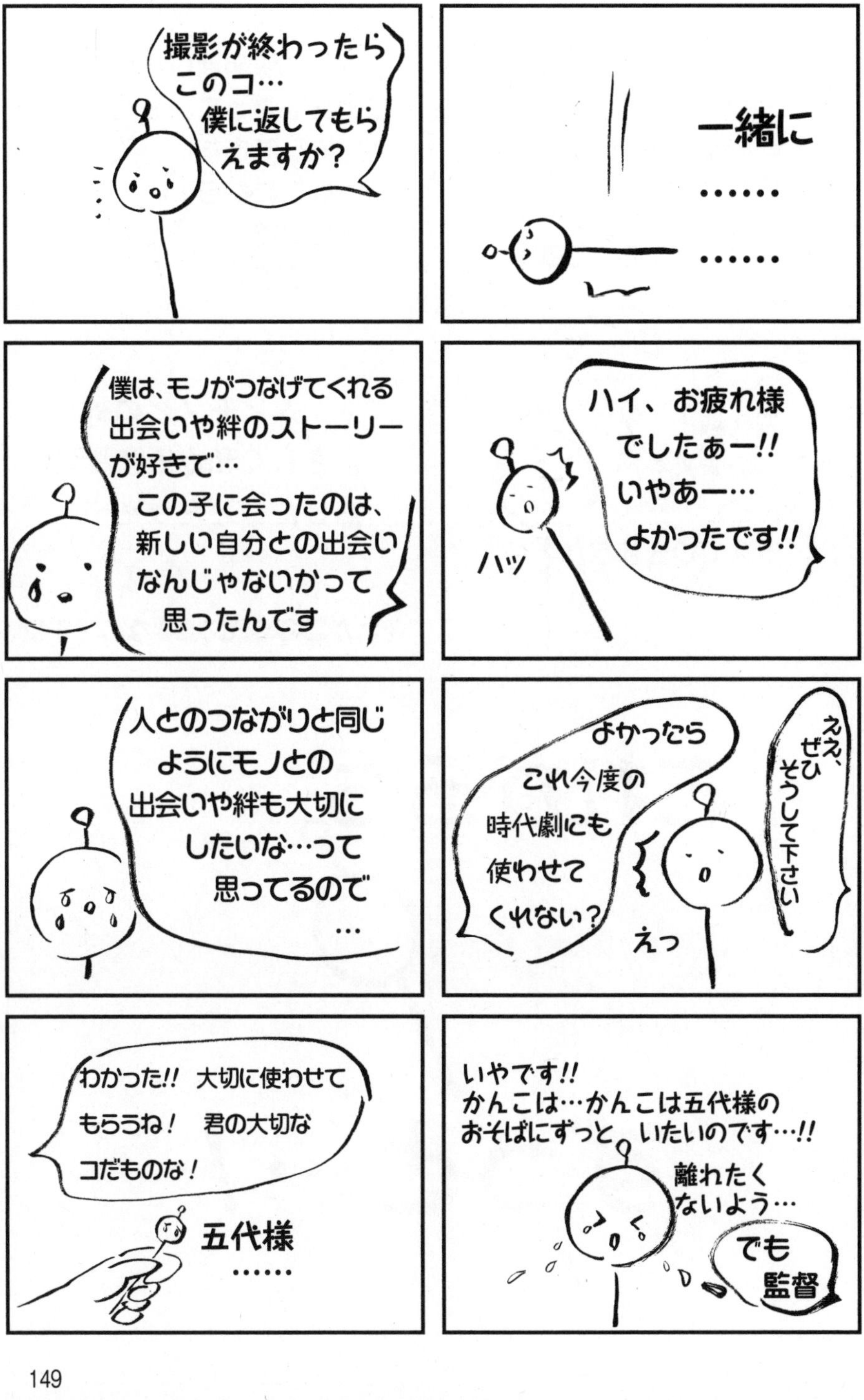
一緒に
……
……
ハイ、お疲れ様でしたぁー!!いやあー…よかったです!!
ハッ
よかったらこれ今度の時代劇にも使わせてくれない?
えっ
ええ、ぜひそうして下さい
いやです!!かんこは…かんこは五代様のおそばにずっといたいのです…!!
離れたくないよう…
でも監督
撮影が終わったらこのコ…僕に返してもらえますか?
僕は、モノがつなげてくれる出会いや絆のストーリーが好きで…この子に会ったのは、新しい自分との出会いなんじゃないかって思ったんです
人とのつながりと同じようにモノとの出会いや絆も大切にしたいな…って思ってるので…
わかった!! 大切に使わせてもらうね! 君の大切なコだものな!
五代様……

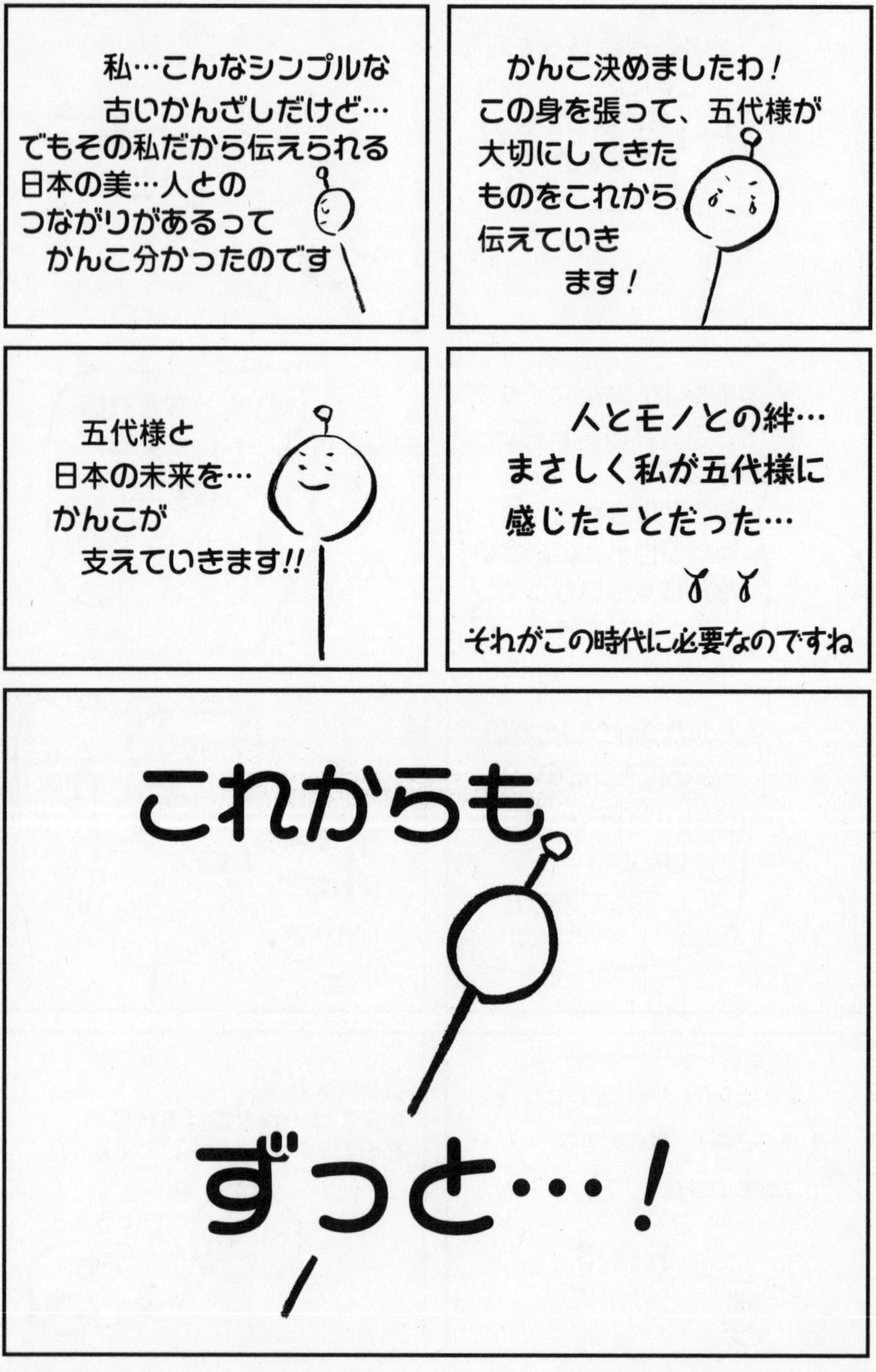
私…こんなシンプルな
古いかんざしだけど…
でもその私だから伝えられる
日本の美…人との
つながりがあるって
かんこ分かったのです
かんこ決めましたわ！
この身を張って、五代様が
大切にしてきた
ものをこれから
伝えていき
ます！
五代様と
日本の未来を…
かんこが
支えていきます!!
人とモノとの絆…
まさしく私が五代様に
感じたことだった…
それがこの時代に必要なのですね
これからも
ずっと…！

第3章

三浦春馬さんのファンたちの声

編集部に寄せられた投稿を紹介！

三浦春馬さんの死をめぐる多くの女性たちの悲痛な声

三浦春馬さんの「死」をめぐる特集を掲載するようになって毎月たくさんの読者からのメールや手紙が届くようになった。紙幅の都合で一部のみになるが、誌面で紹介していくことにした。

月刊『創』で2020年秋から三浦春馬さんの死をめぐる特集を掲載して、編集部にはたくさんのメールや手紙が届くようになった。ほぼ100％女性だ。毎月それらの投稿を掲載していくと、三浦さんの死に衝撃を受け、そこから抜け出せないという人たちが、それは自分だけでないことを知って救われたと、さらに多くの投稿が届くようになった。編集部に電話をかけてきて話しながら泣き出す人も何人もいた。

単に三浦さんの思い出を語るだけでなく、それをきっかけに自分の人生を振りかえってみたという人が多い。年齢的には、子どもが成長して独立し、自分自身の生き方を考える時期に達した人たちだ。

以下それらの投稿を掲載する。毎月掲載していると、月日が経って少しずつ落ち着いたという人も出てきている。掲載順は概ね、メールや手紙が届いた順にした。

あの日から何も手につかず時も止まったままです

【『創』20年11月号・12月号掲載】

●私、三浦春馬さんの大ファンでした。

もちろん今も…ですが、あの日から何も

手につかず、時が止まったままです。ショックが大きく、食欲もなく、病院こそ行ってませんが、うつ病の一歩手前だと思います。

それなのに、報道規制なのか、知りたいことは殆どなにもわかりません。当日の詳しい状況も、病気があったならその経過等も…。憶測記事ばかりが横行して、真実がどこにあるのかわかりません。置いてきぼりなのです（涙）。普通なら、もうとっくに事務所から、春馬さんのことをきちんと発表するべきなのです。待っててもなにも出てきません……。

当日、彼を発見したマネージャーの心の声を聞きたいです。社会の為にも、我々ファンの為にも彼の通院歴、病状等について、できる範囲で真実を教えて頂きたいのです。

うつ病はとてもつらい病気です。もし、うつ病だったなら、そんな状態が数年続いていたことを、誰一人知らない筈はありません。又、言われてるような家族の問題があったならそれを見て見ぬふりできるような事務所じゃダメだと思います。繊細な彼に寄り添って、手を差しのべられたのではないでしょうか？（涙）

私が一番知りたいのは、やはり通院歴、病状です。病院に行ってなかったのか？行って、投薬してもらっていてもこういうことになってしまうのか？…春馬さんのお顔から推測するに、そんなにお酒や薬のダメージが出ているようには見えないのです。なんでも個人情報だから…で片付けてはいけないと思います。これでは、精神を病んでる方の本当の辛さもわかりません。

長々申し訳ありません。この問題を取り上げてくださり、嬉しかったです。

本当にありがとうございました。真実が少しでもわからないと、このモヤモヤをずっと引きずって行くことになります。どうか今後とも取材を続けて、発信して頂きたいと思います。（匿名）

大変ショックで、まだ受け入れられていない

●自分は三浦さんが出演なさる番組を観る程度で、熱烈なファンではありませんが、今回の件は大変、衝撃でショックを受けており、まだまだ受け入れられない状態です。

まず、自殺という判断と手段までも報道する早さと規制の無さ。過去の自殺報道と比べて違和感、疑問でした。そして早急な密葬。その後の報道で時系列と当日の経緯の相違…のちに事務所から報道陣に対して誓約書の存在、防犯カメラの存在無視（不審者の出入り）、病院関係者の証言、契約更新日、某団体など憶測が飛び交い、他殺説まで出るネット情報。

情報の曖昧さを放置のため、皆さん、心のやり場がないのでしょう。報道規制と恐らく芸能事務所との関係、忖度《そんたく》から各局、触れないと自分は感じます。その中、今回、このような疑問を呈しての記事をあげていただき、勇気ある行動に感謝致します。

皆の気持ちを代弁し、公開していただきありがとうございます。もし、鬱《うつ》だったとしたら事務所は何かしらの手立て、フォローするべきです。救えた命ではなかったのか。身内でなくても見殺しにさ

れたと感じます。

一般人の自分は非力ですが、何か出来なかったのかと後悔と哀しさでいっぱいです。俳優さんは商品ではなく、人間です。人の命が散りました。事務所の三浦春馬さんに対するマネジメント、待遇を疑います。ただ、ただ、彼の功績と死を無駄にしないで欲しい。16年の年月。彼の心の内を明らかにしてほしいのではありません。事務所は大切な仲間と言うならば、功労者である彼をしっかり労《ねぎら》い、偲《しの》び、送り出していただきたいです。CDや本の収益の行方。一部上場企業の責任。新たな悲劇をうまないためにも。

一般人の自分では発信力がなく、篠田様のお力をお借り出来れば幸いです。よろしくお願い致します。（匿名）

現在も春馬さんを思い涙ぐむ毎日

●突然のメール送信をお許しくださいませ。また素人ゆえ、多少ご理解いただきづらい文章となっておりますこと重ねてお許しくださいませ。
『創』の記事を拝読し、三浦春馬さんの急逝後、私の中でずっとザワザワとした思いをやっとジャーナリストの方が記事として載せてくださったと、非常に救われた思いがいたしました。本当にありがとうございます。

私も彼の大ファンだったというわけでもない者です。たまたま画面に三浦春馬さんが出ておられたら、美しいだけでなく言葉の選び方や周りへの気遣いなど「とても感じの良い青年だな」と好感を持って視聴いたしておりました。

「世界はほしいモノにあふれてる」は仕事関係でチェックしたことをきっかけに、上質な内容とMCお二人の絶妙なやりとりが前に出過ぎず引き過ぎず、絶妙なバランスで表現されていたのが心地良く好きになった番組です。

そこでの三浦春馬さんは上品でチャーミングで、そして時折やんちゃで、それでもちゃんとご自分の考えや感じたことをとても美しい日本語で丁寧にお話されていたのが印象的でした。

「せかほし」での三浦春馬さんが私はとても好きだったようです。と、言いますのは亡くなられてから私自身が衝撃と悲しみから抜け出せず2カ月近く経った現在も常に春馬さんのことを思い、涙ぐむ毎日となってしまったからです。

衝撃の出来事と予期せぬ自分の状況に混乱しながらもどんどん春馬さんにのめり込んでしまい、考えて考えて考え過ぎて動悸《どうき》が激しくなったり、春馬さんは最後にあの美しい澄んだ瞳にいったい何を映したのかと自宅のクローゼットを開け、紐を首にあててみたりしてハッと現実に戻り、いよいよ自分の行動が怖くなっております。

三浦春馬さんの一部を掲げさせていただきましたが、このような責任感も人一倍お持ちの方が7月18日の仕事が入っている日に逝ってしまわれたのはなぜでしょうか？　わかりません。それなら「もういい」と絶望した要因は何だったと考えられるのでしょうか？

是非とも真実を究明していただいて、今後同じような犠牲者を出さないようにしていただきたく存じます。是非悲しみの闇に彷徨《さまよ》える私達をお救いくださいませ。そして私達にできることがあれば是非お声をあげてください。切にお願い申し上げます。（匿名）

友人も皆、春馬さんの話ばかりです

●今、春馬さんのことの反響が凄く大きいと思います。私の友人も皆、彼の話ばかりです、男女問わず…。

うつ病だったなら、あんなに精力的に仕事ができるものなのでしょうか？ 大型バイクの免許も取られていたとか…。前日、前々日の落ち着いた語り口、笑顔に謎は深まるばかりなのです…。

発作的になら、そんなこと絶対に起こさせないように、大切な人を守らないといけないです。できるなら、専門家に分析して貰いたいくらいです。このまま風化させたくないと強く思っています。

ネットニュースに、いつまで春馬さんのことが出るか… 新しい情報を目にしても辛いし、でも、出なくなってしまうことが一番悲しいです。

自分はいつまでも引きずって、大人気ないのかもしれませんけど…そろそろ2カ月経つのに気持ちが晴れません。どうしたらいいのか…。（匿名）

辛くて辛くてたまらない日々を未だに送っています

●私は三浦春馬さんからすれば親世代です。子役の頃から、それこそ子供の成長を見守るかのように、活躍ぶりを見て参りました。なので彼の逝去に関しては、もう本当に辛くて辛くて堪らない日々を未だに送っております…。春馬さんを知れば知るほど、より一層、彼の素晴らしい人となりを思い知らされ、喪失感や虚無感、絶望感までもが襲う次第です。

先日の事務所のコメントはやはり違和感だらけで、到底受け入れられないものでした。当初からの対応で不信感しかありません…。私は今までSNS自体苦手で扱わなかったのですが、今回の事で少しその世界を覗いて見る事にしました。するとそこに溢《あふ》れるコメントは、いたたまれないようなものも沢山あり、やり切れないのです。

私も半世紀以上生きてきて、芸能界の闇の深さもそれなりに理解しているつもりでしたが、現在SNSで上がっている春馬さんに関する事柄が事実ならば本当に恐ろしい…。皆さんの春馬さんへの想いにどうにかならないのか？と苛立《いらだ》ちが募る一方です。あの日の春馬さんの胸中は察するに余りある…想像を絶して只々心身が引き裂かれんばかりです。（匿名）

心身ともに打ちのめされたままです

●三浦春馬さんが旅立たれてから、もうこの世に彼が存在しない、という事実に心身ともに打ちのめされています。毎日が気分が上がらず、どうしようも無い虚無感とやるせなさと取り返しのつかない恐ろしさに支配されています。

私にとって生前の春馬くんは横顔の美しい上品なキラキラした俳優のひとりでした。逝去後の今、もう取り戻すことの出来ない唯一無二の存在に、癒されることのないこの哀しみに、声もなく流れ落ちる涙に…自分の感情がコントロールできません。

人間は表裏一体。表に放つ輝きが強いほど、影は深く濃くなるという。放つ光が強ければ強いほど、周囲の人々はそのまぶしさに目が眩《くら》み、裏にある影を見落としてしまう。

ねぇ、春馬？　そういうことだったのかな？　毎日、彼しか知りえない答えを天空に問いかける日々です。

人知れず、あの仔犬のような笑顔の裏で何かに悩み、あんなに痩せるほど命を削りながらも最後まで素晴らしい作品をを沢山残してくれたこと、おそらく、三浦春馬そのものまでを演じ切って、30年間生き切ってくれたこと、本当にほんとうにほんとうにありがとう。

でもね、春馬？　私はただ、ただ…あなたにここに居てほしかったよ。表に出る人じゃなくなってもいいから、存在していてほしかったんだよ。

ねぇ、春馬？　この哀しみが癒される日は来るのかなぁ？

あのね、春馬…？　どれだけの眠れない不安な夜を、一人で過ごしていたのかな？　いったい、何があったの。今はもう届かない、あなたへの賞賛の声、賛美の嵐…。

助けてあげられなくて、ごめんね、ごめんなさい。手を差し延べて、引き上げて、抱きしめて、一緒に泣いてあげたかったよ。もう大丈夫だよ、春馬は春馬でいいんだよ、安心してね、って言ってあげたかった。

今年は私の残りの人生、辛い1年の始まりとなりそうです。彼の旅立ちに関して真偽の定かでないたくさんの情報が、ネット上で飛び交っています。どうか、どうかこれ以上辛いことが続きませんように。

今、気持ちの真ん中にあるどっしりとした大きな石に押しつぶされそうな日々が、いつもの日常を取り戻せるように、彼が私たちに残していった沢山の宿題を私なりに一つずつ紐といて、昇華させて生きていきたいと思います。彼の作品を愛しながら。（北海道　かんなお　53歳）

三浦春馬さんを十数年見守ってきた

●三浦春馬さんに関する篠田様の記事を読み、涙が止まりませんでした。あの日以来嬉しい・楽しいという感情を無くしたままで、救われた気持ちになった事はそれ以降で初めてでした。感謝の気持ちをお伝えしたいと思いメールをお送りした次第です。

三浦さんを十数年、ずっと見守ってきました。彼の出身地の近くに住んでいたので、田舎特有の口さがない人から、彼の家庭環境の詳細を聞き心を痛めていました。品があり美しいけれどどこか影がある彼の佇《たたず》まいには、その影響が多分にあると思いました。一俳優の作品を追うというより、上記の事から、彼が一人の人間として幸せであるようにとメディアで見かける度に願いながらずっと見守ってきました。あの日最後に彼が選んだ道を知った時、悲しみとともに何故という思いだけがありました。それは今も両方とも消えておりません。

応援をしても、それは彼が生き続けられる力にはならなかった。ならばせめて彼が感じていた苦しみを、死後であっても理解し彼に寄り添いたいと願うのが、彼を長年思ってきた人々の気持ちだと思います。彼自身のコアな部分に触れる事は望んでいません。ただ、彼の周りの人々があの日まで彼にどう対応して来たのかが知りたいのです。何故という気持ちに動かされ、縋《すが》る気持ちで色々な報道を片っ端から見ました。が、その疑問に対する答えになるものは今まで何一つありません。

自死ではなく、この様な事がまかり通る社会に、彼は命を奪われたのだと思っています。そして自分もその社会を構成する一員である事に、私は日々彼に申し訳なく思い過ごしています。

このままの社会ではいけないという事に、皆心のどこかで気づいてはいるのだと信じたい。自分と異なる政治的意見に、右寄り左寄りと批判し、自分には何の関係もない芸能ゴシップの当事者を寄ってたかって吊し上げる。日本はいつからこんな不寛容な社会になってしまったのでしょうか。

三浦さんはそれについてもSNSで声を上げていました。それとは別に、出演した作品を見た人が心の中に何かを得てくれたらと多くの取材で述べています。

この社会を、人々をよりよくしようといつも思っていたのです。彼は現状を変えたかったのです。でもそれもかなわず去ってしまった。

残された私に何ができるか、一生かけて実際に行動し、考えていくべき問題だと思っています。彼から貰った、この世での宿題と考えます。（よしば　48歳）

春馬さんのいない世界が痛くて苦しい

●初めまして。私は何かの記事にコメントしたり、芸能人のSNSにメッセージをしたりした事は一度もないのですが、今回はどうしても気持ちを吐き出したくなりメールをさせていただきます。

三浦春馬さんのことはとても大好きですが熱心に追いかけたり、舞台を見に行ったりしたことはありません。ですがやっぱり春馬さんがいなくなってしまったあの日から私の心の中は変わりました。空気も変わってしまった気がするほどです。

春馬さんのお友達や共演者さんやスタッフさんからの春馬さんとのエピソード、プライベートの春馬さんと不意に会った一般の人のエピソードを見ると春馬さんは本当に努力をし、一生懸命勉強をし、表面上だけじゃない優しさを持ち、人を想い、美しくきちんと生きた人だとつくづく感じました。なかなかそんな生き方を出来る人はいないと思います。

そんな春馬さんが生きられなかったこの世界に絶望してしまっています。清く正しく美しく生きる事は所詮綺麗事《きれいごと》なのでしょうか。子供達にどんな大人になってほしいと願えばいいのでしょうか。春馬さんのような美しく人を想えるきちんと生きられる人になってほしいけど…そんな人が生きるには苦しい世界なのでしょうか。

それと同時に、自分勝手に親不孝をし

ながら大した努力もせず生きてきた私は生きていていいのか…と考えるようになりました。
あの日から涙が流れない日は1日もありません。春馬さんに逢えないからこんなに痛くて苦しいのではないのです。
春馬さんがいないこの世界が痛くて苦しいのです。せめて今は春馬さんが全てから解放されて春馬さん自身のために生きていてくれることをいつも願っています。春馬さんの記事がなくなってしまうことがとてもとても辛いです。また記事を拝見できることを願っております。

（京都府　麻里子　39歳）

春馬さんが命かけて教えてくれた現実

●空羽ファティマ様

いろいろな考えがある中で、ある程度の記事を書くって、ホントに怖いことだなぁと想像しました。きっと、クローゼットの話は、受け入れられない方も多くいるだろうし、正直びっくりすることですから。

だけど、生前、春馬さんが、どうしてあそこまでローラに全身全霊を込めたんだろうって考えたとき、春馬さんは、ローラの人をそのまんま受け入れるっていうところに、きっとメッセージを込めてたんだと思うんです。確かそのようなことも伝えてたと思うんです。だからこそ、ホントにそうなのかも…という考えが腑《ふ》に落ちる部分もありました。

とにかく、文章が読みやすく、春馬さんのことをホントに考えに考え抜いて書かれたことは、私の心に響きました!!

春馬さんへのリスペクトは、スーッと私の心に感じました…。

ホントに何度も読ませていただきました。記事を書くための情報を集めたノート3冊って、すごいです!! 私は、そのノート3冊を是非見たいと思いました…。

空羽さんが、頑張って生き抜いたら、天国で春馬さんに絶対逢える…☆とメッセージくださったので、その日が来るまで、生きなくっちゃ…生きたくても生きられない命もあるって、生前、春馬さんも言ってたし、そのことを春馬さんは、ちゃーんと理解してたのに。

どうして、今このような現実になっちゃってるのか、春馬さんに聞きたい!! こらーって言いたいです。それよりも深く深く闇にまとわりつかれちゃったのかな…。たった一人で、闇の中に消えちゃったのかな。悔しくて哀しくて…。

でも、春馬さんが、命かけて教えてくれたこの現実を天国で会えた時にちゃーんと伝えられるように頑張らなくっちゃですね…。

（まめこ　48歳）

両親、長兄を亡くした時以上の喪失感があります

【『創』20年12月号・21年1月号掲載】

●『創』を読み、悩んだ末にやはり、この思いを伝えたくお手紙を書くことにし

ました。空羽ファティマさんの記事は、特に興味を持たせて読ませていただきました。クローゼットの話はいささか共感できませんが、他の話はとても共感し、感動しながら読ませてもらいました。命は長さではなく濃さというくだりもよかったと思います。ただ、本心は生きていてほしかった……。

三浦春馬さんが亡くなり、早くも3カ月が経とうとしています。私は、若い時から、彼のドラマはよく見ていましたが、ファンというより、そのドラマの内容で見たり見なかったりという程度のものでした。

あの7月18日、たまたま携帯を開いたとき、そのニュースに愕然としました。

しかし、そこまでは多分あまり芸能界に興味のない人も、同一感情ではあったと思います。

それから、今までの月日がこんなにつらいものだとは、その時には予想もしてませんでした。1週間後にミュージックステーションでの彼のMVを見た時にあまりに歌も踊りも素晴らしく、「もったいない…なぜ?…」。

それから、YouTubeを調べていくと、彼の真面目に取り組んでいる姿、インタビューでの真摯《しんし》な答え方、舞台では、ドラマと違う生き生き動く体、すべてが魅力的で、どうして?という喪失感に一気に落ち込んでしまいました。そんなに生きづらい世界だったのか、と。

DVDやCDを買い、47都道府県に載っていた近県まで足を運び、対応していただいた人の話で号泣し、彼自筆の台帳に涙ぐむ始末でした。彼の残した本「日本製」にも前向きな言葉ばかりで胸が痛んでしまいます。

歌声を聞くと素晴らしく、私も歌の個人レッスンを受けてますが、「アベマリア」「千の風になって」を歌うと、涙が溢れてしまい、歌うことができなくなってしまいます。

2カ月程の間は、あちらには春馬さんがいるから行こうかなと思うくらい危なくなってました。週刊誌に載っていた彼の自筆の手紙、丁寧にお礼が書かれ内容も素晴らしく、またしてもどうしてこんな人が、悲しい結末を選択しなくてはいけなかったのかと落ち込み、身内でもないのに、身内以上の感情になり、深い悲壮感に陥ってしまいました。

考えると涙が溢れ、苦しかったろうな辛かったろうとか思い、テレビを見ても内容に興味がなくなり、寝ても覚めてもネットで春馬記事を探す自分がいます。(前ほどではありませんが、それはまだ止められません…)

きっと多くのファンや、そうでなかった人も、そんな状態になっていらっしゃったと思います。

私は、20代前半に両親、長兄と続けざまに亡くしましたが、その時以上に喪失感が半端なくあります。身内はしっかりと別れという儀式をして、新たな一歩を踏み出さなくてはという覚悟があるからでしょうか。死んでも、世の中は変わらない。それも悲しすぎます。

でも、三浦春馬さんを忘れないでほしい。生真面目に真摯《しんし》に俳優という仕事を通して、表現者として努力を惜しまず、人への思いやりと笑顔のすばらしさを伝えてくれ、いろんな人生があることをドラマで伝えてくれたこと、ありがとうございました。

今、希望にあふれた世界とは言えません。でも人間は、生きて存在することに価値があります。やっと私は、この気持ちまでに戻ることができました。それまでは何人もの友達にこの状態を泣きながら話しました（家族にはさすがに言えませんでした）。

同年代の友、若い年代の友、みんな親身に聞いてくれ、さらけ出すことができました。彼の死を受け止めることが、どうにかできるようになりました。彼の作品を見て、物語の内容に没頭することができるようになりました。彼の作詞作曲の歌を、歌いこなして発表会に出ようかと思うようにまでなりました。

春馬愛に変わっています。空の上で見てくれることを信じて、濃ゆくなくてもいい、細く長ーい人生を生きていきたいと思ってます。

（匿名）

7月18日から時が止まり喪失感が続いています

●春馬君が亡くなってから、彼を想わない日がなく、毎日過ごしております。

春馬君のことは正直、ドラマや映画、舞台を観ていたわけではなく、ただ、番組として大好きであったNHKの「世界はほしいモノにあふれてる」を観ていて、あの屈託のない笑顔に癒されていました。今でも癒されています。

当たり前のことが、当たり前ではないことを知った7月18日から時が止まり、この上ない喪失感と哀しみが溢れています。

私は、シングルマザーで、息子が1人います。息子は春馬君とそんなに変わらない年齢でもあり、子が親より、先に亡くなること、まして、病気とかではなく、自ら死と思うと…。

そして、日々どんな思いでいたのかと涙する日々です。私自身が春馬君の母親としていたら、春馬君を守ってあげられなくて自分自身を日々責め続けてしまいそう。ほんとにたくさんの方たちから愛されて、そして、素敵な笑顔と優しさに包まれて才能溢れる春馬君を守ってくれる人はいなかったのだろうか…誰もわからなかったのだろうかと…

NHK「おんな城主直虎」の中で、春馬君演じた直親の想いをコウさん演じる次郎法師が、直親の手足となり、魂を宿し生きていくと言う台詞《せりふ》が心に染みております。春馬君を偲《しの》び、永遠に皆の心に生きているよ。きっと、「恋空」の様に空から見ているね。

（マロン）

春馬さんが遺していったものを見て生きる目標に

●『創』12月号、三浦春馬「死」の波紋を読み、ファンの方々の深い文章に感動しました。私も恥ずかしながら御社へ手紙を送りました。

今でも、様々な想いが毎日絡み合い、せめぎ合い、辛い想いは消えません。皆様の書かれた中で「宿題」という文字を見つけ出し、この歳（還暦）になって、私も「宿題」を背負っていることに気付きました。「死生観」とでもいうのでしょうか。

生きているのは、あたりまえではない、当然ではない。当然だと思うことに驕《おご》りがあるのではないか。その日その日をきっちり生ききっていくと、次の何かめざすものが見えてきますね。日常の中で自分の気もち、まわりの人々の気もち、その交流を自覚し、向き合い認めて受け入れていく、自己満足にすぎないかもしれませんが。

先日新聞で、木造建造物を受け継ぐ「工匠の技」を無形遺産へ、という記事を見ました。登録が勧告された日本の伝統技術の中に、「建造物漆塗」がありました。岩手県内の漆の採取風景の写真も載っていました。春馬さんが、『日本製』の中で、めぐった岩手県の伝統技術だったことを思い出しました。こんなすごい着眼点があったんだなあ。本当に生前精一杯仕事をされていたのを感じます。その感性をほめたたえたいですね。

私は、春馬さんが亡くなられてから、演技力、歌、舞台、この『日本製』を知ることとなり、今さらながら何故もっと前から知ってあげられなかったのかと、申し訳なく悔しいです。

一晩眠って翌朝目がさめると、現実はツラク、残酷そのものですね。そこから立ち直ったり、どすんと落ち込んだりのくり返し。結局は、とりとめもなく想いが絡み合いながら、その現実を受け入れながら、抱き続けて生きていくことで「宿題」を自分の中にのみこんでいくのでしょう。

春馬さんが遺していったものを、一つ一つ何回でも見て、自分にできることを謙虚にやっていきましょう。それが、生きる目標になっていくのかもしれません。見守って下さいね。春馬さん。

私の住む地元では、書店にしっかりと『創』さんありました。読ませていただきありがとうございます。(直子　60歳)

身内を失くした時よりも大きなダメージを

●三浦春馬さんが旅立ってから4カ月以上経ちますが、いまだに深い悲しみの中にいて、喪失感に襲われる日々を送っています。私は、生前から春馬くんの熱心なファンだったわけではないけれど、画面越しに見る春馬くんは、いつもキラキラ輝いていて、素敵な俳優さんだなと好感を持っていました。

7月18日にニュース速報が入ったとき、私は友人と電話中だったのですが、あまりの衝撃に全身鳥肌が立ち、頭が真っ白になり、友人と「何で?何で?」と繰り返すばかりで、二人ともショックが大きく、それからまともに話せなくなり、電話を切りました。

その日から、コロナで大変ながらも平和だった私の日常が、一変しました。毎日、春馬くんの姿を追いかけて、ネットで記事を探し、動画で過去に出演した番組や作品をたくさん観ました。

彼の素晴らしい才能、人柄を知れば知るほど、なぜこのような素晴らしい人が自ら命を絶たなければならなかったのか、眩《まぶ》しいほどの笑顔の裏で一人でどれほど苦しんでいただろう、どんな思いで死んでいったのだろう、と一日中、春馬くんのことが頭から離れなくなり、毎日泣き、もう悲しみや苦しさを通り越して、この感情を表現する言葉が見つかりません……。

　身内や友人を亡くしたときですら、ここまで長期間大きなダメージを受け続けることがなかったので、自分でもどうしたらよいのかわかりません。私の周囲でも、友人や職場の人たち、多くの人が大きなショックを受け、喪失感に襲われました。

　私はアラフォー世代で、職場にはアラサー世代、アラフィフ世代の女性もたくさんいます。みんな「14歳の母」で、まだ少年だった春馬くんの存在を知り、そこから彼が素晴らしい役者、素敵な大人の男性へと成長していくのと同じように、私たちも成長し、同じ時代を生き、一緒に歳を重ねてきました。それはこの先もずっと続いていくはずでした。

　無意識だったかもしれないけれど、特にこの世代の女性たちにとって、春馬くんは本当に特別な存在だったのではないかと思います。

　これからも彼の成長を、作品を、輝きを見ていきたかった。でも、もう二度と彼を見ることができなくなってもいいから、この世界のどこかで、生きていてほしかった。ただただ、生きていてほしかった。

　誰もがそう思っています。

　今も辛い日々を送っていますが、春馬くんが一生懸命生き抜いたように、私も一生懸命生きていかなければと思っています。

　春馬くんのことは、生涯忘れません。この先もずっと、私の中で、多くの人の中で、春馬くんは輝き続けるのだと思います。三浦春馬さんの記事を掲載してくださり、本当に有難うございました。

（匿名）

「いっそ春馬さんのもとへ」と考えてしまう

●三浦春馬さんの特集を組んで下さり、ありがとうございました。とても嬉しく思っています。
　普段から好意的に見ていた三浦さんが亡くなり、はや4カ月。この4カ月の間の心境の変化はとてもめまぐるしいものでした。衝撃、悲しみ、苛立ち、感謝、絶望……。そのどれもが深く自分の心を抉《えぐ》り、出口のないトンネルへと誘うものでした。

　彼の過去の発言やインタビューを紐解《ひもと》くと、見えてくるのは、真摯《しんし》さ、真面目さ、純粋さ。そして、周囲から見た彼は、明るく、優しく、気配りが出来、そしてストイック…誰もが口を揃えてこう評します。報道されている幼少期や両親との確執が事実であるのならば、どこかで弱音を吐いたり、道を逸《そ》れてしまっても誰も責めたりはしないでしょう。それでも周囲にそんなそぶりを見せることもなく、常にあの満面の笑みで様々なことに取り組んでいた…。

　彼の死をどうしても受け入れられない理由は、彼の存在そのものが奇跡だから、なのです。どんな芸能人でも、生きているうち、ましてや死後ならなおのこと、嫉妬《しっと》混じりの多少の醜聞が聞こえてくるものです。それが一切出てこない。彼の友人が彼を称して「いい奴の最上級形」

と言っていました。私自身も彼に関する周囲の人間の発言やインタビューなどはほぼ調べ尽くしましたが、噂レベルであってもマイナス面はひとつも出てきませんでした。

私が未だ悲しみから立ち直れず、全てを諦《あきら》め恨んでしまうような心持ちになるのは、こんな素晴らしい人が生きることを諦めざるを得なかった状況がこの世に存在したこと、それに尽きます。ちなみに、私は彼がいわゆる鬱《うつ》病だったとは思っていません。鬱的傾向になることはあったと思いますが、鬱病で身近な人を亡くしている者として、このように休みもなく長きにわたり、そして死の直前まで完璧に仕事をこなすことなど出来ないことが身をもって分かるからです。別れに際し、友人や恩師が「決意」や「意志の強さ」のようなものが感じられた、と発言しています（週刊文春より）。

また、彼が旅立ったその日の夜、公私ともに親しくしていたサーフィンの師匠が「自ら命を絶つこと、そこに至る過程、そして芸能人の皆様、本当の彼を見てましたか？人に言えないことを抱えて頑張ってました！家族や身内がいない中で私だけは彼の味方でいました。救えなかったのは私の力不足でもあります！（以下略）」とTwitterに投稿していました（現在は削除されています）。だから私は、「彼は意を決してでも人生を諦めざるを得なかった」と思っています。そして「何かが彼をそこまで追い詰めた」そう強く思っています。

……誰よりも優しく、誰よりも才能のあった彼が、なぜこんな末路を辿ることになったのでしょうか。悔しくて悔しくて毎日毎日狂いそうになるくらい考えて考えて考えてばかりいます。一部のファンが疑問に感じていることを取り上げてくれる媒体はどこにもなく、あるのは親族に関する、目を覆《おお》いたくなるような真偽不明の記事ばかり。そして出所不明のガスライティングや他殺説、思想信条や政治に乗じた突拍子もない陰謀論を垂れ流す一部ファン（ファンと言えるのかすら疑わしいと思っています）。こんなものに埋もれてしまい、一体どうやったら悲しみと疑問の声を拾ってくれるのか。日を追う毎《ごと》に絶望が増し、いっそのこと「春馬さんのもとへ行きたい」と考えてしまう自分がいます。

どうか、助けて下さい。立ち直る突破口が欲しいです。（たいらあい）

お別れ会を早く開いて欲しい

●三浦春馬さんのお別れ会がなかなか開かれませんが、春馬くんのインスタの書き込みで、何回も後追い自殺を考えているという内容を見かけております。お友達が春馬くんの元へ旅立ったと書かれていたコメントも見たことがあります。

きっと皆さん、悲しみを癒《い》やすことができず、どんどん苦しくなっているのではないかと思います。お葬式は、残された人のため、というTVのCMがありましたが、本当にそうだなと思います。

皆んなで集まって涙を流し、故人を悼むことで、人は悲しみを癒やし、やっと立ち直り、前に進むことができるんですね。今のままでは、苦しくて、心から笑うことができない。笑うことに罪悪感を感じるのです。笑ったことを後悔してしまう自分がいるのです。

『カネ恋』や『天外者』で共演なさった三浦翔平さんが、最近、テレビで春馬くんの名前を口にされています。8月、9月、10月は、なんとなくテレビでは、自殺したことになっている春馬くんの名前を言わないように、触れないようにされている雰囲気があったと思いますが。

翔平さんも、きっと苦しいのだと思います。もう口に出さずにはいられない。それ位苦しくなっているのだと思います。一日も早く、お別れの会を開いた方が良いと思います。

後追い自殺する方をこれ以上出さないため。残された人達が、前を向いて歩いていくために。どうぞ、働きかけて頂きたく、宜しくお願い致します。

私のような一般人には、力がありません。どうぞ宜しくお願い致します。

（大阪府　53歳　おばちゃんとはまだまだ思ってないおばちゃんより）

出口は存在していると信じます

●三浦春馬さんの衝撃のニュースを耳にしてからなかなか地に足がついていないような不思議な日々です。

私は今年50歳を迎えます。三浦さんとは世代ももちろん違います。以前「キンキーブーツ」のローラの姿をテレビで拝見して、こんな素晴らしい若い才能が日本にいらっしゃるんだと深く感動し、是非舞台を観たいと思いながら叶いませんでした。亡くなられてから三浦さんの事を貪《むさぼ》るように検索し、作品、書籍など拝見すればするほど魅力的で将来が楽しみでならない方で残念という言葉では表せない虚しさを覚えました。

インタビューでの言葉選びも本当に真摯で、選ばれた言葉はすべて心のこもった言霊で神々しささえ感じることもありました。

三浦春馬さんのことを思うと、どんな気持ちで生き、どんな気持ちで死を選んだのか胸が締め付けられる思いです。動画でみた杉村春子賞を受賞された時の授賞式のあいさつの中に支えてくれた「家族」という言葉がありました。力強く私には響いてきました。

いろいろな意味があったとは思いますがこの言葉を信じたいです。三浦さんは一人じゃなかったことを。遺作になってしまったドラマでげっそりと痩せられていて、痛々しく、周りの方々はどんな思いだったのか、まったく本当に何もなかったのか。考えてももちろん答えなど私にわかるはずもないのですが、繰り返し頭に浮かびます。

私が知る三浦さんは、やはりマスコミから得た情報ですので、直接聞いたわけでもないので、想像の三浦さんです。

ですが今回は頭から離れず、ずっと思ってしまいます。三浦さんも導かれる道が必ずあったはずです。悔しいです。残念です。

最後に私の事を書かせていただくと、40を過ぎ出産、離婚を経験し、40代は本当に苦しみました。精神的に追い詰められ、地獄のような日々でした。今は穏やかに過ごせるまでになりました。きっと出口はどんな時も存在していると信じます。

2020年7月18日を切り取ってしまいたい

【『創』21年2月号掲載】

●もうすぐ2020年が終わろうとしている。この世界から2020年7月18日を切り取ってしまいたい。今もふと、そんな衝動に駆られる。「天外者」の公開日が近づくにつれて、日常を取り戻しつつあった心がまたザワザワ震えだした。

死後5カ月近く経ち、新たな三浦春馬にスクリーンで逢える喜び以上に、何とも表現し難い虚しさ…そう…やはり春馬はもう居ないのだ、という喪失感を突きつけられた時の恐怖を想像するにつれ、前夜からは動悸《どうき》も止まらず、この鼓動が、高揚感だけのドキドキならどんなに幸せだろうかと、複雑な思いを抱えながら公開初日の朝を迎えた。

コロナ禍での公開。でもあの夏の日に折り合いをつけるために、私は観なければならない。立つべきはずの位置に主演俳優が居ない、この映画が、三浦春馬が、伝説として生き続ける瞬間に、何としてでも立ち会わねばならない、

彼に何も出来なかった自分が、全身全霊をかけて彼が遺した渾身《こんしん》の作品を見届けなくては、彼からの宿題のただひとつさえも紐解《ひもと》くことが許されない。

かってこんな悲壮感と、緊張感の中で映画を観たことがあっただろうか。

エンドロールが流れると、多くの劇場がそうであったように、すすり泣きと拍手が静かに続いた。圧倒的な、絶対的な表現者だった、全てが素晴らしかった…。

感動なのか、失った宝に対してなのか、もはや分からないが、ただ、ただ、ただ涙が溢れていた。

三浦春馬はスクリーンの中で、とてつもない熱量を蓄え、放ちながら、確かにそこに居た。研ぎ澄まされた佇《たたず》まい、眼差し、涙、鬼気迫る表情、美しい所作《しょさ》、キレのある殺陣、熱を帯びた演説シーン。

私は途中から、春馬が五代を演っているのか、五代が春馬を演っているのか？二人がリンクするような不思議な感覚に陥った。

「夢のある未来がほしい」、まるで「天外者」は三浦春馬の分身のような映画だった。きっと、彼は劇場に一緒に居て、観たかったであろう。この愛溢れる景色を目に焼き付けたに違いない。

(彼の最期に観た景色が、クローゼットの中からでは、あまりにも、あまりにも、切なく辛い…)

私たちは、彼からたくさんの宿題を頂いた。でも自死の理由探しの宿題は貰ってはいない。もう詮索《せんさく》は止めよう、それは丁寧に生きた彼の人生への冒瀆《ぼうとく》である、理由は彼しか持って無いのだから。

ローラのごとく「あるがままの春馬を受け入れて」「Just Beなりたい春馬になりなさい」もう大丈夫、春馬は春馬のままでいいんだよ、と送ってあげたい。

生前、彼が命を燃やして遺した火種は、多くの人の心に様々な形で炎を灯し始めた。私の中にも「三浦春馬」という永遠の、とてつもない武器がひとつ加わった。

宿題の紐解きも、まずは、彼が愛した日本を知ることから始めてみようと思う。

これからは、いつでも自分の中の春馬に語りかけることが出来る、生前より近くにいる気さえする。

時にはどうしようもなく貴方が恋しくて、泣き喚《わめ》き、気が狂いそうになる日もあるだろう。それを人は「春馬病」と呼び、治療薬がない不治の病だ、と言う。良し、それなら不治の病を受け入れて、私もなりたい私になる、春馬のように生き切るから、見守っていて。愛しき春馬、今までも、これからもありがとう。そして今も幸せでいて。


（北海道　かんなお　53歳）

春馬さんのことを考えない日はありません

●私もまた、あの日から時が止まったままでいる者のひとりです。春馬さんと同世代、同じ茨城県出身です。私はちょうど中学生のときに「14歳の母」や「恋空」、高校生のときに「君に届け」という世代です。そういう意味では、今回の件に「共振」している方たちの中では、私は例外的な存在かもしれません。
あの日から本当にいろいろなことを考えました。しかし、それを表現する場がなく、苦しくもどかしい思いをしておりました。そんなときに『創』の春馬さんに関する記事を読みました。自分と同じような思いでいる方が数多くいることに心救われました。また、春馬さんを想う方々の中でも実に様々な考えがあることも知りました。投稿するかとても迷ったのですが、勇気を出してメールしました。

同世代、同郷の有名人という認識はありながらも、私はこれまで春馬さんの熱烈なファンではありませんでした。しかし、あの日から1日たりとも春馬さんのことを考えない日はありません。報道を知った直後は、どうして気付いてあげられなかったのだろう、救ってあげることはできなかっただろうかと、考えても仕方のないことばかりを考えていました。

そうしたやり場のない思いを埋めるように、春馬さんの作品を見たり本を読んだりしました。今回の件に関する報道記事等も数多く読みました。作品を通して演技力はもちろんのこと、その人柄や仕事への熱意を知るにつれ、春馬さんの魅力にどんどん引き込まれていきました。

一方で、報道記事等には真偽が定かでないことも含めてあらゆることが書かれており、心のざわつきは一向に落ち着かないままです。

報道各社から様々なことが報じられ、一般の皆さんからも多様な意見が出ていますが、少なくとも言えることは、この社会は、高潔な人格、非凡な才能をもった表現者である春馬さんが生きていける環境ではなかったということです。そして、自分もその社会を構成する一員であることに、恥ずかしさと申し訳なさを猛烈に感じるのです。春馬さんのような素晴らしい人が生きられなかったのに、自分のような取るに足らない人間が生きていても良いものか、そんなことすら考えました。

私は子どもたちの成長に携わる仕事をしています。このような出来事が起こってしまった今、私たち大人は、一体何を子どもたちに教え、導いてやることができるのでしょうか。もし、自分が関わった子どもたちのうちの誰かが、このようなことになってしまったらと考えると胸が張り裂けそうです。礼儀正しく、人に優しく、常に感謝し、向上心を忘れず、挙げたらきりがありませんが、そんな春馬さんが生きられなかったこの社会に、子どもたちを安心して送り出すことができるでしょうか。しかし、そんな社会を作ってしまったのは、他でもない私たち大人です。今まさに、大空へ自由に飛び立とうとする鳥の羽を折るような出来事があったとしたならば、こんな悲しいことが二度と起こらないように、社会全体で考えていかねばならないことだと強く思います。

先日、映画「天外者」を春馬さんの地元土浦で鑑賞しました。春馬さんが「代表作にしたい」との思いで撮影に臨んだ映画ですから、失礼のないようにきちんと勉強してから映画を見たいと思い、「五代友厚」（織田作之助）を読んで予習しました。

あの日から抱いているやりきれない思いが何らかの形で昇華される日が来るのか、今の私には全くわかりません。春馬さんの方へ引っ張られてしまう気持ちもだんだんと落ち着いてきました。私は自分自身の「未だ成すべき仕事」を見つけて、それを果たすために（春馬さんには到底及びませんが）、もがきながらも精一杯生きていかねば、と思っているところです。確かに言えるのは、3年後、私が春馬さんの年齢に追い付いたときには、きっとまた深い悲しみがやって来るのだろうということです。

（茨城県　まお　27歳）

三浦春馬さんへの思いを詩にしてみました

●私は生前、ドラマや映画を観ていましたが、春馬さんのそれほどファンではありませんでした。ですが、彼のことが大好きで、この想いに嘘はありません。

彼への想いを詩にして書いてみました。読んで頂ければ幸いです。

『生きる』

あなたはキラキラと輝いて
空を自由に飛ぶ鳥のよう

好奇心旺盛で行動的なあなた
誠実で正直で責任感が強いあなた
思いやりに溢れている優しいあなた
お茶目でチャーミングなあなた
志し高く未来を見据えて今を積み
努力を怠らない真面目なあなた
決めたことは最後までやり遂げるあなた
信念を貫く強靭な精神力と
繊細な感性を併せ持つあなた

あなたは身を削り命を削り
作品に命を吹き込む
あなたの命の躍動を感じ
あなたの美しさに心打たれる
あなたの未来は突然奪われ
わたしたちは暗闇のなかをさまよう

暗闇の中、あなたが微笑む
暗闇の中、あなたが語りかける
暗闇の中、あなたが笑いかける
あなたはいつも笑顔をくれる
あなたはいつも勇気をくれる
あなたはいつも優しく寄り添ってくれる

あなたの姿は見えないけど
あなたはいまも生きている
姿は見えなくてもあなたを感じる
あなたが溢れていっぱいになる
あなたはわたしたちの光
あなたはいまも生きている
これからも未来に向かって
あなたと一緒に生きていく

（岩手県　みえ　46歳）

なぜこのような強烈な焦燥感にとらわれるのか

●私は53歳の4児（大学院生〜高校生）の母です。多くの方の投稿を読んで、全く自分も同感です。

私も7月18日以降時間が止まったままです。このままではいけない、このままではいけないと思っても、心も体も動きません。いい歳してと情けなくさえ思います。父が亡くなった時さえこんなに落ち込みはしませんでした。初めての感情です。

今現在、自分の人生がうまく行ってないからだとか、前向きに自分の人生を進んでいないからだとか努力してないからだとか、自分に何かしらの理由を探していますが、当たり前に気持ちは沈むばかりで上向きません。どなたかが言われていたように、あのような素晴らしい人（春馬さん）が生きていけないこの世界にとどまる理由があるのだろうかと思い、人生折り返しを過ぎてもはや夢も希望もなく、自分の人生の結果（評価）が出ている今が命の納め時なのではないかという思いにかられます。なぜ私のような中年以上の女性が特にこのような強烈な焦燥感にとらわれるのか知りたいです。

今、社会は自分を必要としていない。自分を押し売りして必死に社会の端にしがみついている。惨《みじ》めです。子育ても一段落するから人生終わるのに良いタイミングだと。しかし死ぬ勇気もなく…。

三浦春馬さんは数年前からファンです。私が少し陰のある雰囲気にひかれます。彼が越えられない山を、彼が越えて見せてくれるのではないか、希望のない毎日で唯一の希望だったのかもしれません。彼が見せてくれた世界で私も越えていけるとなんとなく思っていました。子どもが全員独立したら彼の舞台を見に行きたい。それが励みでした。その最後の頼みの綱が切れました。

今までの甘えていた自分に気づかされると同時に、彼が抱えていた痛みが一気に私に襲ってきて、胸が苦しくて潰れそうです。なんで試すようなことしたんだろう、なんで支えてあげられなかったんだろう、そして残され置いていかれた今、出口が見付かりません。ただただ生きていて欲しかった。

初めて自らの気持ちを吐露しました。この事実を励みに前向きになれるようにしたいです。この場所を与えてくださりありがとうございました。（匿名　53歳）

胸が苦しくてなりすぎて息子達も不思議がります

●私も三浦春馬君が旅立ってから、喪失感が続いています。ブラッディマンデイのドラマの頃から好きな俳優さんの一人で、地上波のドラマは観ていて、ミュージカルで活躍していたことはネットで少し知るぐらいでした。去年のドラマでも、大人になったなあ…と思ってました。

それが、あの日からです。なぜ、なぜ、と心が苦しくなっていったのは。20代の息子3人がいるいいおばちゃんの私がなんでここまで胸が苦しくなるのでしょう。息子達は、「なんで死んでるのに居ないのにそんなに思うの?」と不思議がります。私にもわからないのです。YouTubeや、映画やドラマを見るたびに、ますます好きになっていくのです。

あの日の事は、殺人などとは思っていません。痩せた姿を見て、心が病んでいて食事が取れなかったんだとは思います。

でも、コロナ禍とはいえ、周りからのフォローは必要だったと思います。そして、事務所がきちんと経緯を説明することは必要だと思います。本当の気持ちは本人にしかわからないので、そこは説明しなくてよいです。

事務所にはフォローできなかった事、これからこのような事が起こらないように何ができるのか、話してほしい。そして春馬君に謝ってほしい…。大切な人だったと認めてほしい…。テレビ人間でドラマばかり観てた私は、ドラマも観なくなりました。いつになったら心が落ち着くのでしょうか…。

(匿名)

『創』を電車の中で読んで涙腺崩壊しました

●「天外者」初日を見終わったあとに『創』1月号のファティマさんの記事を読みました。翌日の公開記念舞台挨拶へ向かう途中の電車の中で…。

まず五代友厚の母について書かれていたのでちょっと意外な感じがしました。読み進めていくと、なるほど、そうだよねと。母の深い愛情がなければ後世まで名が知られるほどの五代友厚は生まれていなかったかもしれない。私も息子二人の母であるので、自分はどんなふうに子供たちに接してきたのかと考えてしまいました。自己肯定感や自信、良い意味でのうぬぼれを持てたのは、子供を信じ天外者と言って見守った、そして覚悟を決めた母がいたからだと気づかせてもらいました。

素晴らしい役割を果たした小物たちの名前をエンドロールに載せてほしいと思ったファティマさんを何て素敵な人なんだろうと思いました。インスタで、かんざしかんこちゃんと小物たちにも愛溢れる呼び方をしていて、正直最初はえっと思っていましたが(笑)。ふと気づいたら…先日買った真っ赤なミニシクラメンを「ローラ」と呼んでいる(心の中で)自分がいてびっくりしました(笑)。

電車では運良く端っこの席に座れたので大集中で読んでいました。春馬さんが最後の商工会議所のシーンを頑張ったと言って涙したという流れから自分をほめて解放出来た、それを許せたのだという部分にとてもとても共感しました。

このあたりからちょっと胸に押し迫る感じがあってヤバいと思っていました。「三浦春馬という…笑うと目が三日月になって」のところから「きっとお母さんが好きだった」までで涙腺崩壊していました。五代友厚と三浦春馬が重なって二人ともお母さんが大好きで癒やされていたんだろうなぁと。それと畳み掛けるように書かれた春馬さんの姿を「そうそう」と相づちをうちながら思い浮かべてギュッと胸が苦しくなりました。

本を読みながら電車の中で次々こぼれてくる涙を止められませんでした。こんなこと初めてでした。これから何度か観に行くであろう「天外者」をより深くいろいろな視点から観られると思いました。『創』！ 買って良かったです。

（ちあき　54歳）

ファンたちの声を葬儀の時は棺の中へ

●『創』12月号買うことができました。特集記事が出ていることを知らず、2～3日前のスマホのニュースで知り、慌てて本屋さんへ。申し訳ありませんが本を買うのは久しぶりでした。春馬さんの記事を手元に置いておきたくて…。例外なく私も7月18日より虜《とりこ》になった1人です。そして、「何故?」から抜け出せず4カ月たった今も落ち込んだままです。この雑誌は私の葬儀の時、棺に入れてと頼むつもりでいます。10年、15年先になるかな。

春馬さんのキレキレのダンスにびっくりし、歌のうまさにビックリ。仕事の向き合い方、礼儀正しさにビックリ。これができたのは日々の努力、自分みがき、最高の演技をみる人に届けるという信念のようなもの。30歳になったばかりの人が、私も理想はそうでしたが、振り返っても全くできていません。だから、憧れに近いものを感じ、虜になったのです。春馬さんが生きている間に、ファンのこの嵐のような賞賛の数々を本当に伝えたかった。伝えられていたら踏みとどまっていてくれたかも。本当に残念でなりません。

今は主演の映画の封切りがあるので春馬さんのニュースはあるけれど、来年になってなくなってきた時、切なさだけが残る日々かな。この落胆は、生きる意味を失う人を増やすことにつながると思う。亡くなった日も曖昧《あいまい》な現在、ファンだった人の落胆を抑える意味でも、亡くなった状況説明は必要と考えます。

（相模原市　良子　65歳）

新しい年を迎えても春馬の死からいまだに立ち直れない

【『創』21年3月号掲載】

●新しい年を迎えた。春馬が旅立ってから、もう半年経つが「天外者」の公開が、また私を「春馬沼」へ引きずり込んだ。正確には、浮上したフリをしていたが喪失感という底無しの「春馬沼」で、ずっと私は溺《おぼ》れていたのだろう。

大晦日、私は独り寝室のベッドの上で泣きながら、彼の歌声と写真集のお気に入りのページを抱きしめながら年を越した。2020年のあの日に春馬をひとり置き去りには出来ない、私の手で2021年にも一緒に連れて行く。独りよがりの自己満足の儀式であったが、同じようなことをしたのは私だけではないであろう。

階下では、春馬とさほど年齢の変わらない息子2人と旦那の笑い声が聞こえる…。私がこの様な、やり場の無いやるせない気持ちで新年を迎えたことを、3人は知らない。

春馬の死から立ち直れない50代の女性、まさしく私もその一人である。彼の人となりを知れば知るほど、世の中の不条理と虚しさ、切なさと愛を覚える。思うに、ある程度子育ても一段落し、空の巣症候群に近い状況にある中での、待ったなしの親の介護問題、新たなやり甲斐のある社会的役割も見出せず、若くもなく、人生ももう折り返しを過ぎたかと、悶々《もんもん》とする我々世代の女性の心の表層に、あのクシャとした笑顔でスッと音もなく入り込んで静かに浸透してくる存在、それが「三浦春馬」だったのではないか、と。

彼は私たちにとって、母性愛がダダ漏れする理想的な息子であり、図々しくも願わくば年下の恋人でもあり、時として達観し老成した先輩にも見え、人生に彩りを添えてくれる柔らかな光であったから、我々はその灯し続けることが叶わなかった、守れなかった光に…何故、救えなかった、助けてあげられなかった…と虚無感に苛《さいな》まれ、抜け出せずに自分を罪人だとさえ思う…。

彼は死後「大天使」「ライトワーカー」「ｇｉｆｔｅｄ」等と表現されるが、そんなに高潔な存在じゃあなくても良かったんだよ。

春馬も人間だもの、苛立ったり、時には他人に嫉妬したり、怠けたり、自分をもっと許して良かったんだよ。そんなに頑張らないで、良かったんだよ…自分自身をもっと信じて甘やかして欲しかった…。

もし「三浦春馬」という鎧《よろい》を脱ぎ捨てて、全てをさらけ出せる人が側《そば》に居たのなら、結果は違っていたのかな…「たられば」ですね。

今はただ、ただ…全ての苦痛から解放されて、春馬の気持ちの赴《おもむ》くまま、新たな幸せな旅を続けて欲しい。

神様お願い…春馬は小さい頃からとてもたくさん頑張ったんです。だから、私たちの代わりに「良くやった」と褒《ほ》めちぎって抱きしめてあげて下さい。

私には、彼が命を削りながら遺した作品が沢山あるから、もう何も望まないから、彼の欲しかったもの、見たかった景色、全て、与えてあげて下さい。

春馬、ありがとう…これからも多くの人が貴方を想い、空を見上げるよ。ありったけの感謝と愛を込めて、旅の安全を祈っています。穏やかに、安らかに、幸せに、と。（北海道　かんなお　53歳）

いつ死んでもいいと思いながら生きてきた

●もう半年。まだ三浦春馬？　きっと世間ではそんな感じなのかな。でもまだ朝目覚めては夢ではなかったと胸が痛み、わけもなく涙が溢《あふ》れる瞬間がある。もうこの世にいない俳優なのに。

追悼番組のようなものも、花を手向《たむ》ける場もなく、新作のCDが発売され、新作映画が公開され続ける。もういないのだという現実を受け入れようにも、脳がバグって収まらない。

「天外者」のドキュメンタリーで、彼はカメラのずっと向こうを刺すような瞳で、やり切りました、悔いはないです、一生懸命やりましたと言い切っていた。

それはちょっと売れて自惚《うぬぼ》れた役者が自信満々で語るものとは違う。映画、舞台、ドラマ…。一つの作品に向かい合うたびに彼は歴史的背景を学び、取材し、多言語を学び、殺陣《たて》を習い、所作《しょさ》を身につけ、体をつくり、コンディションを整え、周りへの気配りをしていたという。

何年ものスパンでどんな役が来ても演じ切れるように準備して挑む彼の血の滲《にじ》むような努力に裏付けられた言葉。彼と共演された方が皆、口を揃《そろ》えて、彼はパーフェクトだと言う。ひとつひとつ己の限界まで努力してストイックに仕事に臨み、かたをつける。

ただそれは無意識のうちに、いつ終わってもいいように、いつでも引き金を引くことができるように、日々「三浦春馬」を更新し続けていたのではないのか。そんな気がしてしまうのだ。

4年の月日をかけた著書は世に出て、新曲は発売日も決まって、何本もの映画は撮り終えていて、ミュージカルの中止は不可抗力。ビッシリ埋まった仕事の中、唯一途中になってしまったのはドラマ一本。引き金を引くタイミングが来てしまったのではないか。

以前から不安定になることがあると語っていた彼は、日常的に生と死の境界線があやふやである危うさをずっと感じながら生きてきたのではないのだろうか。子役の頃から多くの人に囲まれて過ごしながらも、家庭や血縁からは一歩引いたところで孤独を抱えて。

私的な話で恐縮だが、少々歪《ゆが》んだ父母の関係性の中育った私は、子供の頃からなんとなくずっといつ死んでもいいと思いながら生きてきた。ただ強烈に刹那《せつな》的な人生という訳ではなく、死なないから生きているという感じで。

奇跡的に結婚したが、子供は欲しいと思ったことがない。春馬くんのお母さん世代ではあるけれど、子供のように見ていた訳でなく、「14才の母」から成長していく魅力的な俳優さんとして見ていただけだったのだが、あの日、彼が自ら命を絶ったことを知った時、とてつもない絶望感に襲われた。

特定の宗教は持たないが、人は皆この世に生を受けたときから運命によって決められた最後に向かって生きているだけなのだと思ってきた。春馬くんの30年も最初から決まっていて、だからこそ平凡な人の何倍もの密度とスピードで駿馬《しゅんば》の如く駆け抜けて行ったのではないのか。だからこそあんなにも魅力的だったのだと。

そんな彼に魅せられたファンは、彼の生きた証《あかし》、魂の作品を心に抱えて、自分に決められた最期に向かって、死ねずに生きていかなければならないのだろう。

生き方にも終わり方にも正解などないことを自問しながら。

（徳島県　匿名　54歳）

空を見ても涙があふれてくる

●7月18日から半年。春馬くんが逝《い》ってしまったことは頭の中では分かっています。でも未だ受け入れられない私がいます。春馬くんの姿や歌声をいつも観たいし、聴いていたい。でも、セリフや言葉が刺さっては涙。現実とリンクしては号泣。空を見ても涙があふれてくる。

私は春馬くんのお母さまより年上で、30代後半の長男長女、春馬くんより1つ歳下の次男の母親です。こんな年齢の私が、この思いは何？　母性？　この感情は何なんだろう。この喪失感はどうして…ずっと問いかけていました。

自分の両親、姉が亡くなった時も、これ程涙を流していなかったし、こんなにも悲しみを引きずることもなかったのに…と（ごめんなさい）。でも、こんな風に深い悲しみ、苦しみを感じている人が大勢いることを知りました。

一番好きな俳優さんなのに、テレビやネットニュースなどからの流れてくる情報が主だった私。なので、知らなかった事や作品が沢山ありました。舞台やミュージカルを一度も観に行けなかったことは、凄く悔やまれます。CDで聴く『キンキーブーツ』のローラも圧巻ですが、観たかったな。

『天外者』観たさにひとり映画館デビューし、何度も通いました。観に行っていた映画館での上映が終了となり、別の場所を探し観に行きました。淋しいですね。終わってしまうなんて。逢いに行けないなんて。未来の春馬くんをずっと観ていたかった。応援したかった。

でも、これ程沢山の素晴らしい作品と、優しい笑顔を遺してくれた「春馬くんありがとう。」この宝物を大切におばさんは生きて行くよ。

『ブレイブ群青戦記』『太陽の子』の公開が楽しみです。でも、この上映が終わり、お別れ会が行われた後、果たして気持ちに一区切りできるのか…。喪失感が増すのか…。不安です。

（ひふみん　61歳）

ふと飛び降りそうになってしまう衝動が…

●三浦春馬さんの活躍は「ごくせん」以降、「ラストシンデレラ」など、テレビドラマやCMを通し、ファンを公言するほどではなかったですが、いつも微笑《ほほえ》ましく、カッコいい方だなぁと、拝見しておりました。

人間生きているとドラマ以上に辛いこと悲しいことが多く、三浦春馬さんが想いを込めて演じていらした、ドラマ「僕のいた時間」や「わたしを離さないで」などは明らかに重みのある内容だった為、当時の私には受け止める余裕がなく、敢えて見るのを避けていた記憶があります。最近これらの作品に触れ、非常に後悔いたしました。

私自身が三浦春馬さんを再認識するきっかけとなった「TWO WEEKS」も、どちらかというと哀しげで理不尽なストーリーそうでしたので積極的に見たいという思いはなく、テレビを掛け流ししていたのですが、ドラマ最初の登場シーン、春馬くんの、憂いのある、でも優しい輝きを秘めた映像が、私の心の奥に細胞レベルでブワッと響いて来たのを、今も覚えています。

また、ドラマの途中で流れるCMでは、ドラマ劇中の汗まみの春馬さんとは打って変わって、キラキラ感満載、ミュージカル映画のワンシーンのように歌って踊る姿を見て、多彩さに改めて感動致しました。FNS歌謡祭では、群を抜いた、余裕さえ感じさせるような歌唱力、ダンスレベルの高さに「何という、素晴らしい俳優さんなのだろう」と感銘を受け「この人俳優なんだよぉ」「こういうトコ、もっと早めに披露しといてよぉ」と何度も何度も繰り返しひとり思い、「これからが非常に楽しみな役者さんだな」と深く感じたことを記憶しています。

今年、コロナ禍、世界規模で大きく生活に変化が訪れ、暑さと相まって皆、疲れがどっと出始めた7月上旬、普段よりも更に透明度、儚《はかな》さが増した印象で爽《さわ》やかに「日本製」を携え、カマキリが苦手という話題で可愛らしい笑顔を見せながら、番組内で日本が誇る職人技について真剣な眼差しでお話しされる姿に「この本読んでみたいな」という想いが沸いたのを忘れません。

そこから日常の忙しさと、実際コロナによる業務内容の変化、対応の多さで仕事のストレス度も高く、7月18日の段階で本を買うというところまで至ってはいませんでした。これも後悔の一つとなりました。

あの頃の私は、帰りの電車に乗ろうとプラットホームに立つと身体が自然と線路に吸い込まれていきそうになったり、いつも利用しているエレベーターで3階に到達し、気を抜いていたらふとそこから飛び降りそうになってしまう衝動が湧き上がってくる、暗く漠然とした毎日を気持ち的にもギリギリなラインで過ごしていました。

だからこそだったのかもしれませんが、そうして迎えたいつもの土曜日、ランチ休憩後、開いた携帯の速報が、浮き上がったように目に入りました。正直、その瞬間湧き上がった思いは「先を越された」感でした。

動揺しつつも、20年前に自殺で親友を失い、つい3年前に父を亡くし、自らも色々な別れを経て生きてきたせいか、衝撃が多い情報で仕事に差し障りが出るのを恐れる時には「考えないように努める」技として、「目の前にあることのみに集中する」という言葉を自分に繰り返しかけながらくたくたになり仕事を終え、閉店後、即座に携帯でニュースの詳細を検索し始めました。

そこから、三浦春馬さんを探し求めることが、日々のルーティンとなっています。7月、8月は、自分でも何故こんなに三浦春馬さんの死が気になるのか、何故涙が止まらないのか、さすがにおかしいんじゃないのか？　と思う時期もありました。でも、私の心の何処《どこ》かで「気持ちわかる気がする」と思っていたのも事実でした。生きるってキツいよね…私ももういいんじゃないのかな…と。

そうやって、繰り返し繰り返し三浦春馬さんの笑顔を探し、仕事に向き合う想いに触れ、春馬さんが読んで感動したという本を読んでは感銘を受け、彼への尊敬が日毎に深まっていきました。

春馬さんの勇姿を目に焼き付けたいという想いから、5年近く足が遠のいていた映画館へも通いだし、ミニマムな生活を心がけて買わないようにしていたDVDも、三浦春馬さんの出演作品の全てを観たくて購入しました。40代に入り、忙しさキツさを理由に雑に生きてきたけれども、三浦春馬さんの作品に触れる度、三浦春馬さんのようなお人柄に近付きたいと背筋を伸ばし、三食食する際なども彼の美しいマナーを手本とし、日々の細々とした動きにも注意払い、そして何より身近な方々へも優しさを持って敬意払うように毎日の生活が変わって来ました。

そしてふと、死して尚、私達の中に生き続ける、影響を与えてくださる、三浦春馬さんに、私は生かされたことを感じました。生きてまだまだ人として学ばなければと思いました。

ファンとしての欲、これが哀しみに繋がっているともいえますが、多くのものを与えてくださった三浦春馬さんご自身が、本来のご自身のお気持ちのまま、ありのままの心で、自由に幸せを感じ、人が期待し望む生き方でも、人を喜ばすためのことでもなく、自らの人生を無邪気に自由に、時間に追われず楽しむ時間を、もう少し多く味わって頂きたかったな、と。ただ同時にそれが三浦春馬さんの生き様であったのだなとも感じつつ…涙が流れます。

「天外者」は圧巻でした。どれをとっても素晴らしい三浦春馬さんの作品、アートともいえる生き様を、命の尽きる最期の最後までみせてくださったこと、三浦春馬さんへは感謝しかありません。

（鹿児島出身　おはんな、まっこと、てんがらもんじゃっどより）

死ぬことも怖くないと思うようになった

●あの日から半年が経とうとしています。

彼は作品の中で生きていると言う人もいますが、まだそんな気持ちにはなれず、もうこの人の未来がみられないという現実がただただつらいです。半年経ってもふとした時に涙が溢れてきます。私たち一般人よりはるかに多くの人が彼と関わってきたはず。なのに誰も気づかず、なぜこんなことになってしまったのか。

そんなことを言ったら仲の良かった方や、最後まで一緒に仕事していた方、特に翔平さんの気持ちを考えると胸が苦しくもなります。

『日本製』も本当に素晴らしい内容でした。スタッフとの仲の良さも伝わってきました。4年かけて取材して作り上げた本。一緒に作った方たちはいま、何を思うのでしょう。前に進めていないのは何も知らないファンの私達だけなのでしょうか。私も篠田様の記事のとおり、彼の死を社会全体で考えていかなければいけないと思っています。

私は看護師をしており、死は遠く感じることではありませんでした。ですがこの半年、彼のような人がこの世からいなくなるということが理解できず、亡くなったらどこにいくのかなど真剣に考えました。特に信じているものもないので答えはわかりません。ただ、子供たちも中学生だし、まだ何があっても私は死なないと思っていた気持ちは、彼が向こうにいると思えば死ぬことも怖くないと思うようになりました。

いまは毎日ツイッターなどで同じ気持ちの方に共感し涙を流すことで自分を保っているような気がしています。私は春友さんと呼ばれるような方をフォローはしていません。ですが、毎日つらい気持ちを呟《つぶや》き、それに共感してくれる方がいること。また、知らない誰かが春馬さんに向けて送った言葉に私も支えられているのです。

『創』さんのように記事に取り上げていただけることは寄り添っていただいている気持ちで、ただただうれしいです。彼のことは忘れてはいけないことだと思います。それなのに、なんとなく名前を出すこともタブーになっているようなところも感じます。彼の友達数人だけは彼の話をしてくださり、彼のことを想っていることが伝わってきてあたたかい気持ちになります。もっともっと彼のことを話して今はみんなで涙を流すでいいと思います。

彼のように日本の素晴らしいことに気付き伝えようと頑張っていた人が生きていけない世の中。何の目標も夢もなく毎日過ごす私は、今たくさんのことを彼から教わっています。

そして私にできることを考え、この悲しいつらい気持ちを乗り越えることができるかはわかりませんが、同じ思いをしている方の気持ちをわかってあげられるかもしれない。そう思って、グリーフケアについて勉強をはじめました。ここ3カ月ほど看護師の仕事から離れていましたが、訪問看護に復帰することにもしました。彼が願った、優しい世の中になるようなお手伝いができればと思っています。

（横浜市　匿名　42歳）

15年来の春馬くんのファンより

●月刊『創』に出会い、春馬くんのことについての記事を読むようになりました。そうだよね！　と共感する事ばかり。私は15年来、春馬くんのファンです。舞台や映画をみるのは元々好きで、若い頃から他の方の作品も色々とみてきました。春馬くんは、朝ドラ「ファイト」から知ってはいましたが、「14才の母」の何とも言えない演技に引き込まれファンになりました。

それからは出るドラマ、映画、舞台は、ほぼみてきました。いつもすごい熱量がある姿をみるにつけ、素晴らしい！　と思っていました。初めて上京して初舞台をみたときには、演技だけでなくダンス、歌のすごさにビックリしました。唄うときの表情も、10代とは思えなかった。テレビドラマ中心に活躍していたけれど、画面だけでは収まらないので舞台がとてもあっているなーと感じていました。

娘たちに近い年齢ということもあり、フォトブックや、カレンダーを購入するにあたり、隠しきれないと思い、まるでカミングアウトするように春馬くんのファンであることを公言しました。それからは娘からは色々な情報もいち早く教えてもらったり…。

7月18日のニュースは事実としてはわ

かるのだけど、いったいどういうことなのか体感としては感じることはできなかった。心が固まったような気持ち。7月初め頃にオンエアされた番組でみた春馬くんは、とても痩せていて着ているジャケットも大きく見えました。どうしたんだろう?と心配でした。それから2週間ほどたってからの信じられないニュース。

私は、ただの一ファンだけど、何かできなかったんだろうか? 少し前の痩せた姿をみたときに、心で思うだけでなく、手紙でも書けばよかったんじゃないだろうか?と、いろいろ思いました。

あの日は、いつもならそろそろ梅雨開けして夏が来るだろう季節。なのに長い長い梅雨が続き、コロナ禍も収まらず。ほんとに鬱積《うっせき》した気持ちをもつ人々が多かったと思います。あの日が晴れていたら!とか3月の舞台が1週間で、終了しなければ!とか、すぐ近くに心が穏やかになれる彼女がいたのなら!とか、考えてしまいました。

私も愛知県でみるはずだった舞台は、またいつか、再演があるだろうから、行こう!と思っていたのに。思えば、2016年に、あまり前情報もなく観ることができた「キンキーブーツ」の春馬くんの素晴らしさ! 演技も弾《はじ》けて、歌、ダンスも凄かった!「14才の母」からずっと観てきて、とんでもなく素晴らしい表現者に、なったね!とほんとに嬉しかった! これからもずっとファンとして、どんどん成長するだろう春馬くんとともに生きたかった!

私は両親がなくなったあとも、よく夢をみる方でした。今回、春馬くんも、何回か夢に出てきてくれました。一番初めの夢は「どうしてこの世界からいなくなってしまったの?」と聞くと、少しはにかむように「仕方がなかったんだよ」と。

そうなんだ。どうしてもいなくなりたい理由があったんだ! それなら尊重しないと!なんて思い冷静を保とうとしていた。でも時がたつに連れて、そんなの嫌だ!と受け入れられなくなり…。

自分にできることはなんでもやっていこうと思い、まず「お別れ会」に出ることを目標に日々生活していました。が、それもコロナ禍もあり、延期。

心の整理をするためにもと、最期のドラマ撮影していたロケ地、鎌倉や本人の素に一番近いらしい映画「東京公園」の、公園巡りをして、春馬くんの出身地である土浦で、1泊して出身校やヨットハーバーを巡り、サーフィンをしていた茨城の海を見に行ったりしました。自分で計画しての1泊旅行は、自分だけの満足かもしれないけれど、心の整理には、役立ったと思います。

動画をみたり今までの作品を見直して、手元に置いておきたいものはどんどん購入しています。それに情報を得た春馬くんが愛読していた本も、購入して読んでいます。全国の皆さんが、「時間薬」がきかないと言っています。私もそうで、初めの頃の固まってしまった感情よりは前に進めた気がしますが、いろいろな作品や動画をみて、少しは笑顔を取り戻すことができても、この世界に今いないんだ! 降ってくる雪をみた時、今この雪もみることはできないんだ! 大好きなチーズも、食べることができないんだ!と思った瞬間に、寂しく哀しくなってしまいます。

もうすぐ、半年たつというのに。どうしてだろう? もしかしたら、私はファンとしてだけでなく、まるで息子のように、年の離れた弟のように思う気持ちも強かったんだと思いました。

いろいろなネット情報により言われていることは、ほんとに悲しいことです。最期に、撮影していたドラマに対しても言われることがありますが、私は一緒に出ていた、役者の方々や脚本の方には、とても感謝しています。確かに春馬くんは痩せていたので、体調はよくなかったと思います。それでも精一杯表現者としてそこにいたのは事実です。その姿を皆さんが引き継いでくれた! 正真正銘この世界からいなくなる直前の、春馬くんに、何回も会うために、何回も何回もみています。

先日春馬くん12歳の幻の映画「森の学校」を観てきました。子役の時から、私たちの前に現れて、２０１９年に撮った「天外者」にしても最期の「カネ恋」のドラマにしても、いつもいつも表現者として努力し続けて素敵な役者になってくれました。

生の舞台で会うことは不可能になりましたが、残してくれた作品で会うことができる! ２回のシングルでの歌はこれからもずっと聞ける! ８月にでたＣＤ製作のメーキング映像のＤＶＤでは、調子が悪くなる少し前の映像でしたが、コロナのことを気にしながらも、元気に夢を語り、前年に出したシングルの曲「ｙｏｕ」は、私も一番好きな歌ですが。それは幸せそうな顔でリズムに乗って唄う春馬くんをみることができてよかった! と思います。私は今も私たちを見守ってくれながら好きな歌を口ずさんでいることを信じています。

これからも春馬くんとともに生きる! 恥ずかしくない生き方をする!と決心しています。春馬くんのファンにならせてもらったことを、誇りに思っています。

春馬くんありがとうございます。

いつまでも春馬くんのことが

大好きな 洋子より

社会現象とも言える「春馬ロス」

●50代、独り暮らし、大学を卒業してから、地味に公務員として生きてきました。父は亡くなり、母は施設に入所し、兄弟のいない私は天涯孤独の身です。そんな私にとって、一世代下の人気俳優、三浦春馬さんは何の接点もない、芸能人でした。「こんな夜更けにバナナかよ」は劇場で見ていましたが、きれいな俳優さんだなと思っただけでした。それなのに今はＤＶＤを集め、映画を見に行き、ＹｏｕＴｕｂｅで動画を探す、ありがちな遅ればせのファンになりました。

きっかけはＹｏｕＴｕｂｅの動画、ｎｉｇｈｔ ｄｉｖｅｒでした。「この人が三浦春馬さんか…」何となく気になり、何度か見るうちどんどん深みにはまり、今では春馬さんの出ていないテレビにも映画にも全く興味を持てなくなり、すっかり春馬ｄｉｖｅｒになってしまいました。その理由は何なのか?

自問自答してみると、その答えは「孤

独」にあるような気がします。もちろん春馬さんのプライベートを知るよしもないファンの一人ではありますが、コロナでの自粛生活が彼にとっても辛かったのではないかと思うにつけても、彼が身近な人に思えてきて、その優れた演技力・歌・ダンス・飾らない人柄までが、この上もなく愛おしいものに感じるようになりました。

初の映画主演の「森の学校」から最後になってしまった主演映画「天外者」まで、春馬さんは数え切れないくらいの人生を演じ、生きてきたのだなあと思います。個人的には、ごく普通のへたれ高校生と、サムライ小太郎をみごとに演じ分けている「サムライハイスクール」が好きで見ています。作品の中ではありますが、両親と妹、友人たちに囲まれて、普通の高校生活を送っている春馬さんを見るとホッとするのです。

アーティストといわれる人は、その表現を通して、多くのことをファンに語りかけてくれます。他の誰でもない、この「私」に春馬さんは語りかけてくれているのだと多くのファンが思ったからこそ、社会現象とも言える春馬ロスが起きているのだと思います。これから、春馬さんの新しい作品に出会うことは少なくなってしまいましたが、彼が遺してくれた作品をいつまでも大切に愛していこうと思っています。

（大阪府　しまこ）

私の誕生日に春馬さんが亡くなった

●私の誕生日に三浦春馬さんが亡くなられてから、彼のことが頭から離れなくなり今日に至っている者の一人です。〝好き〟だけでもない〝かわいそう〟でもなく〝なんで？〟という感情が、たえまなくやってきます。可能な限りインタビューや映像作品をみさせて頂きましたが、納得がいくものが今だにありません。ただ文春の記事が本当ならお母様は7年位前から連絡をとれていないとのこと、それなら原因は仕事関係にあるのかと。2019年までのインスタを削除したこと。表題曲と作者が言った2ndシングルがただのシングルになり『カネ恋』に出演となったことと関係があるのか…想像の域を出ませんが、やはりコロナで思考が外に向かっていくのが難しかったのかな、と考えます。

いずれにしても彼はもうこの世に戻ってきてくれません。もうそろそろやめにしたいと思いつつ、『天外者』の彼に会う度にまた会いたくなってしまいます。そして、最後までドラマの撮影をがんばってくれた彼のことを応援したい気持ちが行ったり来たりしています。どうか『天外者』が海外の方にも見て頂けますように…とお祈りするばかりです。

長きに渡って三浦さんの記事を載せて下さりありがとうございます。一人の俳優の自死で済ませてはいけない何かがあるように思います。（周南市　昌代　59歳）

ヨーロッパから春馬君を想う

●春馬君が亡くなって5カ月が経ちました。私は、多くの方と同じで彼が存命中はファンというわけではありませんでした。「14才の母」で彼のことは初めて知り、この子はくるなと当時感じたことを覚えています。しかし、その後は10数年、育児と仕事に追われてドラマや映画などから遠ざかり、春馬くんを見る機会がありませんでした。

2020年夏、私は現在住んでいるヨーロッパにて春馬くんの訃報を知ることになりました。久しぶりの彼の名前を、こんな形で聞くことになるとは…。

彼の死から2カ月ほど経ち、ヨーロッパでコロナ第二波による外出禁止令がでて引きこもり生活が始まった頃、ふと「14才の母」を見たくなり見てしまいました。それが最後…彼から滲《にじ》み出る魅力にすっかり魅せられてしまいました。

毎日毎日彼の動画を見ることが続き、外見だけではない芝居だけではない、彼の素晴らしい人柄を知ってしまうことになりました。今私は、彼を思い胸が締め付けられるように毎日が苦しいです。

何故か？　それは、助けられた命だと思うからです。彼は、死にたかったけど本当に自ら計画的に死のうとした訳ではないと思っています。心の病により限界が来て、気づいたら死んでしまっていたのだと思っています。仕事を途中で放り投げる人ではないからです。

心を病んだ原因は複雑にいくつもあるはずですが、それを知ることを私は望んでいません。ただ、周りの人々が気付けて早めに介入ができたのではないかと思って悔しいのです。

動画を追っていくと明らかに彼は、2019年に入る前後から表情に変化をきたしています。2020年に入るとそれはもう顕著に現れています…。昔からトーク番組でも精神的に強くないこと、自分を知らないところへ行きたい、忙しすぎて心身共に限界を感じた、と話しています。

周りの方々が、彼の異変に気付いていたのかどうか、適切に受診行動やカウンセリングを受けることが出来ていたのか、はたまた彼も周りも彼の心に異変を来していると思っておらず本当に突然だったのか。長年ファンの方の中に、彼の異変を感じ何かしらアクションを起こした方がいなかったのか。

おこがましいですが、私がもっと早くから彼の活動に注目していたら、異変を感じて忠告なり何か出来たのではないか…と毎日タラレバで考えてしまうのです。実際そうだとしても行動できていたかは分かりませんが。

しかし余りにも明らかに異変がでており、彼の性格を知っているべきはずの彼に近い人々は何を見ていたのか…仕事の入れすぎをとめてくれれば…素の彼に戻る時間を与えてくれていたのか…悔やまれてなりません。苦しいです…。

事務所の所属タレントの健康管理、特にメンタルケアについてどのようになっていたのでしょうか。何も体制が整っていないのであれば、早急に考えるべきです。それこそが大切なマネージメントですよね。

彼を失った喪失感は、あまりにも大きすぎます。私のようなものでさえ、このショックで後追いしたくなる気持ちが分かります。私には子供がいるので、出来ませんが。彼の命を助けてあげたかった…助けられた…いつになったらこの苦しい気持ちが落ち着くのでしょうか…。

コロナも憎いです。コロナが無ければ、もしかしたら彼は何とか踏ん張って生きていたかもしれないから。２０２０年は悲しい年となりました。彼は、幸せな人生だったのでしょうか。

（ヨーロッパ在住　40代主婦）

身内や夫の死以上に胸が締め付けられる悲しみ

【『創』21年4月号掲載】

●『創』を読ませて頂きました。

恥ずかしながら私は50代60代どころではなく70をすぎております。

私も春馬君が亡くなってからの毎日をずーっと涙したり無力になったりの繰り返しです。春馬君はたまにドラマを見ていたくらいで特に大ファンだった訳でもありません、ただあの最後のグロップのＣＭがなぜか目に焼き付き忘れられなくて三浦春馬ってダンスも歌も凄いな？くらいだったのが、7月18日土曜日（奇しくもこの日は孫の誕生日でもあり）娘からのＬＩＮＥで春馬君の死を知り最初は何があったの？　なんで？　くらいの気持ちから、なんで？　という思いが日に日に増すばかりで一人暮らしの毎日の中、『14才の母』をはじめ春馬君の10代からのあらゆるＤＶＤを集め、その中の春馬君の演技に夢中になり、ＣＤの歌声を聴いて涙したり、部屋には春馬君の写真をかざりという毎日を過ごすうちに、人間三浦春馬、若い頃のキラキラした美しさ、そして誰もが口を揃えて言う優しさ、仕事に対するストイックさ、うつくしい日本語を使い、共演する人にたいしての心遣いに、なんて素晴らしい人なんだろう、という思いが増すばかりで、なぜ死を選んだんだろうと考えるうちに、気づけば涙を流し、段々と気持ちが重く眠れない夜が数カ月も続き、誰にも言えず悶々とした日々の時、大好きだった知人が9月の下旬に突如自殺をし、その衝撃で私も春馬君を追いかけたいとまで考えるようになり睡眠障害で不眠が続き、このままではいけないと近くの心療内科をたずねました。

心療カウンセラーの方に話を聞いてもらっているうちに、なぜか春馬君もあの最後のドラマの酷《ひど》い痩せ方の時、どうして誰も心療内科に連れて行ってやらなかったんだろう？　そう考えるとカウンセラーを受けながらも可哀想で涙が止まりませんでした。薬を出してもらい、今は睡眠障害もなく充分に寝る事が出来るようになりました、身内の死や夫の死でさえこんなに何カ月も手が付けられないほどの悲しみ、辛さ、胸が締めつけられるほどの切なさはありませんでした。

写真を見るたび涙が出て、年甲斐《としがい》も無くＴｉｋＴｏｋやＹｏｕＴｕｂｅで春馬君を探して、ドラマや映画のＤＶＤを買いまくりという生活の中、ネットで篠田さんの記事を見て同じ思いをしている人がこんなにいるんだ、私だけじゃないん

だ 私は年甲斐もなく異常じゃないかと少し不安でしたが『創』に救われました。7回目の18日をすぎた今も、毎日毎日一日に一度必ず春馬君の映像や声を見たり聴いたりしなければ落ち着かない生活を続けております、春馬君の最後の主演映画の天外者は映画館を渡り歩き15回も見に行き、行くたびにマスクがぐちゃぐちゃになるくらい泣いて帰って来ました。

子供達もそれぞれの家庭を持ち孫にも恵まれて、今の私は残された日々を旅をしたり趣味を楽しんだり子供達や孫達との時間を作ったり、というのがお決まりの残りの人生と思っていました。けどコロナ禍の中、旅行も外出もなんの楽しみもなくなり、一人家での時間を益々春馬君を堪能するしかありませんでした。正直こんなにも今はいない、しかも実際に会ったこともない俳優にのめり込む自分が信じられません。

三浦春馬との衝撃的な別れにより私の残された人生は春馬君を想い続けることにしよう、30年間人として俳優として素晴らしい生き方をした三浦春馬に私は今恋をしています。本当に人生最後の大恋愛をしたい♡ 逢いたい気持ちに涙したり、逢えないつらさに心痛めたり半世紀前にタイムスリップして恋をしてた時を思い出し、残りの人生を春馬君を想い生きようと決めました。

3月は『ブレイブ─群青戦記─』、やっとの思いでチケットゲットした『森の学校』をスクリーンで楽しんで来ます。春馬君の僕がいた時間のように。

(春馬君に恋するおばあちゃん70代)

朝起きてから夜寝るまで春馬君の動画を見て泣いた

●『創』3月号を読ませて頂き、春馬くん関連の別冊を刊行されるとのことで、私も彼がなくなってからのことをメールさせて頂こうと思いました。

彼のニュースを知ったのはスーパーで買い物中でした。携帯の通知音で見てみると「三浦春馬さん自殺」の文字。思わず「えっ!?」と大きな声が出てしまい、周りの人が私を怪訝《けげん》そうに振り返りました。私は特に物凄いファンというわけではありませんでした。ＣＭや『14才の母』『さむらいハイスクール』『永遠の0《ゼロ》』等は見ていて、「きれいな顔の俳優さんだな」程度の印象でした。

亡くなった? なんで? 何があったの? とＹｏｕＴｕｂｅで情報を得たり、Ａｍａｚｏｎ、Ｐａｒａｖｉ、Ｈｕｌｕ等で過去の彼の作品を見始めました。すると礼儀正しく、自分より周りの方を気づかい、ポテンシャルの高さにおごることなく、物凄い努力をされて作品に挑んでいることがわかりました。

演技だけではなく、ダンス、歌も度肝を抜く感動のレベルの高さ、そしてセクシーな声、広い音域。その辺のアイドルや歌手と言われている方よりも、もしかして上手いのではないかと思ったほどでした。

そうこうして1週間過ぎた7月26日、私の体は彼の死を受け止めきれずに悲鳴を上げはじめたのです。下痢が止まらなくなり、頻回な便意。水を飲んだだけで腹痛が襲いました。いつトイレに行きたくなるのかわからず、出かけることもできず、仕事は休めず下着にパットをつけていきました。体重はどんどん落ち、8キロ痩せました。大きい病気かもしれないと検査をしても異常なし。過敏性大腸症候群と診断されました。

朝起きてから夜寝るまで、携帯で春馬くんの動画、ニュースを検索し、見て読んでは泣きました。職場のトイレでは嗚《お》咽《えつ》が漏れ、ばれないようにハンカチで口を押さえました。主人からは「家族でも親戚でも知り合いでもない。三浦春馬のみの字も今まで言っていなかったのに、何でそんなに体調を崩しているんだ？勘弁してくれ」と言われました。

子供たち2人は春馬くんより少し下です。子供たちも日に日にやつれて行く私を心配していました。自分でも何でこんなにも彼の死がショックなのかわかりません。思考が停止し、体も現実を否定しているかのようでした。ＴｗｉｔｔｅｒやＦａｃｅｂｏｏｋで同じ気持ちの方々と繋《つなが》り、折れそうな心に添え木をして頂いて、なんとか毎日を過ごしてきました。

食事を作れば「春馬くんに食べさせてあげたいな」と思い、仕事帰りに夕焼けを見れば、いまだに涙が溢れる毎日です。

彼のように清らかで優しい青年が、何故死なければならないのか？普通に生きられないのか？今の世の中、今の日本に絶望さえ感じました。

彼の周りにこんなにも多くの人が関わっているのにも関わらず、なぜ誰も彼を救えなかったのか？激ヤセぶりは異常であることは明らかです。対策やカウンセリングはされていたのか？責任感が人一倍強く、周りに迷惑をかけることはしたくなかったであろう春馬くんが、ドラマ撮影途中で？作詞作曲した曲も含むＣＤが発売される前に？後悔はないやりきったと言っていた主演映画の完成を見ずに？自ら自分の人生を終わりにするわけがないと思うのです。

彼がそれを選んでしまった理由は、やはり何かに追い込まれてしまっていたのだろうと思います。自分の存在を失くすことでしか解決しない問題が起こってしまったのだと思います。真実は何かわかりませんが、そういう世の中を作っているのは私たちなんだ…とどうしようもない後悔と、助けてあげられなかった懺悔《ざんげ》の気持ちでいっぱいになってしまうのです。

でも落ち込んでばかりはいられません。彼の生きた証しを愛し、作品を愛《め》でて、彼のように笑顔の素敵な、自分よりも周りの方々のことを考えられる素敵なおばあちゃんにならなくてはと思っています。

どうか今は春馬くんが穏やかで幸せな処にいられる事を祈るしかありません。

そして出来ることならば、所属事務所が会見をして、私たちファンのグサグサな心を少しでも癒《いや》して欲しい。このままでは私達は真っ直ぐ前には進めないのです。アミューズ様、どうかよろしくお願い致します。（孫もいる57歳の介護士）

7回目の月命日を花とろうそくで偲んだ

●三浦春馬様。7回目の月命日を迎える夜にこの手紙を書いています。お気に入りの花屋さんで店主さんに「月命日に春を感じるような花を」とお願いしたら、とても素敵な花束になりました。帰宅して、花を花瓶《かびん》に生けて、今夜届くように注文した滋賀県の大興の和ろうそくを灯して、心静かに貴方を偲んでいます。

貴方はずっとエンタメの中心にいて、それがあまりにあたりまえだったので、強く意識することなく、眩《まぶ》しい思いで一方的に拝見していました。昨年7月4日の夜、家族といつも観ていた番組に、貴方が著者『日本製』を携え登場しました。日本各地の思い入れのある製品を熱心に語る姿に、率直に「三浦春馬くん、こんな魅力的な大人の男性になっていたのね…」と思いました。そして、もっと三浦春馬さんについて知りたくなり『日本製』をネットショップの買い物カゴに入れました。あとで注文しよう…と。

うっかりそのままにして迎えたあの夏の日。長く続くどんより雨空のあの土曜日。ニュース速報に絶句した私がいました。動転しながらも、慌てて注文ボタンを押しましたが、しばらく手元に届くことはありませんでした。

それからは、ネットで貴方の姿を追い求める日々。ドラマや映画、舞台のDVDも可能な限り観ました。そして、ひたすら涙する毎日…。自分でもどうしてしまったのか理解できないくらいに、貴方が頭から離れないのです。

こんなに清らかに美しく生きてきた人がいたのか…。どうしてもっと早く貴方の魅力に気づかなかったのだろう。生命の重さや人生の尊さをあんなにも作品の中で全身全霊で伝えてきた貴方が、どうして自ら終わらせてしまったのだろう…。何が貴方を追いつめ苦しめたの。そばには誰もいなかったの。

あの土曜日が翌日のように久しぶりに晴れていたら…なんて思ったり。考えても考えても答えなど見つかるはずもなく、出口の見えないトンネルに迷い込んでしまったようです。

貴方の最後の主演映画『天外者』を五回鑑賞しました。はじめは涙涙…で冷静に観ることができませんでしたが、次第に春馬さんが五代友厚そのものに見え、私に「自分の為すべきことを見つけ、前を向いて生きろ」と伝えているように思いました。そして、「俺は生ききった」と。そう、春馬さんは春馬さんの人生を生ききったのですね…。時間の長さは関係ない。そんなふうに思えました。

まだまだ気持ちは行ったり来たり。けれど、JUJUの「あざみ」にあるように♪時が過ぎて跡形もなく
この身体が形失うとき
ここに残るこの愛だけは
消えないことを知ってください
あざみの花の揺れる野道で
また逢えるとそう言ってください♪
また逢える日を心待ちに私は私の人生を歩いていきます。　（☆* azami*☆）

7月18日の衝撃をいまだに受け止められない

●私も昨年7月18日から春馬くんを忘れることができないままでいる1人です。

こんなにも長い間、いっときも心から離れずにいることを誰にも言えずに毎日を送っています。同じような思いで過ごしている人たちがいることを記事で知り、少し安堵しつつ、この気持ちを吐き出すことで、悲しみが少しでも整理できたら

と思い、メールしました。

春馬くんの死をきっかけに、私は死がとても身近な存在に感じられるようになりました。「私の生きている毎日も、終わらせようと思えば簡単に終わってしまう」そんなことを急に考えるようになり、あれから、ふと衝動的に沸き起こってくる「死」への感情と葛藤する日々です。

私は、春馬くんよりも一回り年上で、元々熱狂的なファンだったというわけではありません。でも、春馬くんは10代の時から第一線でずっと活躍していたので、亡くなってから改めて、春馬くんの出演作品をたくさん見てきたこと、いつも私たちのそばで輝いている存在だったことを思い知りました。そして、なぜ春馬くんの死がこんなにも強く心をひきつけてやまないのか、自分なりに色々と考えてみました。

一つには、人に優しく、たゆまぬ努力を重ね、キラキラと輝きを放ち、心身ともに美しい春馬くんのような人が生きていくことのできなかった世界に絶望感を感じたことは確かです。

何があったのかは私たちは永遠に知ることはできませんが、あの笑顔の裏に、とてつもない苦しみを抱えて生きていたことや誰も救いだすことができなかったこと、あんな最期を一人で迎えさせてしまったことを思うと、深い悲しみに襲われます。

また、死とはほど遠い場所にいるように見えた春馬くんが自死を選んだというそのギャップに、心が追いつかないという現状もあります。ドラマの撮影中に主役級の俳優が自死をするなど、今まで聞いたこともなく、前日夜まで普通に働いて、「また明日」と言っていた人が翌日に自ら命を断つという出来事を、いまだにどう理解したら良いのかわからないままです。

どうしてあんな最期を迎えなくてはいけなかったのだろう。本当はどこかで生きていてくれるのではないだろうか、そんな思いがぐるぐるとめぐり、日に日にやりきれなさが増します。そして、自分もある日そのような心情にかられることがあるのか、また、自分の身近な人であったら、と考えては不安に苛《さいな》まれる日々です。

亡くなったあとも、次々にドラマや映画が公開され続け、死から半年以上経てもまだ新作が残っているという状況も異例な事態だと感じています。その姿を今もなお目にするたびに悲しみや寂しさ、悔しさが募り、「もうこの世に春馬くんはいないのだ」と現実を直視させられ、心が休まる時がありません。

春馬くんの死は、ひとりの芸能人の死という出来事にとどまらず、この先どれほど真面目に頑張っても決して報われないのではないか、とコロナ禍で閉塞感の漂う毎日にとどめを刺された気がしました。

7月18日の衝撃は今もなお心を揺さぶり、春馬くんの死を受け止めることがまだできません。思い出すのはいつも、あのキュートな笑顔で、だからこそ悲しさは増すばかりです。忘れない、ということは時に苦しさを伴いますが、春馬くんの美しい姿を私はずっと忘れずにいたいと思っています。今はただ春馬くんの魂が、どこかで安らかに幸福に包まれていることを願います。（東京在住　匿名）

自分と同じ状況の方がこんなに沢山いることに驚き

●三浦春馬さんに関する記事をずっと拝読しています。自分と同じような状況にいる方がこんなにも沢山いることに正直驚いています。同時に、『創』を読むことで、こんな風になってしまったのは自分だけではなかった、と少し安心することもできました。皆さんが心のあり様を吐露してくれたこと、それをこういった形で世に出してくださった編集長に感謝します。

実は私は三浦さんの事をずっと見て来たファンではありません。あの日から、もういないはずの三浦さんの存在が心に刺さり、辛い日々を過ごしてきた〝にわかファン〟の一人です。最初ニュースを見た時には、きっと悩んでいたことがあったんだろうね（ファティマさんの最初の寄稿で言及されていたことです）と冷静に受け止めていたのですが、その翌日からじわじわと心が締め付けられる時間が多くなってきて…ついに秋を迎える頃には自分の死を考えるほどのひどい精神状態になってしまいました。自分が何をするかわからない、クローゼットに近づくのが怖い、そんな日々でもありました。「太陽の子」についてインタビューされた時に、「今日という日は（戦時中に）誰かがあれほど生きたいと願った1日」なんだと語っていました。だからこんなコロナ禍でも「時代に沿って順応していかなければいけない」と。

これが2020年7月8日。三浦さんが旅立つ10日前の言葉です。こんなに前向きな言葉を発することができる人が、どうして自分で命を絶ってしまったんだろう。三浦さんが最期をどんな心境で迎えたのか、それを考えると今でも胸が苦しくなります。あの日から三浦さんの出る映画、TV番組、ドラマ、ミュージカル等片っ端から観てきました。そのどれもに涙も笑いもあり、彼がこれほど一所懸命に生きた日々を、仕事に忙殺されリアルに応援できなかった自分の人生を悔やんでばかりでした。ただ、この世に起きることには何か意味がある、そうなのだとしたら、彼がいなくなった理由を探すのではなくて、彼が生きて残してくれたものの意味をしっかり受け止めて前に進んでいかなければいけないと思うようになりました。

決して時間薬が効いたのではありません。彼をだんだん忘れる日々が始まったのでもありません。彼はいつだって30歳の若さで皆の心に留まり輝き続ける、思い出せばいつでもそこにいる、死を超えてなお生きている、その事実をやっと受け止められる自分に昇華したのだと思います。

三浦さんが自身の20歳の誕生日に10年後の自分に送った言葉があります。それに今は大きな拍手と共に応えてあげたい。「あなたは凄い人になっていますよ、自信をもって前を向いて歩いてください」と。そしてこの言葉を自分自身にもかけられるように、1日1日をしっかり生きていきたいと思います。三浦さん、あなたが身をもって教えてくれたことに心の底から感謝します。ありがとう。

（東京都　52歳　のりこ）

私だけじゃないと何度も慰められた

●2020年7月18日午後、その日を境に私の毎日は一変した。

いつものようにのんびりテレビを見ていた突然の速報、あの衝撃から私の毎日は三浦春馬を求めたくて三浦春馬を探したくて、とりつかれたようにネット上の三浦春馬関連投稿を検索しまくることに多くの時間を費やしていた。

すごく熱心なファンということではなかったが、2019年のTWO WEEKSのドラマからカッコいい俳優！だと意識していた。イケメンだわーの恋心、胸キュン俳優だった（後に胸キュンなんて言葉で済ますのは申し訳ないくらい彼の人間的グレイトさに胸ぐら捕まれることになるのだが）。

そしてあの日を機に私の中で三浦春馬はさらに強烈な存在感を放つ、そしてそれゆえ喪失感がとんでもなく、毎日が心折れる日々だった。私だけではない、多くのファンにとっての春馬ショックはマスコミが触れまいとすればするほど心の穴を広げるばかりだった。真相究明、無念を晴らす、そんな言葉にもやはり心の穴は埋まるどころか、深まっていく。

だってどうにもならないことはみんな心のどっかで分かってて、それでもいつか真実が明らかに、と信じれば、少しでも立ち直れるんじゃないかと思うから。

そんな中であまりにもダイレクトな［三浦春馬死の衝撃］というタイトルと春馬さんが演じたローラの切り絵が表紙になった『創』11月号を知った。まだ衝撃の温度がめちゃくちゃ高い頃、そして大手週刊誌がどう考えても敢えて触れないのねと、考えてしまう社会的ムードの中、私には『創』は救いとなった。

すでにAmazonでは高額転売されていたが、本屋さんで「在庫一冊有りました」と言われて手にしたときの感激たるや、もう言葉に出来ないぐらい嬉しかった。そして家に帰るまで待ちきれなく通勤電車の中で読み、空羽ファティマさんの記事に泣けて泣けて、こらえるのが大変だった。

こうして11月号から毎号『創』との心の共存が始まった。同じように春馬ショックを抱えた多くの読者からの手紙が掲載されていて読むたびに私だけじゃないと何度も慰められた。傷心というのは、分かち合える人がいることがこんなに心強いのかと、初めて実感した。しかもそれは友達でも知りあいでもなく、ただ三浦春馬さんが好きだという名前も知らない人と心を交わせる、ってこの共存感、一体感は何？　と感動した。

そして三浦春馬さんのファンというのは彼の心をうつす鏡のようにまっすぐで聡明で、ただ悲しむだけではなく、認めたくない死の現実に懸命にけなげに、向き合い、さらにはそれを昇華して乗り越えようと前向きだ。私はそこに救われた。

三浦春馬も凄いけどファンも凄い。気持ちの崇高な人が何と多いのか。ふと類は友を呼ぶというのは本当だと思った。

そして最も！最も『創』から、［三浦春馬］からもたらされた大きなプレゼントではと思うのが連載を続けている絵本作家［空羽ファティマ］さんとの彼女の仲間たちの［キャメルングループ］との出会いだ。誌面とインスタでしか知らないけれども、もうずっと昔から仲間であったかのように、私は感じている。

春馬さんを失って曇る気持ちが天に駆ける駿馬を想うように晴れていく。前向いて新しい春馬をみんなで分かちあおうよ、というこのコミュニケーションの輪を春馬さんからのファンへの、そしてにわかファン代表空羽ファティマさんのプレゼントと呼びたい（ファティマさんはご自身でにわかファンと言いますが、ならば、にわかであることって凄い力です）

プレゼントというのが適切なのか、迷った。だけど春馬さんが残したのは悲しみだけじゃなくて、本来出会わなかった人たちの多くの［絆］をこの世に残したことは確かだと思うのだ。私はそれを敢えて幸せの種と呼びたい、プレゼントだと思いたいのだ。

彼はもう、生きてこの世界にはいない、そのどうあらがえようもない現実を越えて彼の生きた証を未来永劫つなげられるとしたら、あの笑顔を一人一人心のなかに幸せの種と思ってたくさんの人と分ち育てて行くことなんじゃないかと思う。

一人じゃできないこと、それを形にしたのが東京新聞の三浦春馬ジャックであり、渋谷愛ビジョンであり、ファティマさんの「想いの光　4500」企画だと思う。『創』の連載記事が毎号涙なしには読めないほどに感動なのはもちろんなのだ。ここの読者はもう、みんな心に染み渡っているにちがいない。

文章を書く専門家ではないからどんなに大好きな大好きな春馬さんや春馬さんの作品を語りたくても文章にまとめあげるなんて出来ない。それを空羽ファティマさんは自らもファンであるからという前提ありきだとしても、それこそファンの心の傷のちっちゃなヒダヒダにまで寄り添い、愛にくるんで毎号のあの感動大作に仕上げて下さる。

「よくぞ言ってくれました」「そう！　そうなの！　それが言いたいの！　ありがとうございます！」の嵐で読み進めるのがファティマさんの精根込めた記事なのだ。

さほど本を読む方ではないが、活字というものがまるで命を吹き込まれかのように、心に響き、いつのまにか涙が溢れてきてたまらない、そんな経験は私をすっかり感受性豊に変えた。私ってこんなにすぐ泣く人だったっけと自分でも思う。それもこれも三浦春馬さんがいたから…なんだろうな。

ファティマさんは震災で亡くなった6歳の女の子を主人公にした絵本「あなたをママと呼びたくて、天から舞い降りた命」を出版していると知った。三浦春馬さんについて書くきっかけでもあるという。絵本の中で今も生き続けている佐藤愛梨ちゃん。そして絵本の中で生き続けている三浦春馬。震災からちょうど10年の今年、しかも同じ3月にファティマさんが絵本作家として三浦春馬さんを書くというのはもう、偶然とかのレベルを越えていて何だか神さまレベルと思ってしまう。

本屋さんで三浦春馬に会えるってうれしい。お願い！　本屋さん、特別コーナー作って。と今叫びたいくらい。『創』と［三浦春馬］がつむぐたくさんの春馬

愛あふれるファミリーの心の本棚に永遠に繋がれることを願う。（夏波　60代）

毎晩涙を流したが、『創』の記事に救われた

●7月のあの日以降、家族にはそこまでとは感じられないよう元気に努めながらも、心のモヤモヤ、喪失感、悔しさ、申し訳無さなどから、毎晩涙を流していましたが、『創』さんの記事を拝読し、優しい布で抱きしめてもらえたように救われた50代の主婦です。

しかし現在もまだ乗り越えられた訳ではなく、もしかしたら今コロナのニュースに日々振り回されているこちらの世界が仮想のもので、春馬さんや一昨年亡くなった美人で人格者である親友がいる世界が真実の場所なのではないかとさえ感じています。

誰もが夢を見られる国を…と、粉骨砕身働いた五代さんの時代から100年以上経っても、夢を見ることは出来ても、本人の努力不足ではなく、周りの横ヤリでその夢を実現出来ないと感じた時の春馬さんの気持ちを考えると、胸が締め付けられます。

強い意志を持って正義を追求することは無駄なのか？　就活中の息子は、純粋な判断基準で仕事を選び、長い物に巻かれない信念があるのか？　息子に突然問いかけても、軽くスルーされそうなので、せめて私の残りの数十年？を利他の精神を根底に置く行動をして、いつの日か春馬さんに「ありがとう、ご苦労様」と心から言えるような穏やかな心境になれればと願います。（埼玉県　匿名　55歳）

映画『天外者』を19回観ました

●『天外者』を何度も観る度に泣いていています。これだけ魂と気力をこめて五大友厚を演じ切った春馬君。そして、才助と共に青春を過ごした龍馬、利助、弥太郎との4人のつながり。遊女はる、妻の豊子、才助の父母、兄、強烈な印象を残した料亭女将などなど。

閉塞感あふれる今の日本、世界中の国々。毎日の日常もなんとなく世知辛く、息苦しい思いもありますが、そんなものを吹き飛ばしてくれるかのような勢いのある作品でした。本編終了後のメイキング映像を観てまた泣いて、終わった後は拍手が起こってます。お金をいろいろやりくりをして私は19回映画館に足を運びました。こうなったら20回目をめざします！

（札幌市　匿名　55歳）

夫は「三浦ファンの嫁の夫被害者の会」へ入会（笑）

●12月号の、春馬君ローラの切り絵表紙に惹かれて初めて『創』を読みました。それまではこの雑誌の存在すら知らず…ツイッターでたまたま見かけて、購入。記事は、ファンの声を取り上げるものだったり、春馬君の作品の考察だったりして、読みごたえがあった。また、憶測を決めつけるような記事ではなく、冷静に世間の声を紹介した上で書かれており、何だかホッとした。

そして、1月号も天外者の切り絵が表紙ということで購入。空羽ファティマさんの記事に泣いて笑った。「時が戻るな

らば彼に言ってあげたい。あなたは本当に本当に、ほんとうに！　素晴らしい表現者なんだから!!　謙虚でいることと自信を持つことは共存できるよ」。特にこの文章に100万回くらい共感ボタンを押したい。100万回じゃ足りないくらいだ。この記事を読めて本当に良かった。買って良かった。

私も、春馬君の事を出来る限り応援していきたいと思っている。夫は「三浦春馬ファンの嫁の夫被害者の会」（ツイッターで検索してみて下さい）に入会しましたが（笑）、私の春馬君への愛は増すばかりです。

（札幌市　綾香　32歳）

6回目の月命日に観た『天外者』

●1月18日……6回目の月命日。6回目の『天外者』を観ました。私は春馬君の訃報を聞き、ネット等の情報を見るにつれ、春馬君ファンになりました。自分でもこの不思議な状況に自分自身がおかしいのかと不安にもなりました。「春友さん」「春ガールさん」……春馬君のファンの皆様のインスタを読み、安心しました。私と一緒だと。知れば知る程、全てにおいて素晴らしい唯一無二の存在だった事が分かりました。

春馬君は、世界の舞台に立つ事を夢見て、さまざまな努力を続けてきました。死にたくて死んだのではなく、死なざるえない状況を作った日本の社会……。まじめに一生懸命生きた人を応援できない日本の芸能界……。あげればきりが有りません。何を言っても7月18日をやり直す事が出来ません。ならばタブーとせず、春馬君の追悼番組、春馬君と共演した芸能人の皆様、春馬君との思い出話をTVでして下さい。私達ファンの心を救う為にもお願いしたいです。

（恵子　67歳）

妹からラインが来て…信じられなかった

●もともと『14才の母』で三浦春馬という俳優に出会い、真っすぐな瞳に引き込まれ、それから出るドラマやバラエティーは、欠かさず見ていました。バラエティーでは、しっかりしていそうで天然な彼の可愛らしさに癒されました。その後は舞台で活躍されているんだなと思いつつ、子育てに忙しくしていた頃で観られず、でも気にしていた俳優さんでした。

そんな中、7月18日妹からラインがきて…信じられませんでした。

その日から毎日、毎日、動画を見たり、今までの作品を買ったり、本も買いました。彼の人柄を知れば知る程、惹かれていきました。彼は優しさにあふれ、それを行動に移せる男らしさも持ち、ストイックで真面目…容姿の美しさはきっと内面から滲《にじ》み出るのだと思います。

人生は色んな選択を迫られ、選んだ道を進み、その積み重ねであるならば、あの日、春馬君は苦渋の選択をしてしまったのかと思い悲しい気持ちしかないです。ですが…もう半年以上経ってなぜこんなにも惹かれているのか分からないけど、春馬くんを知り優しさに憧れ、尊敬し、私自身も優しく生きようと思えたことに感謝しかないです。どうか今は安らかに穏やかに軽やかにと願うばかりです。

（千葉のモケちゃん　52歳）

強力な時間薬が欲しいです。

（つくば市　あおい　40代）

今年はチューリップが咲きません

●我が家の庭に今年はチューリップが咲きません。ここに越してから毎年春にチューリップを咲かせていたのに…。花咲く春に、本当に自分があの日から変わってしまったな…と感じます。

昨秋…庭に球根を植えることができませんでした。苦しくて身体に力が入りませんでした。親が亡くなっても無かったことでした。一人隠れて春馬さんの動画を観ては泣き…泣く時間を持つことを杖とし…なんとかパートと家事をこなしました。

私は「せかほし」の春馬さんは好きでしたが、にわかファンです。なんでこんなに悲しくなってしまうのでしょう。

春馬くんは何かに追い詰められ、消えてしまった。幸せそうだと思っていた彼は、実は色々な事情を抱えていた。何も知らなかったことへの罪悪感。救えなか

土浦で少年時代の春馬さんを見ていた

【『創』21年5月号掲載】

●私も皆さんと同じような胸が締め付けられるような思いをしています。

私は土浦の駅前で働いていたこともあり、彼がまだ土浦アクターズ時代に少しずつ名前も知られてきた頃、モール505や駅前のヨーカドー前でライブをしていたのを数回見たことがあります。すでに女子中高生ファンが多く観ていました。

それからあっという間に売れてスターへ。これまで彼の作品は、何本か見た程度でそこまでファンという訳でもないのにあのニュース速報が流れた時から胸に刺さるようなショックでした。彼の人柄、生い立ち、仕事の姿勢などあらゆる情報を耳にすると、何故？どうして？　もっと見たかった…毎日その繰り返しです。

今は、土浦の隣に住んでいるので、春馬くんの縁の場所を訪れたり映画やドラマを見返したり、歌を聴いたり、インスタグラムに載っている彼の無邪気な笑顔の写真をみては泣いてしまう日々です。

時間だけは勝手に動いていて、季節は巡るのに、その中に彼が居ないことの寂しさ。彼の新作がひとつずつ公開されるとカウントダウンが始まって寂しくなり、彼のネガティブな記事が出ると怒り、悲しみ…自分でもどうしたんだろうと思うほど。頭の中どうにかなりそうです。

なんとなく後追いする人の気持ちがわかる気がします。実際話をしたこともないのにテレビの人なのに身内を亡くしたと同じような思いです。でもこの悲しい気持ちは、誰にも言えない。

この喪失感を共感して貰えたらと思ってインスタグラムに思いを綴るのが唯一の発散の場です。

彼がまた笑顔で戻ってきてほしい。ただそれだけです。

った無念さ。動画の中の一生懸命な春馬くんと対極の、春馬くんの絶望を思うと苦し過ぎました。

私が育った昭和の日本は「森の学校」でも表現されているように、権力をもった人間でも、ずるいことを恥じる気持ちがありました。悪いことをしたら過ちを認める潔さがありました。弱きを助け、悪を憎む。昔話ではなく、あたりまえの道徳を思い出したいです。

少しずつ大事なものを失ってきている今の日本…男社会が変わらない日本…妻の地位も向上しない日本…

私が日常にそんな閉塞感を持っていて、令和のノリにもついていけない昭和育ちの主婦だから、余計に春馬さんの消え方が切なくて、やるせないのかもしれません。春馬さんが消えたことが、私自身も馴染《なじ》めない現世への絶望に映ります。

今は少し落ち着き、でも苦しいことには変わりなく春馬さんの映画を観に行くことが杖で…。歩む目標は4月5日のお誕生日…。お誕生日が終わってしまったら、きっと次は一周忌…。春馬くんの「何か」を杖にしないとまだ生きていけないです。月刊『創』さんも杖です。太い杖です。本当に心より感謝いたします。

庭にチューリップが咲かないことに家族は気付くかな…買ってきて植えようかな…(笑)

（50代主婦）

あの日からずっと「春馬沼」です

●『創』の記事を読ませて頂いております。私もにわかファンなので、あまり周りに話すことも出来ず、毎日一人で涙しておりました。反抗期の子供を抱え、夫婦関係もイマイチの日常に、春馬くんの映像を観ることで大変癒されております。

春馬くんが活躍しだした頃は子育て真っ最中で、テレビを観る暇もなく、たまに観るテレビで若い俳優さんの中でも私好みだわ。と思う程度でした。でも7／18の速報はショックで娘の部屋へ駆け込みました！　あの日からずっと春馬沼です。あの日からずっと、空の上には春馬くん、と思いながら空を見上げ、写真を撮る毎日です。よく出るな、と思うくらい未だに涙が溢れますが、彼の身近な方々はもっともっと、辛くシンドイだろうと自分に言い聞かせています。私達ファンは、彼を思い、彼の作品を観続けることしかできないのかなと。

色々な報道がありますが、個人的にはあんなに素敵な春馬くんをこの世に誕生させてくれた、ご両親に感謝感謝です！

吐き出すところがなく、この場で初めて思いを吐き出せました。ありがとうございました

（神奈川県　匿名）

【編集部より】

この1カ月ほど、読者投稿はさらに増えています。本書に掲載されることを期待しての投稿だと思いますが、申し訳ありません。紙幅の都合でここには3通しか掲載できませんでした。熱い思いのこもった企画の提案がたくさんあってページが足りなくなってしまいました。同じ時期に発売される月刊『創』5月号には、これまで以上にページをとって投稿を掲載しますのでご容赦ください。

クロスワードパズル回答

1 カ	2 ゴ	シ	3 マ		4 ア	5 グ	リ		6 ゼ		7 ヒ	タ	8 イ		9 エ H	ク	10 ボ
	フ		11 イ	マ		ラ		12 イ	ロ	13 ジ	ロ		14 エ	イ	ガ		ク
15 バ	ン	16 コ	ク I		17 イ	バ	18 ラ	キ		ヨ		19 バ	ス		20 オ	21 ト	
ー		シ		22 ウ	エ	ー F	ブ		23 コ	ウ	カ	イ		24 レ		25 シ	26 ワ A
27 テ	ラ		28 オ	チ	ヤ		29 ユ	ウ	メ	イ		30 ブ	31 ラ	ン	32 コ		タ
ン		33 オ	フ G		34 ス	35 キ	ー		デ		36 イ	ル Y	ス		37 エ	38 ニ R	シ
39 ダ	マ	シ	ア	40 イ		ミ		41 タ N	イ	42 セ	ツ		43 ト	44 キ		ジ	
ー		45 エ	ー	ビ	ー		46 カ	イ		47 ワ	シ	48 ツ		49 ク	50 コ		51 イ
	52 イ W	ゴ		ツ		53 キ	ミ S	ヨ	54 ウ		55 ヨ	ア L	56 ケ		57 コ	ド	モ
58 カ	ギ		59 ギ		60 ウ	ヨ		61 ウ	エ	62 ア		63 コ	ン	64 イ	ロ		ウ
	65 リ	ビ	ン	グ		66 ジ	67 イ		68 キ	シ C	69 カ	ン		シ		70 マ	ト O
71 ロ	ス		タ		72 テ	ン	サ	73 イ U		74 ユ	メ		75 ヘ	ン	76 サ	チ	
ケ		77 カ	マ	78 キ X	リ		79 カ	チ	80 メ		81 ラ T	82 セ	ン		ム		83 ケ
	84 ジ	ン		リ		85 マ		86 バ	イ	87 ク		キ		88 ヨ	サ	89 コ	イ
90 サ	ツ	ソ	91 ウ		92 カ	イ	93 ジ	ン		94 モ Q	ノ	ガ	タ	リ		95 ト J	サ
96 ニ V	ワ		97 ツ	98 キ		99 ナ K	ミ		100 モ	ツ		エ		101 ミ	ト		ツ
ー		102 ク	リ	ス	103 マ	ス		104 ミ	リ		105 コ		106 シ	チ		107 ヒ	
	108 タ	イ	ガ		タ		109 バ	ツ		110 ト P	ウ	セ	ン		111 オ	ト	112 ナ M
113 パ		ー		114 カ	タ B	115 ナ		116 コ	ン	ビ	ニ		117 ケ	118 イ	タ		イ
119 パ E	チ	ン	コ		120 ビ	ン	ボ	ウ		ラ		121 ハ D	イ	ス	ク	ー	ル

A	B	C	D	E	F	G	H	I	J	K	L	M	N	O	P	Q	R
ワ	タ	シ	ハ	パ	ー	フ	エ	ク	ト	ナ	ア	ナ	タ	ト	ト	モ	ニ

S	T	U	V	W	X	Y
ミ	ラ	イ	ニ	イ	キ	ル

ファンたちが語った春馬さんの魅力とは…

三浦春馬さんについての読者アンケート

三浦春馬さんに想いを寄せ、SNSで気持ちなどを交換し合う方たちにアンケートを行った。以下、その回答からごく一部を紹介する。

以下に掲載するのは、空羽《くう》ファティマさんのインスタグラムなどを通じて呼びかけたアンケートに答えたものから一部を抜粋したものだ。紙幅の都合で一部の方の回答しか掲載できないことをご容赦いただきたい。回答者は匿名として年代を掲載したが、全員が女性だった。

三浦春馬さんの惹かれるところ

【設問1】三浦春馬さんの最も惹かれるところを具体的に教えて下さい。

●自分より自分に関わる全ての人へ優しさや感謝を持っている。もう十分な努力をしているのに最後まで謙虚で自分に厳しく客観的にみているところ。物に対して作り手の思いまで知ろうとして大切にしていくところ。

こんなにも素晴らしい人間なのに最後まで自分が素晴らしいと認めなかった。経年美化。この四字熟語が当てはまるのは三浦春馬さんただ一人。（40代）

●笑顔！　くしゃっとなる可愛い笑顔がたまらない♥　優しさが溢《あふ》れ出てる！　ほんとに何度もあの笑顔に癒された。今も思い出すのは笑顔の春馬くん。これからも私の癒しであることに変わりはないです。（30代）

●周りを気遣い思いやりに溢れていて心が清らか。純粋で無邪気で繊細なのに温かく周りを包み込み、そこにいるだけで周りも笑顔にしてしまう優しい存在感と何と言っても、とろけるような、あの笑

顔。疲れを忘れさせ癒されます。（50代）

●何に対しても真摯《しんし》に向き合うところです。今までの作品はもちろんですが昨年出版された『日本製』を読んで本当にそう思いました。そしてあの笑顔。優しく包みこんでくれるような彼の笑顔は宝物です。（60代）

●何と言っても演技が上手いことです。完璧な顔立ちなのに、役によっては狡猾《こうかつ》さ、非情さ、情け無い感じまでも醸《かも》し出してしまう。決して大袈裟な芝居ではないのに、ちょっとした視線や頬の筋肉の動かし方で与えられた役柄を演じ切ってしまう。姿形は三浦春馬なのに、目に映るのは三浦春馬ではなくその役柄そのもの…無限の仮面を持つ、本物の俳優さんだけが持つ魔法の力です。その陰に、どれだけの鍛錬があったのか私には窺《うかが》い知る術はありませんが、1日1日を大切に、手抜きすることなく努力を積み重ねておられたのでしょうね。

また、鍛え上げられた身体能力や美しい歌声にもとても心惹かれます。映画「天外者」で町や山を走るシーンが何回か出てきますが、身体が全くぶれず、とても綺麗な姿勢を保っておられます。私は少し山登りをするのですが、あんな風に山道を走るのはなかなかできることではありません。相当に体幹を鍛えておられるのだと感じました。

歌にしても、ミュージカルでかなりレッスンを積まれたとは思いますが、あの美しい歌声は強い体幹あってのものだろうと思います。（50代）

三浦春馬さんを好きになったきっかけ

【設問2】三浦春馬さんを好きになったきっかけを教えて下さい。

●「14歳の母」で初めて俳優三浦春馬を知りましたが、特に好きになったのは、２０１８年スタートの「世界は欲しいものに溢れている」のMCになってからです。素の春馬さんのチャーミングなところに惹かれ、木曜日の夜が楽しみになりました。（60代）

●「ブラッディ・マンデイ」でなんてカッコいい男の子だとは思いましたが、こんなにも心から好きになったのは残念ながら、訃報を聞き彼の素晴らしさに後追いで気づいてからでした。もっと早く春馬くんの素晴らしさに気づければと後悔して止みません。（50代）

●直接のきっかけは、残念ながらあの日のニュースです。

最初に「三浦春馬」を知ったのは２０１３年の「ラスト・シンデレラ」ですが、フルタイムの会社員でワンオペ育児真っ最中の私にはドラマを観る余裕がなく、内容も子どもと一緒に観るものではなかったのでスルーしてしまいました。正直に言うと、「イケメンの演技がおもしろいはずがない」という変な思い込みもありました。

その後、「キンキーブーツ」はさすがに観たいと思いましたが、仕事や子どもの受験などでどうしてもタイミングが合いませんでした。こうして振り返ると、つくづく「三浦春馬」とは縁が無かったなぁとため息が出ます。結局、リアルタイムで観ていたのは「せかほし」だけでした。今、激しい後悔と共に現在進行形で彼の作品を追っている状況です。それに巻き込まれる形で、もともとドラマを観ない主人が一緒にこの連休に「TWO WEEKS」を観たのですが、春馬さんの激しいアクションや迫真の演技に舌を巻いていました。彼の作品を観れば観るほどその素晴らしさに感動すると同時に、生前に応援出来なかった無念さに心が金縛りになります。

けれど、先日彼を追悼する記事の中に「彼は使命を終えて向こうの世界に戻ったのだと思います。エンターテイメントで感動をこの世に残すこと。多くの人々にエンターテイメントの素晴らしさに気づいてもらうこと。それが彼の使命だったのではないでしょうか」という一文を見つけ、私はそうか!と膝を打ちました。容姿端麗なだけ、演技が上手いだけでは、旅立った後でこんなにも多くの人が彼に魅了される訳がありません。春馬さんはこの世に美しいお花畑を残し、新しい種を撒《ま》いてから旅立った。その種が芽吹いて、私の中に、多くの人の胸の中に花を咲かせてくれたのだと思わずにはいられません。　(50代)

●「君に届け」の時から、すごく素敵な俳優さんだなと思っていたのですが、「ブラッディ・マンデイ」でさらに好きになりました。本格的にファンになったのは、関テレのドラマ「TWO WEEKS」からです。歌とダンスに釘付けになり、ドラマの中で見せる優しい父の顔にメロメロになりました。　(50代)

●ずっとお茶の間ファンでした。

あの日以来、春馬さんを探して彷徨《さまよ》うようになりました。知れば知るほど、どうしようもなく惹かれてしまう自分に驚いています。　(40代)

●「せかほし」です。今までただのイケメン枠だと思っていて、イケメンに興味がない私は数々のドラマも知らず、映画館で観た「永遠の0」も、「バナナ」も、彼のことはスルーでした。「せかほし」で、え？　え？　この人、こんなに好青年なの？　こんな可愛い笑顔なの？と好きになりました。ただ、元々芸能人にそれほど興味がなかったのでファンといえるほど好きだったかどうか…。やはり、あの夏以降知れば知るほど好きになった、というにわかファンです。　(50代)

●テレビドラマ「TWO WEEKS」を観た時にとても素敵な男性になっていてハッとしました。私の知っている春馬君は「君に届け」「恋空」「ごくせん」のまだ少年ぽさが残った彼と、そして「ラスト・シンデレラ」のまだ青年のキラキラした感じだったのに、いつの間に素敵な男性になったのかと目を奪われました。そして主題歌「Fight For Your Fight」での歌と踊りに魅了されました😍　(30代)

●悲しくも昨年の夏の出来事をきっかけに好きになりました。どうして?という思いからネットで調べたり作品を見まくったりしているうちに虜《とりこ》になってました。それ以前もステキな俳優さんだとは認識しておりましたが、興味のあるテーマのドラマ等を見る程度でした。振り返ると彼が出演していたと気が付かず、役柄として認識していた作品もいくつかあり、彼の演技力に驚かされました。知れば知るほど本当に素敵な方で歌って踊れるなんて知らなかったし…MCしてるなんて知らなかったし…気が付かなかった自分のアンテナの低さに落胆します。今まで40年以上生きてきて、熱心な芸能人のファンになったことは一度もありません。CDはおそらく10年以上ぶりに、書籍に関しては芸能人の方が書いたものは初めて購入しました。寂しい気持ちはなくなりませんが、今はこれまで見てこなかった作品を見ています。これからも繰り返し見て愛《め》でたいと思うと同時に、空にいる春馬さんがどうしたら喜ぶかな?と想いを巡らせています。きっと世の中がやさしさで溢れたら喜んでくれるかな…そんな世の中を作る一員になれるように…傷つくことに怯《おび》えすぎずに、見たくないものに蓋《ふた》をするのではなく向き合える人になりたいです。春馬さんのいない今、彼を好きな気持ち、いなくて寂しい気持ちを丸ごと大事に心に置いて生きていきたいです。残りの私の人生で何ができるかわかりませんが、気が付かせてくれた彼に感謝の気持ちでいっぱいです。いつか天寿を全うし、そちらの世界に行ったら彼に遠目で良いので(笑)お会いしたい…。それまで恥ずかしくないように残りの人生を丁寧にやさしい気持ちで生きたいと思います。

(40代)

三浦春馬さんと『創』特集に想うこと

【設問3】『創』の三浦春馬特集記事で印象に残った内容と、感想を教えて下さい。

●メディアが自死の訳や生いたちやファンからしたらそんな記事が読みたいんじゃないと思うようなことばかり報じた中で、『創』という月刊誌だけがことの本質に寄り添って書かれていると感じました。三浦春馬の自殺は日本中、いや世界中に衝撃を与えた。未だに一部の人たちの間では衝撃がいえないし、それもかなりの数になる、けれど人口全体からしたらやはり一部に過ぎないし、多くの人にとっては三浦春馬というずば抜けて評価の高かった将来を属望された一人の俳優が残念ながら若くして命を落としたという事実だけが記憶されるだけ。だけどそれでいいのか、もっと社会、国家の問題でもあるんじゃないのか、身を持って伝えたかったことがあるんじゃないのか、そんなモヤモヤした気持ちの中で、篠田編集長の記事は他のメディア記事とは視点の違う問題視や戸惑うファンを救いたいという心意気のようなものを感じました。以来今まで知ることのなかった『創』という雑誌が三浦春馬さんのことだけではなく、他の記事を読んでも独自性があり事件や政治などデリケートな記事も読みごたえがあると感じ読んでいます。

　さらに『創』が唯一無二なのは三浦春馬にわかファンを自称する空羽ファティマさんの連載記事です。この連載についての感想を述べはじめたら想いがあふれすぎて止まりません。読む度に泣いている、こんなに心に染みる記事を書ける空羽ファティマという人は愛の塊です。毎号表紙を飾っている切り絵もすばらしいです。

(60代)

●春馬さんの自死を頭では理解できているけど心が折れてしまって何をしていても春馬さんのことを考えてしまっている

自分…。そんな風に想っている人が沢山いるのを知って私だけではない…。沢山の人に愛されていたことを知って、尚更、三浦春馬さんをもっと知りたくなった。私はミュージカルやハンサムライブなどは行ったことがなかった。子育てに夢中で時間の余裕がなかった。TVは録画で観れるけど、全てを録画していた訳ではない。観て消してしまっていた。だってまたいつでも観れる人だと思っていたから…。だから買えるDVDを全て買った。でも、まだ観られていない作品もある…。怖い。これを観たらまたあの悲しみに推しつぶされてしまうのだろうか? 悩み、勇気を出してハンサムライブを観た。眩《まぶ》しいくらいの笑顔。楽しそうに歌う姿に、今私たちに出来ることの一つ、「天外者」と「NightDiver」を世界中に届けたい。それが今私の生きる希望です。

沢山の作品。そして何より彼の誠実なコメントに、私たちが彼の魅力を後世へ未来へ繋いでいきたい。 (50代)

●ファンの方の春馬さんへの想いを読んで涙が止まりませんでした。私自身も40代の主婦ですが、あの日以来毎日のように涙が出てどうすることもできない気持ちになり、1日に何回も気分が沈んでしまいます。辛い感情から抜け出せない…でもここで皆さんの想いを読んで自分だけではないと少しだけ前を向けます。インスタグラムでファティマさんの文章を読ませて頂いていますが、軽快な語り口調でユーモアがあり、そこでもパワーを頂いています。

#死を超えて生きる人。

#死を超えてなお輝く人。

ファティマさんの春馬さんへのこの言葉、とてもとても心にしみます。(40代)

●やはり、三浦春馬さん「死」の波紋の記事が心に残ります。あの日から時が止まってしまった人たちの心の叫びを目にすると、深い共感を覚えますし、自分一人ではないのだと励まされる気がします。

歳を重ねたいい大人が、半年以上も芸能人の死に振り回されている状況は、同じ想いを抱いている人以外にはなかなか理解してもらえず、気持ちを整理するのがどんどん難しくなっていくと思います。そんな中、『創』の記事を読むと自分を丸ごと受け入れてもらえたような安心感を覚えるのです。

でも、後を追いたいと思い詰めている人は、多分この記事も読めていないように思います。そして、このように自分の気持ちを文字にすることもできない状態なのではないかと心配です。一人でも多くの人に『創』の記事が届くように祈っています。 (50代)

●申し訳ありません、11月号から2月号まで購入しましたが 今はまだ辛くて読むことができません。 (50代)

●12月号~2月号は購入はさせてもらっていますが、まだ読むことができずにいます。すいません…。落ち着いて読めるようになった時の為にこれからも購入させてください。読めるようになった時が心も穏やかに整理もついて乗り越えられた時なのかな、と。中はまだ読めていませんが、表紙の切り絵、いつもとても素敵です。細部までのこだわりにも脱帽、感激しています。 (40代)

●「春友」さんたちの想いを読んで胸が

熱くなり涙が溢れることが何度もありました。今なお同じ想いで日々暮っています。この想いは衰えることは決してありません。なぜなのか…わかりません。今まで人生折り返し地点を過ぎても経験したことのない感情がずっと続いています。そしてこの想いは日毎ますます強まるばかり。きっとあの日から、春馬くんはみんなそれぞれの心に命を宿したんだと、そう想っています。（50代）

●私は事務所の批判派、擁護派どちらでもありません。どちらにも納得できる部分とできない部分があります。判断はそれぞれの考えを聞いて判断していきたいと考えています。ところがファンは今、二分しています。どちらも春馬くんを思う気持ちは同じはずなのに悲しい限りです。

『創』については比較的私の考えに近いのではないかと感じています。どちらか一方的な思考の方だけをピックアップするのではなく両立してくれていると感じています。春馬くん自身が「相反する考えの方の意見も聞くべきである」と！この考えで『創』も作成されてるのかな?と。文章も読みやすく偏りのないところが好きです。（50代）

●死を超えて生きる人。死して尚輝く人。この言葉で、暗闇の中一筋の光を見つけ救われました。そして2月号の内容は号泣しながら読みました。春馬くんの良さを彼の今まで歩んできた人生を、作品を分かりやすく素晴らしい文章で綴ってくれています。ファンの人たちに寄り添い色々な思いを代弁してくれて伝えてほしいことを全て伝えてくれて、こんなにも感動する記事があるでしょうか、本当に本当にありがとうございます。言葉の魔法をかけられたようです。優しい気持ちで満たされるのです♥（50代）

●悲しみに打ちひしがれ、空虚感に苛《さいな》まれる日々を過ごしていた時、『創』を手にし、彼の死は終わりではない。死はあなたから彼の全てを奪うことなんかできない。彼はこれからも生き続ける。私たちは彼を失っていない。そう、彼は死を超えて生きる人。「死して尚、輝く人」の文章を目にした時、嬉しくて号泣しました。同時に、私の視界に光が差し込み希望が湧いて来ました。

その瞬間まで、このままだと春馬君の存在がこの世から忘れられてしまう、あんなに頑張ってきたのに可哀想…ただただそう思い込んでいました。いや違う！そうだった！私たちが春馬君を忘れない限り、彼は輝き続けるんだ！春馬君の歌声を聴こう。ドラマを観よう。映画も観よう。そこには、確かに春馬君は生きて輝いているのですから…。（60代）

●毎号三浦春馬さんの特集は気になります。まず、『創』はグリーフケアとしての大きな役割を果たしています。真偽不明な情報が多い中、心を痛めているファンにとっては、同志がいることは、大きな慰めとなります。嘘のない、春馬ファンの生の現状が『創』にはあります。彼を失った喪失感は決して癒えることはないかもしれません。でも、同じ想いをしている方々が、共鳴し、涙できる媒体があることは大きな救いです。（50代）

想いの光

映画『天外者』で三浦春馬さんが演じた五代友厚の葬儀には約4500人もの大阪市民が参列しました。感謝と敬意を捧げるその提灯の光はファンの方が三浦春馬さんに注ぐ想いの光そのものだと思い、SNSを通じて4500人のファンの方々から「三浦春馬さんの好きなところ(10文字以内)」としてメッセージを募集しました。約5万字にわたった『想いの光』には今なお生き生きとファンに愛される三浦さんを感じられます。メッセージを集めるのに尽力してくださった多くの方々、三浦春馬応援プロジェクトの皆様、kucciさん、koakoaさんのご協力に感謝致します。

頂いたメッセージの全文は月刊『創』のHPにも掲載されています。(http://www.tsukuru.co.jp/haruma.html)。メッセージの背景は「三浦春馬さんの好きな役」ランキング発表の切り絵になっていますので合わせてお楽しみください。

(「想いの光」プロジェクト一同)

#みんなに愛されてるとこ#名字(三浦)も好き#どんな春馬くんでも好き！#春馬くんだから好き！#死を越えて生きてるとこ！#死して尚輝くとこ！#プロフェッショナル#あま〜い声美し〜所作#可愛い笑顔と美しい横顔#果てしなく美しい心#真っ直ぐな所#ただただ『三浦春馬』彼の存在#アゴに梅干しできる所もぐもぐ#優しい唯一無二な存在全て！#話す時唇を噛み締める#顔も声も内面も全て好き#美しく純粋な心#想像力・創造力・理解力#努力の人！#ハート♪#こころの清さ#何処も彼処も全部好き#キラキラしてるのに控えめなところ#ハッハッハッの笑い声#万物への愛！#舞台での二つ折りのお辞儀#完璧な容姿と心と笑顔#舞台にかける情熱#臆せず手助けできるところ#綺麗で暖かい心#誇り高き探究心#いつも爪がきっちりと切りそろえられているところ#真心を尽くすところ#人間性#舞台の上から全力で心を掴みにきてくれたところ彼の崇高な魂が私を震わせたと信じています#話し方が優しいところ#俳優大好き真摯な姿勢#色気のある大きな背中#涙目で番宣する所#くしゃくしゃの笑顔#人の話を聞いてなさそうな所#ヴァルの無意識でダダ漏れの色気#礼儀正しいところ#柔らかい体#作品ごとに違う顔#笑顔で楽しく踊る姿#物真似上手#屈託なく笑う笑顔！#聡明で真っ直ぐ、目標をもって努力するぶれない姿、くったくのない笑顔全てが好き#真面目な所#笑った時肩をすくめる#黄金比率の横顔#なんかこう…が口癖#笑顔と笑い声#大スターなのに謙虚で誠実#目力#人の心を魅了する才能#全てに全力#所作が美しい#お花にごめんねって言う優しい心#性格、顔全て！表現力#顔・声。性格・全て#春馬くんの紡ぐ言葉たち#繊細な気遣いをする#煌めく心#真面目ひたむき美しい#繊細さの中の色気と情熱#端正な顔立ちと素晴らしい演技力にキレイな心を持っているところ#笑顔の破壊力#容姿端麗＆勇猛果敢#生き様が王子さま#脚とスタイル綺麗な心#春馬くんの笑い声は地球を救う#お母さんを大好きな所#三浦春馬。そのもの#身も心も美しいところ#純情可憐、才色兼備な所#眩しいほどの笑顔#絶対いい匂いがする！#真っ直ぐで綺麗な心#とにかく優しさ春馬くんの優しさにこれからも包まれていたいです#全て麗しいところ#すべてがみうらはるま#泣く時に赤くなる下瞼#負けず嫌いなところ！#切長な力強い目と、豊かで繊細な感受性から生まれる話し言葉のギャップ#エキストラさんや分け隔てない優しさ#思いやりのかたまり#真っ直ぐな男気！#全力で生きてきた所#全て完璧なのに天然#天然でカワイイところ#お茶畑が似合うところ#あざとい眼差しの演技#ストイック！#男の色気も脆さもかっこ悪さも、違和感なく表現する表現力#不器用で清廉潔白な麗人#容姿全て#声・笑顔・性格#骨格最高・天性の美形#私達の"光"であること#優しい笑顔#皆を虜にする素敵な笑顔#美味しい時のほっぺ！#人を惹きつける魅力がある！だからこんなに愛されてます#美味しそうに食べる#気遣いが出来るところです！#天使の羽根のような睫毛#天使のような優しい心#笑顔・笑い声#まっすぐすぎる美しさ#自分の多彩な能力を知っていて、尚かつ更に磨きをかけようと努力するところ。#頭のライン#瞳が綺麗どの角度から写しても美しい。乙女の部分と男らしい部分を兼ね備えてる異次元の人#全てが完璧で、心も身体も洗練されていて、ブレないところ。ふとした瞬間自由人を出すところ#美思優賢誠真謙尊笑顔全て大好きです#沢山ありすぎて選べない#茶目っ気たっぷりな笑顔相手を敬うし、相手を選ばずそっと手を差し伸べるところ#全てのパーツです！#なんでも全力で一生懸命やるところ#言葉のチョイスが素敵なところ#フェイスライン骨格が美しい#新たな気づきをありがとう#謙虚で素直なところ#格好良いのにダサいとこ#優しさにあふれた瞳#宇宙人・自由人・天然#異次元レベルの美しさ#透明感#愛を込めてお芝居ばか#上品で美しい指先#セクシーなお髭と指#優しさと芯の強さ#容姿も心も清くて美しい#おごらず謙虚であり続ける真っ白いココロと笑顔#思慮深い考え方#彼が演じた全ての役#真摯に仕事に打ち込む#優しく美しい心#神様が遣わした天使#何事にも真摯な姿勢#真っ直ぐで、自分に厳しく他人に優しい、思いやりに溢れた人#笑い声顔姿全部#シワシワっな笑顔毎日思っています#全力で学び表現する姿#永遠の美男子#清廉潔白！容姿端麗！#驚いた時の真ん丸お目目#綺麗な心と笑顔#琴線に触れる歌声#表現力豊かなあの声#クシャクシャな笑顔#容姿端麗、品行方正、完璧！#真っ直ぐな心#優しさのかたまり#凛として信念がある#Everything#優しい心と笑顔です！#あふれる優しさ#美しすぎる心、歌声#唯一無二のてんがらもん#日本男児なところ#穏やかで優しい笑顔#彼の存在全てが好き#天使の笑顔とセクシーな横顔！まっすぐな心と志#蒼さと慈愛を湛えた瞳#整った顔笑顔も演技も歌唱力もすべてが大好き#全部大好きです選びきれません#向上心と努力と実行力#心が賢くて凛としている所です#可愛くて包み込むような優しい笑顔！純粋で天然なところ、謙虚、全てが唯一無二のカッコよさ#誰に対しても平等#人間力の高い所が好き#おごらず努力家なとこ#優しい眼差しと笑顔#全てが美しいところ#優しい笑顔長いまつげ#サービス精神旺盛#人柄の良さがわかる言葉のひとつひとつ#笑うと三日月になる可愛い目で、綺麗で、男の色気で、可愛いところ#美しい日本語#誰よりもお辞儀が低い#全部#失敗した時の照れ顔#人を幸せにする笑顔#はにかんだ笑顔がだ〜い好き#笑顔と白い歯と優しさ#外見も内面も世界一美しいところです！#もう全部好き〜#綺麗な手が大好き#ねえ、良い人過ぎるよ#演技に宿す高い説得力#人との縁を大切にする#何事にも一生懸命で素直な所#チョッピリこもる声が大好き#クシャっとした笑顔#ちょっぴり古風なとこ#人の痛みがわかる心眼#綺麗な姿によく通る低い声、美しい所作、真摯で謙虚で天然で可愛らしい性格#内面から滲み出る美しさと美しい言葉#誰に対しても「尊敬と思いやりの心」を持ち合わせているところ#優しい笑顔#志#何事にも真摯に謙虚に情熱的に向き合う姿#人を惹きつける世界一の笑顔#天使の優しい笑顔大好き#目が三日月になる笑顔#可愛すぎる笑顔#正直で一生懸命な心#笑い声。ああもう全て#笑顔と優しい目が大好き#大きくて可愛い瞳#穏やかな優しい声#真っ直ぐな生き方#わんぱくなところ#綺麗な瞳と笑顔#お団子をお団子さんと呼ぶところ#純粋さ魂の高潔さ#純粋で癒しをくれる笑顔#謙虚で、もの凄く努力家なところ#存在そのものすべて#人に優しく自分に厳しく#色男→少年のギャップ#優しい心と素直で明るい所#人を大切に想う心#眉目秀麗、一片氷心の人、くしゃっとしたあの笑顔#心に響いてくる声#自由を愛する人#キラキラした素敵な目と笑顔#誠実でちょっと天然#勉強熱心な所が好き#大きくて深いおもいやり#誠実、正直、最強笑顔#超絶ハンサムでカワイイ#花結び#ローラの圧倒的さ#セクシーなのに可愛い#演技力、人柄、努力家、完璧#包みこんでくれる笑顔#生まれてきてくれたこと#きれいな手と爪#いつでも優しい気持ち#顔と優しいところ！#綺麗な歌声手指の表情#唯一無二の表現者#人の心を穏やかにさせてしまう笑顔!!#美しいビジュアルと心。その両面に見合う春馬くんの言葉#素敵な人柄、輝く笑顔#周りを笑顔にする笑い声#正義と感謝を持つ強さ#才能ある努力家で謙虚#心配りの出来る所#年齢よりも大人な演技をみせてくれるところと子供か！と突っ込みたくなる無邪気なところ#女性を輝かせてくれる#最高の笑顔と真っ直ぐなところ#相手を思いやる心#感謝の気持ちを忘れないところです。大好きです！#人の痛みがわかるところ！#男気ある凛々しい目元、顔、声、彼の全て#人の気持ちに寄り添える優しいところ#人柄#誠実でおちゃめ#謙虚で努力家、常に前を見据え、誰にでも優しいところ#芯のある俳優#崇高な魂と美しい心#芝居への愛と情熱#声と耳の感度がよく、研ぎ澄まされた言葉をチョイスする優しい心の持ち主#クシャッと三日月目の笑顔！生まれて始めて男性を綺麗と思い続けてきた大好き#実直で笑顔が何よりも素敵#春馬くんの笑い声#思いやりを紡ぐ言霊#美しい心#纏う空気感が好き#優しさ溢れる笑顔#身も心も美しい&とびきりの笑顔#優しく包み込む笑顔#人としての在り方#笑顔と陰りのある演技#人を大切にする所大好きです#才能に溺れず努力家#唯一無二の表現者#美しく尊くて経年美化なところ#レジェンドハンサム！#誰よりも輝く笑顔#優しく澄んだ歌声#夢中にさせてくれるところ#温かくみずみずしい感性#上品な顔と優しいとこ#また一緒に仕事したくなるところ#眩しいぐらいの笑顔#日本を愛する心#優しさに溢れ、笑顔が素敵なところ。向上心を持ち、挑戦し続ける野心家なところ。春馬の全部が好き#美声・容姿。言葉遣い#優しい眼差しの笑顔#おっとりとうっかり#キレッキレのダンス#容姿端麗且つ心も美しい#周りの方を気にかける優しさと自然に行動を起こせるところが好きです#優しさに溢れてる所#全てが、綺麗#影の努力を見せないところ#三日月のような目の笑顔#孤独さをあわせ持つ#子犬のように人を慕う#一途なゆずファン#弱さを見せられるとこ#和服姿#魅力殺しの技#口周りを汚さず食べる#せかほし白鳥仮面#メガネが似合う#身にしみついた優しさいつまでも謙虚な姿#直筆の手紙を書くとこ#自己分析ができてる#真面目過ぎて優しく美しい儚げな一面#やっぱり演技力の高さ#殺陣を習うところ#優しい眼差し、優しい声#抜群の運動神経#きれいな言葉づかい#教養がある#やわらかい物腰#勉強家#読書家#まっすぐに生きる姿#顎のライン腕の筋肉顎のほくろ美しいくちびる形の良い鼻#笑顔の時の目尻のシワ#ストイックなところ#存在が日本製の芸術品#たゆまぬ努力の人#役によって変わる表情#笑いジワと三日月目#ローラの美しい後ろ姿#誰にでも優しい心の持ち主#優しい心、綺麗な瞳#ボールの服を着こなす#クシャッとした笑顔#優しさと輝く笑顔#長いまつ毛の目#ほっんとかわいいとこ#儚げな表情と美しい手#広い視点を持つ#エンタメを産業と呼ぶ#意外に絶壁？(ダイイングアイの頭に包帯姿見たら。。)#私は「声」と「顔」。永遠に。代わりなんていない#さりげない優しさ#真面目で努力家#春馬くん全て好き#か

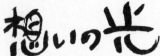

真夜中の五分前

10位

わいい笑顔#外見も内面も美しい#抱きしめたくなる笑顔#考えながら話すところ#美味しいものが好き#爽やかな笑顔と笑い声#飾らない人柄#エネルギーに満ち溢れてる所#何でも習得する#びっくり顔#気品のある生き方#聡明さと瞳の煌めき#俳優、人として全て！#真摯な姿勢#マジメだけど気さくで笑顔がステキ#優しさに溢れる顔#HELOVESHISMOM#天然なところ。笑顔・声#白目が綺麗#穏やかな佇まいです#蟷螂って書けるところ#真っ直ぐひたむきな所#笑顔。声。優しい瞳#肉食に見えない紳士的なとこ#さりげない心と笑顔#中も外も美しいところ#品格と優しさ#本当にを2回言うとこ#外見も中身も美しい！#素が見え隠れするとこ#なにもかも#笑い声と可愛い笑顔！#佇まい・声・向上心・演技力・手指#笑顔、声、可愛らしさ#くしゃっとした笑顔#春馬さんは私の光#ブレない生き方！#寂しそうな人を放って置けないところ真っ直ぐで謙虚で努力家な春馬くんが大好きです#心ある言霊飛び出す唇#真面目で努力家で紳士#完璧な容姿と熱い大和魂#人を思いやる優しい心#最高の笑顔#派手と地味が融合#美しい容姿、純粋で真っ直ぐな心#せかほしでJUJUさんに「似合うでしょうに〜」って言う優しさ！#笑顔と皆を思いやる心#誠実な心と行い#ずっと現在進行形#可愛さと色気#内面も外見も美しい所#美しく清らかな心#愛を与え尽くした人#普通に話せそうな所#笑ったときの目#清く美しく愛でる心根#絶世の美男子#心が綺麗で誠実#優しくてクシャッとした笑顔！#繊細さ#何事も全力で妥協しない。真っ直ぐな眼差し、笑顔が大好き#長い手足で舞うダンス#まじめでおちゃめさん#綺麗な英語#語学の才能#お酒を飲んで赤くなる#品のある…#熟女も魅了する微笑み#ストイック#努力の人！#ハート♪#お顔も心も美しい#魂そのものが美しい#唯一無二の存在#ハンサムなお顔#美味しそうに食べるとこ#声#眩しいほどの真面目さ#真摯で心も美しい#顔と声とスタイルと全て#愛に溢れる人#完璧に見えて、天然なところ#天使のような清らかな心#春馬くんの笑顔に癒されてます#優しさダダ漏れの笑顔#外見も中身も抜群#カッコいいのですが常に謙虚なところです。#甘い声も何もかも全てが愛おしい#声#笑顔、優しい人柄#お茶目な#人間らしさ#脆さ#若いのに老練なところ#聡明さ#セクシーな声と空中を舞う美しい#彼の存在そのもの#小さな子と戯れる姿#顎のラインとホクロが好き#ごく普通の感覚で話せそうなところ#ストイック#まるごと王子様#人を想う心#真面目で一生懸命、陰で努力する天使な笑顔と優しく丁寧な言葉#すべて永遠#情緒的な眼差し#人を幸せにする笑顔#笑顔が最高に素敵です#儚げな表情と美しい手と心です#真顔と笑顔のギャップ#全てはじめ全て#溢れる優しさと美しさ#綺麗な長い指#ピュアなところ#精神性の高さ#私達ファンを大切にしてくれる所#美しい言葉使いと声#優しく思いやりに溢れている努力を惜しまない。顎のホクロ、長いまつ毛#ファンを大切にする#真の美しさ#たまにみせる5歳児と色気たっぷりのギャップ#歌声と温かな笑い声#最高な笑顔#大好き#やさしい笑顔#時々繰り出される天然さ#醸し出される存在感#心九郎永遠に愛してる#キラリン心九郎が素晴らしい愛してる#普通を忘れてない所#国宝級才色兼備#真摯#セクシーな歌声#滲み出るやさしさ#真面目*丁寧*ほくろ#すべて#唯一無二日本製美男子#曇らない澄んだ瞳#美味しそうに食べる！#貴方の全てが愛おしい#とっても素直で自然体で優しいところ#三浦春馬の生き方全て#私服がとっても謎なところ#頭の先から爪の先まで全て#長く美しいまつ毛#姿も声も心も全て美しい#優しい笑顔、声と性格#優しいところ#同じ時代に巡り逢えたこと#優しい心があふれでる#スポーツ万能#三日月目になる笑顔#クシャクシャの笑顔#語学堪能#頭脳明晰#素敵な声と感謝してる#努力を惜しまない#笑顔が大好き#負けず嫌い#温厚な性格#丁寧な言葉使い#強い信念#溢れる正義感#穏やか#高身長#顎のホクロ#動物好き#素敵すぎる笑顔#謙虚で優しくて笑顔が素敵なところ#ひたむきで一生懸命努力するところ歌も上手で演技も上手#心が綺麗#優しい#笑顔はもちろん謙虚なところ、きれいな心#努力の姿を他人に見せない#チャーミングな笑顔#誰よりも丁寧な直角御辞儀#優しい気持ちにさせてくれる#あまおうと言えない所#透き通った色気のある声#優しくて笑顔が好き#夜帯話も全然いやらしくないところ#儚げな美しさ#自由さ#「〜かしら」と言うとこ#周りも幸せになる笑顔#笑顔#全て#いつも優しい眼差し#くしゃっと笑う笑顔#心の美しいところ#優しさ溢れる笑顔#天賦の才能と努力と艶#可愛すぎる自由さ#何をいってもあの笑顔が大好きです#優しさに溢れてるところ#笑顔が素敵なところ#優しくて心の綺麗なところ#イケメンなのに人柄の良さ#優しい笑顔と笑い声#全てを包み込むような笑顔#横顔の顎のライン#笑うと三日月なお目目#礼儀を重んじるところ#真っ直ぐに輝く眼差し#美と可愛さで溢れてる#世界一の努力家！#クシャっとなる笑顔！#ディズニーの王子様みたいなところ#踊りと素敵な笑顔♪#外見以上に心が美しい#優しい笑顔と優しい声#愛しく苦しく日々思う#誠実で努力家で美しく、役の振り幅が大きいところがすきです#笑うと垂れちゃう目#笑った時に三日月みたいな可愛い目になるところ#優しさがダダ漏れな所#心の美しさが現れた瞳#思いやりに溢れた人柄#瞬間上がる口角#何かって全てです#品ある言葉選び笑い声#優しさが滲み出る所作#カッコつけないのにカッコイイ！#お顔の更に上いく綺麗な心#屈託のない笑顔#笑った時に三日月みたいになる#人に手を差し伸べる優しい心#聡明感#笑顔#愛が溢れているところ#立ち姿後ろ姿だけでもカッコいい！#外見中身所作の綺麗さ#人に手を差し伸べる所#とてつもない演技力の裏側に、素晴らしい人間性を感じられる所#常に人を立てるところ尊敬します#品があるところ#清潔感、真っ直ぐ、華#笑顔がステキ#見たまんまの全て#凛とした美しさ#いつの時代でも色褪せない#存在全てが美です！#shyな笑顔と素直な心#ゆっくり丁寧な話し方#強く美しいお茶目さん#可愛いとセクシーの共存。全てが大好き過ぎる#自分に嘘をつかないところ#穏やかな海のような心#優しく美しいところ#心清らかな努力の実力派#謙虚さから溢れる強さ#まなざし#品行方正な人柄が大好き#笑顔、優しく誠実で努力家#全てが芸術品#自分に嘘をつかない人#ただただ『三浦春馬』その人が好きです#やっぱり笑顔が素敵なところ。演技も歌唱力もすべて大好き#外見に負けないぐらい、心が美しく、男らしいところ#誠実で真摯なところ#書面越し、文面からで直接でないのに真っ直ぐ伝わる目と心#永遠の美男子#優しい笑顔#美しい所作と心、眼差し#あのクシャッとした笑顔#天使の笑顔とセクシーな横顔のギャップ。まっすぐなこと志#全てが美しい。尊い。#笑顔はもちろん、物静かな優しい話し方、綺麗な食事の仕方、春馬くんの才能全て#いつも想像を遥かに超える表現力、笑顔、素晴らしすぎます#武士の魂とエンタメの才。純日本製の美男子#空の上から見守ってくれてる#とにかく、顔が素敵なのは置いといて元々持っていたものが素晴らしいのに、誰にも言わずに隠れて努力を重ね、更に高みを目指し、高見謙虚なところ#天賦の才と努力、意識高い表現力を持ちながらも自分には厳しく、他人にはとことん優しく謙虚なところ#澄んだ泉のような役者#澄みきった瞳とその眼差し#どこまでも美しい精神性に惹かれます#何もかもが愛おしい#人を魅了する演技力#喜怒哀楽を現した笑顔#笑顔と綺麗な日本語、素敵な所作#ごはんを食べてる所#笑顔と奥ゆかしさと美しさ#儚げなのに強い子#才ある努力家なところ#美しく愛らしく男前#全部全部全部#全てにおいて美しい#笑顔、笑い声、直向きさ#謙虚な所が好き。自分が一生懸命やっている事なのに、いつも『させて頂いてます』と言う姿#陰で努力している所！#容姿演技力向上心全て#佇まい。全部好き！#柔らかい笑顔#相手を思いやる心#ピュアで真っ直ぐな瞳#いつも自由で自然体#分け隔て無く人と接する事#優しい対応が自然に出来る春馬君を尊敬しています#笑顔と心と声と透明感#少し天然なところ#仕事への真摯な姿勢！#瞳が澄んで綺麗#発酵の精神#凛とした人間性、綺麗なお顔と声#品格ある表現者#屈託のない笑顔#才能あるのに努力するところ#素敵な笑顔、芯の強さ#一生懸命真っ直ぐ伝える姿#気高く美しく優しい魂と姿#ただただ美しい#お茶目な日本魂王子#儚げな憂いの濡れ睫毛#年上女性好きと笑顔#圧倒的に素敵な笑顔#目が覚めるような圧倒的な笑顔#骨格と肩幅#圧倒的歌声#歌と踊りが特に好き#ハンサムで純朴な人柄#身も心も清く美しく、奢らず努力家#誇り高き探究心#真心を尽くすところ#一片氷心&容姿端麗#アハハって笑う笑顔#類稀な美しさと表現力#笑顔#三浦春馬オールぶ好き#みんなを包み込む笑顔#可愛い笑顔、腕の筋肉#笑顔、手、素直な所#優しい可愛いいい#いつでも全力投球#顔スタイル声性格全部#ぜーんぶ大好き#声#何事にも丁寧なところです#何をしても品がある所#「あいよー」ってラフな返事の声#発する言葉が美しい#決して人を責めない所#国宝級の外見と美しすぎる内面#イケてるのにツメ甘い所！大好き#優しさ溢れる人となり#全身全霊で演じる#歌声と、男の色気が文字では表せない！#優しさ溢れる笑顔#照れて顔を掻くしぐさ#笑顔と努力家なところ#穏やかで優しい話し方、声#気い使いなところ#天使かなと思う神対応#容姿、人間性#指先まで美しい所作#前屈のような深いお辞儀#春探し#努力#謙虚…全て#クシャってする笑顔#優しいまなざし#優しく穏やかな笑顔#イヤモニ無しでパーフェクト歌唱力#作品毎に別人になる所#心が綺麗な所#幸せになる声と笑顔#奇跡的美しさと演技力#心、声、容姿、全て何もかもが、美しい#光を心にくれる#キラキラした笑顔#天然で繊細で一生懸命#キレイなアゴのライン#佇まい、所作が全て美しい所#何もかもが愛おしい#真っ直ぐで澄んだ瞳#全部#全力で駆けられた時の恥ずかしいような笑顔#笑顔笑い声優しさ何にも染まらない誇り高い生き方#笑顔#やさしいところです#もぐもぐする時の口元#少しおっちょこちょい#心が美し過ぎるところ#真に誠実でひたむきさ#笑顔、左の横顔、言葉、指#笑顔・美声・心全て#何と言ってもあの笑顔#クシャっとした笑顔#笑顔#無意識のうちに虜にさせられる内から滲々漏れてる魅力#見えない努力をする所#美しいのに謙虚な所！#その時々で変わる声色#笑顔が愛しすぎるとこ#存在そのもの#清廉潔白な麗人#分け隔てなくフェアな人柄#温かくて優しい笑い声#言葉の紡ぎ方が美しい#素直さと優しさと声#眼力#顔体声心演技身体能力#甘美な横顔#美貌真面目さ優しい顔#美しい顔、声、心#眼差しと手#清く正しく美しい#癒される笑顔#舞台で輝いている瞬間#優しい笑顔がずっと続いてた所#無邪気で元気で思慮深い感情、親孝行するトコロ#努力を惜しまない所#濃密な長い睫毛#キラキラしているところ#笑顔で人を幸せにする#指#寄り添う存在感#強い信念と向上心#可愛い笑顔#純粋な心#可愛い笑顔と向上心#トキメキをくれる#変わる姿勢を守り抜いた#かわいい笑み#優しくて人思いで謙虚なのに、内に秘めた向上心や才能を秘めているところ#アハハ！って笑い声#内面外見も美しい#男の色気が溢れてる所#話し方や言葉笑い声#いつも感謝の気持ちを持っていて人に優しいところ#あま〜い声#顎の右にあるほくろ#幅広い表現力と天然さ#優しくて強い眼差し、くしゃくしゃの笑顔#類い稀なる美と優しさ#唯一無二の表現者#歯です#色気と哀愁がある笑顔#優しい心#素敵な所だらけな所#真っ直ぐでブレてない#色気と哀愁がある笑顔#優しい心#どんな姿も美しい所#リュックを背負った大きな背中#努力を見せないところ#ローラ時の表情・瞳#ふと見せるワル馬くん#すべて#歌が上手#清く正しく美しい生き方#ダダ漏れる色気#全人類乙女にしちゃう#三浦春馬という才能#可愛い笑顔#謙虚、声、才能、優しさ、無邪気#「三浦春馬」全てです#白くて美しい手と指と横顔#時々出るポンコツな所#瞳と指先の美しさ#全ての人への優しさ#外見、内面、容姿、演技、声、春馬くんを超える俳優はいません全部好き#全て！と言いたい…#優しさが溢れる笑顔#人柄がつまった笑顔#優しい眼差し#ずっこいイケメンなのに謙虚#言葉の選び方、使い方。とても丁寧だし、美しい！(経年美化、と言える言葉のセンス)#言葉を選んで丁寧に話す#私服がシンプル〜#優しさ溢れる笑顔#声こえ・koe・voice#わははーっていう豪快な笑い声♪#キラキラの笑顔#はっちゃけたハンサムライブ#唯一無二の美しい人#見つめてくる目#唯一無二の心の持ち主#分け隔てない優しさ#輝く笑顔！品格！#1mmのブレもない造形美#舞台上での輝き#分け隔てなくいつも謙虚に優しく誠実な努力家#春馬くん全てです#とにかく全てが美しい#容姿はもちろん心まで美しく素敵な人#笑顔をキラキラに輝かせて届けてくれるところ#全て全部大好き#美しすぎるすべてが#人に寄り添える心#上品なのにおもしろい#ホクロまでもが三浦春馬で全部好き#笑った顔大好き#指先までもが綺麗#全方向から見ても男前な所#変形を喜びを沢山くれたところ#言葉遣いや所作の美しさ#淋しさを癒す笑顔#何もかも全て#天然で可愛いきらきら天使#綺麗すぎるすべて#やっぱり笑った顔かな#清廉で美しい人#優しい笑顔#優しい眼差し、綺麗なお顔、綺麗な心#全てです#目を見て話してくれる#ファンを大事にする#素晴らしい人格#嫌な所もないから全て#ころころ変わる表情#頭から足の先まで全部#心を掴まれるキラキラの瞳#春って優しい響き好き#有言実行さりげない優しさ#人として真剣に考えるところ#究極の演技力と笑顔#美しい手、瞳#ナチュラルさ#やっぱり全て！#無邪気で可愛いところ#よく響く低音と甘く切ない裏声#幸せそうに食べる姿#繊細なんだけど凛とした姿に惚れた#自分よりも人優先！#全てにおいて手を抜かない所#三浦春馬くんの全て#素敵な笑顔#春馬くんから滲み出る優しさ#指先まで完璧に美しいところ#三浦春馬名前から好き#頭の先から足の先まで#高貴な魂の真の日本人#優しく奏でる歌声#全身全霊の役者魂#横顔Eライン#温かく包み込む声#何をするのも心からおこなっているところ#気持ちを伝える、本心から話している#醸し出す色気が好き#Aspiration#可愛いさとセクシーの共存#大人っぽくてもイケメン#優しさと周りに気を使う所#共感出来るところがすべて#三浦春馬であるところ#優しい笑顔、独特な笑い声ですね！#無邪気な笑顔と紳士的な所#実は不器用で努力家#かわいい笑顔#くしゃっとした笑顔#キラキラした目#笑顔#美しい心、全てが好き#笑顔とプライドの強さ#キラキラな笑顔#忘れない#くしゃっとした笑顔#人に対する思いやり#真っ直ぐな心#心が表れてる優しい目#誰とでも分け隔てなく思いやれる所#努力家で謙虚#綺麗なキスシーン#真っ直ぐな心と優しさ#声も顔も笑顔も全部#欲張りだけど全て！#人として優れている#優しい笑顔#努力し続ける姿勢#落ち着いた穏やかな声#信念を貫き通す素直さ#美しくて眩しい笑顔です#演技力優しさ笑顔全て#真の親友と土浦への愛#容姿端麗・笑い声・清い心#すべて。#世界一の美ローラ#眩しすぎて切ない優しくて素直で謙虚で誠実#引き込まれそうな瞳#存在自体#天使のような澄んだ瞳#きれいな心#まっすぐで優しい人#全て#温かい光の持ち主#屈託のない笑顔と清い心#真面目で優しい笑顔#美しい言葉遣い#目がなくなるほどの笑顔^^#容姿端麗・人間力・色気・全て#笑顔#春馬君がいるだけで癒やされる笑顔!!#精神性の高さ#全て#少年のこころと大人の色気#好奇心旺盛で努力家#ホントは寂しがり屋なところ#優しい声とチャーミングなクシャっとした笑顔#優しさ溢れる笑顔#発酵の精神を大切にする所#集中しているときの仕草と表情#唯一無二優れた尊い存在#全てが私のドストライクス！#天使な性格と笑顔#beauxyeux#

い笑顔と声…全て#努力家で笑顔が素敵#誠実さ#外見は色気たっぷりなのに、本当は真っ直ぐで綺麗な少年のような心を持っている所、大好き#想いを込めて紡ぐ言葉
魅力的な眼差し#純心で人思いの努力家#「今」を大切にしている#この世にはいない人材#すべて#演技力#キラキラ笑顔#大きくて清らかな心#超絶イケメンなのに中身は
純朴#努力家で天然なところ#わたしの心のビタミン#三浦春馬という存在#純真な心と天然なとこ#癒しの笑顔と声が好き！#無邪気なところ#キラッ！きらの笑顔#春馬
くんの存在すべて#くったくのない笑顔#信念を貫き通す実直さ#努力を惜しまない所#全部大好きです#さわやかで笑顔が癒される#優しさあふれる笑顔#作品に取込む底
知れぬ姿勢#魅力しかないところ#何事にも真摯に向き合う#真顔と笑顔のギャップ#どんな役柄にでも合うキラキラオーラ#想いやる笑顔のあなた#表現者三浦春馬全て
みんなを気にかけてくれるとこ#癒やしてくれるところ#綺麗な誠実な人柄#やっぱりあの笑顔#美しい心・所作・容姿#内面を映し出す美しい姿#甘く艶やかな声#純粋真
面目努力家性格#相手を思いやるところ#美しくて眩しい笑顔です#顔から滲み出る人の良さ#何もかも全てが美しい#彼を創るすべての要素#優しい笑顔、大きな背中#
努力家#美貌と魂#歌ダンス上手くてパーフェクト#美しく、清らか#澄みきった瞳とその眼差し#calm&warm#八面玲瓏#吸い込まれる様な笑顔#1000000ボルトの笑顔
#何事にも全力なところ#自然で優しい微笑み#努力家で驕らない所#優しい声#多彩な表現力と口元#ダサいのに格好良い#美しい所作と心、眼差し#あのクシャッとした笑
顔#何事にも一生懸命な所#分け隔て無く接する所#包みこんでくれる笑顔#真っ直ぐ見つめる瞳！#分け隔てない優しい心#強く美しく、優しい瞳#優しさ溢れる笑顔が大
好きです#くしゃっとした笑顔#色気と可愛さのバランスが絶妙で大好き#心の美しさと優しさ#春馬くんの全てが好き#鎖骨のホクロ#心の純粋さ#すべてが素晴らし
い人となり#外見も内面も美しい#何と言ってもあの笑顔#代わりがいない、唯一無二の存在#色気と可愛らしさの共存#美しい横顔と美しい心#いとうつくしきひとみ#素敵!!
#優しさが溢れでる笑顔#美しい横顔#美しすぎる横顔#愛おしい君#心が純粋で美しいとか沢山あるけど正直に言うと何よりも顔が好き#春馬くんの透明感が好きです#誠
実で美しい心#癒される笑顔#優しい眼差かな#内面と外面全て美しい所#品の良い立ち振舞い#優しくて強い目#全部が好き#努力を惜しまない姿勢#パクパクと美味しそ
うに食べるところ#努力を忘れない美しき天才#寄り添おうとする心#印象に残る笑顔#キラキラ光る瞳#人の痛みがわかる心眼がある優しい春馬くんまさに天使#少年のよ
うな天使爛漫さ#ブレない生き方！#優しさ溢れる笑顔#何年も同じ服を大事にするところ#姿形、心、真摯な姿勢全て美しいです#優しい笑顔・美しい心・果てしない
向上心#指先からつま先迄の全身の演技#ずっと現在進行形#無邪気で可愛い#真っ直ぐな生き方#笑顔と優しい心遣い#まるっと全部大好きです#春馬くんの「言葉」が好き
#春馬くん丸ごとすべて好き#学ぶ姿勢と行動力#かわいすぎる笑顔#美貌と色気と綺麗な心！収まりきれません#好奇心旺盛でキラキラした瞳#いつも一生懸命な所全て#
くそ真面目で底知れない努力#全てにおいて魂まで綺麗な人#最高に美しい魂の人#横顔#神#ローラの優しい強さ#武士の魂と天使の羽#何もかも、全部スキ#瞳#心と容姿の美
しさ#丁寧な生き方、造形美#顔も姿も心も完璧なんだけど、天然で可愛いがあるところにグッときます#凛とした姿、暖かな心愛しいです#横顔のライン#優しい心とび
きりの笑顔いつまでも忘れません#魂が震える程の歌唱力#演技☆歌☆ダンス#思慮深く実直な生き方#努力し続ける天才なところが好きというか尊敬しています#真摯な生
き方と笑顔#優しさ伝わる声#天使のような笑顔#丁寧な言葉選び#真摯かつ丁寧な生き方が大好きだし尊敬しています#春馬くんの広い背中#自分自身に不器用過ぎなとこ
ろ#思いやりを大切にする心#君の笑顔は希望#飾らない美しさ#完璧ぽいのに甘えん坊なところお母さんが大好きなところ…キリがない#存在そのもの#澄んだ瞳#可愛い
笑顔と所作#いつも寄りそってくれるあたたかい心#美しいとこ姿形は勿論、心、所作、言動、その姿や発言に触れる度に、美しい人だなと感じます#ここが好き…えっ全
て大好きです。出逢った事に感謝#純真無垢#美しい心と容姿#真っ直ぐな心#優しい笑顔と笑い声#キラキラと切なさ#声#穏やかな瞳#心が綺麗#優しい笑顔#美しい。横
顔も、後ろ姿も、見とれてるばかり。そして、笑顔が美しきEライン#信念を貫く強靭な精神#真面目で嘘がつけない。でも面白いところ#誰よりも美しい心#ワンパクで、
おちゃめで、チャーミング。大好きです#everydaysmileforyou#感情のある涙の演技力が好きです#スンとしてて天然さんなところです#大好きです#ぶれない心と天
使の笑顔#彼の全身全霊で演じる姿#春馬くんの全てですっぽどくしゃくしゃの笑顔！分け隔てない優しさ！#努力し続ける姿勢#どんな姿も素敵#真摯な表現者かつ天然#
日本を愛してるとこ！#可愛さと色気#清廉潔白な日本男子#優しさが溢れてる笑顔#凛とした姿勢#全てが好きです#志し高く未来に生きる#澄んだ
目#特に白いところの汚れがない白さ#クシャッとした笑顔#素の甘えた声と笑い声#ニッて笑顔の時の口元#誰よりも白Tシャツが似合う#貴方は日本そのもの！#清く美
しい心#日本全国制覇した笑顔#若き頃の美顔そして美声#心地の良い発音#ココロと瞳のキラキラ#美しい心と可愛い笑顔#真っ直ぐなところ#クシャッとした笑顔！たま
らなく好きです#真っ直ぐな澄んだ瞳#心が表れている優しい瞳と手#春馬くんの口から発せられる、穏やかな声#イケてるメンタル=イケメン春馬#三浦春馬全てが最高な
俳優大好きです#声と顔誰にも変え難いですわ#顔、笑顔、声、人格、全部好きすぎる#綺麗な容姿と清い心#身も心も全ての美しさ#みんなを包み込む笑顔#誰にでも優し
くて暖かく包み込む光の持ち主#心の美しさと強さ#まるで『天使』そして『儚さ』#圧倒的な表現力優しく時に力強い歌声ローラがローラにしか見えない所#唯一無二の存在
#優しい声と心#演技と素のギャップ#憂いを帯びた瞳#全てが美しい人#ひたむきさ#澄んだ瞳、笑顔#品のある佇まいと美しい日本語#真っ直ぐさとうんちく語り、俳優へ
のプロ魂#gentle,handsome,charmingなところです#人を敬う心を持ち続けている三浦春馬のすべてが尊い#優しさダダ漏れの笑顔#優しい喋り方#容姿性格声匂い全
て好き。匂いは分からないけど絶対いい匂いするはず#こっそり見ていたい横顔#憂いを感じる笑顔#儚そうな佇まい#クシャッとした笑顔#春馬くんのお茶目で、真っ直
ぐな姿、素直に気持ちを伝える姿、お替りに飛びついちゃう姿愛おしくてたまりません#容姿端麗で人格者#憂いを帯びた表情と顔が性格を表しているところです#たたず
まいが憂いを帯びている人#夢幻の透明感を纏う人#優しく包み込むような「声」#品良く憂いのある顔立ち#誰にでも優しい#頬から鎖骨経由の首のラインがセクシー#優し
い眼差し#ぶれない男#何事にも誠実なところ#本を読む横顔と本を持つ手#チョット上を向いた横顔Eラインと濁りのない綺麗な眼です#一生懸命#品を身に纏い、真っ直
ぐな生き様が素敵です#上品で美しい指先#心から溢れ出る美しさ#古き良き時代の申し子#美しいという形容が1番似以合う男性です#天使の羽根のような睫毛#ありのま
まの貴方が好き#人懐っこい笑顔と努力出来る才能#美しい顔、声、心#綺麗な心と可愛い笑顔#人懐っこい笑顔！#真っ直ぐな瞳と背中#純真な心#全てに優しく美しい心
#紳士で誠実な日本男児#強く美しく、誠実な心#優しさ溢れるくしゃってなる笑顔#「美」の一言#全てにおいて！非の打ち所がない美しさ#真心を尽くすところ#魂の輝
きそのもの#広い大きな愛#聡明な澄んだ眼差し#愛と優しさに溢れる人#まっすぐで優しい人#くしゃくしゃの笑顔#優しさ溢れる笑顔#滲み出る人間力#笑顔と心の綺麗
な優しい言葉と気遣い#うっとりする歌声#人間性#真っ直ぐな嘘のない人柄とクシャとした笑顔が大好き#ガハハって笑った顔#透きとおった魂#真っ直ぐな心と思いやり
#春馬君の横顔が特に好き。彫刻で彫ったくらい完璧！#まとっている美しい光#日本製、三浦春馬#一点の曇りも無い瞳☆#全てが大好き#優しい心とびっきりの笑顔いつ
までも忘れません#バク転が3日で出来ちゃう#美しいプロの表現者#容姿・精神全てが最高美#顎のホクロと横顔#経年美化な三浦春馬!!#すごく考えて発する言葉#心がキ
レイで誰に対しても相手を思いやる気持ちを持っているところ#美しくて愛おしい天使#可愛い笑顔と可愛い笑顔#心が癒される魔法師#優しさが溢れてる#ア
ハハって笑う笑顔#眩しいほどの笑顔笑うと妖精が飛ぶ#優しい笑顔#シワくちゃの笑顔#艶やかな歌声#綺麗な笑顔と強さ#笑顔と広い背中、抱きしめたくなる#笑顔、笑声
、横顔#圧倒的な歌唱力・歌声"#真っ直ぐな瞳#美しい心と笑顔と体#気遣いができるところ#心が綺麗な所#すべて美しい#透明感、誠実さ、笑顔#セクシーと可愛さ#誠実さ
と漂う気品#歌声と、男の色気#春馬の笑顔、声、容姿、全てにおいて素敵#言葉の想像力#天使のように美しい瞳#綺麗な横顔と優しい瞳#真摯に向き合うところ#本気の
仕事っぷり#身も心もすべて美しい#心根が清く純粋な瞳#真面目に取組む姿勢と笑顔#愛誠実一生懸命#唯一無二の表現者#美しい人となり#ただただ気高く美しい#凛と
した真っ直ぐな人間性もちろんお顔も大好き#キラキラな笑顔と透き通る歌声、美しい所作、優しい心、すっと伸びた背筋に広い背中とのギャップで天然な所。春馬君の
全部大好き#太陽のような笑顔#大きな笑い声#お茶目なところ大好き♡#親世代をも魅了する子#春馬くんの誠実さ純粋さ優しさが好き#三浦春馬のすべて#光り輝く美しさは、
魂が光り輝いているから#魂から溢れ出る感性#国宝級な笑顔#磨いた！宝石の輝き#聡明であり優美高妙#何もかもが美しい#しなやかで綺麗な手#さりげない優しさ#春
馬君の笑顔#まっすぐなところ#あの声、あの目がたまらん#優しさと真摯な姿勢#キラキラ輝く透明感#笑顔笑い声色気、春馬さんのすべて#澄んだ瞳と美しい佇まい#全
てが魅力的で美しい#天使のハート#眩しいキラキラ笑顔#優しくて穏やかな口調#笑い声#気品・輝かしい・温かい心#透き通るほど真っ白で真っ直ぐな心・娘#永遠の王子様・
母#めざせ三浦春馬・息子#日本の救世主・父#家族全員春馬くんが大好きです#圧倒的な透明感#美しく優しすぎる心#あったかい笑顔#優しい真面目なところ#キラ
キラした真っ直ぐな瞳が大好き#お母さんが好きな所#長いまつ毛と綺麗な瞳#心の美しさ、笑顔#清く正しく美しい#艶っぽい声と話し方#横顔の顎ラインと仕事を楽しそ
うにするところと春馬と云う名前#内面の優しさが溢れ出す素敵な笑顔#日本人らしい美しい所作#何事にも一生懸命#神様の様に穏やかな優しさ#綺麗すぎる心と容姿
…まさに天使#笑顔と笑い声#優しい笑顔と素直で相手を思いやる気持ち#長いまつ毛#気持ちの伝わる目と心#正しい事をやり遂げる#全てを包む笑顔#さり気ない寝癖と
綺麗な指#溢れる優しい笑顔と声#清らかな心#笑顔がすき#強く美しいお茶目さん#人懐こい笑顔#見た目も中身も超一流#誰をも魅了する笑顔#かけがえのない笑顔#全ての
人、物、事に真摯に向き合うところ#美しい外見と心#春馬君は日本の誇り#美しい人となり…春馬くんはパーフェクト王子様#息子の春馬を抱っこしてくれました@映
画の舞台挨拶にて#全てがプロフェッショナル#希望の光、平和の象徴#百年に一度の貴公子#誠実な心#眉目秀麗&質実剛健#無邪気と色気の反復横跳び#春馬くんに会え
たこと。生まれて来てくれて、ありがとう！#お顔、声、指が好き#抜群の容姿と純な心#私と同じ！茗荷が大好き！#優しさがにじみ出る笑顔#歌声と向上心#永遠の命三
浦春馬#春・only#あなたがあなただから#慈しみ深い眼差し#溢れる知性と美しさ#奢らず真摯#美しさを極めた人#美し過ぎて尊い#笑顔と優しさ#透き通るような美しさ
と熱さ#セクシー#心震える芸術性と笑顔#日本を愛している所#お顔が好きすぎる#愛する人を大事にする人#笑顔声素敵優しさ#美しい声笑顔と優しい心#彼の存在全て#全
身全霊の演技生き様#美しく誠実すぎる#優しさ溢れる眼差し#真っ直ぐで美しい心#優しい眼差し、甘い声#春馬君の全部が大好き#人への思いやり#限りなく優しく美
しい#衣装と私服のギャップ#穏やかで優しい話し方#全てが美しいところ#努力、謙虚、誠実、美#努力のパーフェクト#笑顔#お母さんを大事にする所#清廉潔白な麗人#
左から見る横顔#役を演じきる春馬#トンカツに醤油をかける#繊細で物腰柔らかなところ#美しい佇まいの人#優しく真っ直ぐで素直#美しい手#見た目と心の
美しさ#心も行動も顔も美しい#心奪われる彼の全て#誠実で優しい団長#何事にもひたむき#一言じゃ語れない魅力#とにかく心惹かれる#土浦市出身なところ#清く正し
い美しさ、強い心#控えめなところ#優しさで溢れている#たまにお茶目なところ#周囲へのこころ配り#国宝級な笑顔#全てが美#唯一無二#飾らない人柄と眼差し#誠実で
正義感の強い優しい男#白くて美しい首筋#謙虚さの中にある強さ#ふと垣間見せる優しさ#人を悪く言わない#自惚れないイケメン#あの笑顔の破壊力！#演じる役を徹底
研究#愛で溢れている人#心が清らかな努力家#完璧な見た目#溢れ出る田舎者ラブ#うんちくプリンス#人に幸せを届ける笑顔#全部です#キラキラ輝いている#天真爛漫笑
顔…哀愁瞳#美しい姿、努力の人#純粋無垢な心#還暦女子に未来をくれた#笑ってる顔#汚れなき魂#謙虚で頑固#常に他者への愛と敬意#容姿と心の美しさ#誰にでも
優しい#相手により言葉を選ぶ所#努力家で美しい心#「実るほど頭を垂れる稲穂かな」を体現しているところ#指にドキドキ美しすぎ#誠実優しい努力家笑顔#謙虚で誰に対
しても優しい#全てに愛を感じられる#全てを兼ね備えてる所#磯野家#何から何まで全て好き#全部が大大大好き#理由は無い。ただ好き#誠実なところ#人間力#才色兼
備でおごらない#思慮深いところ#優しく努力の人しかも天然#権現様の化身#真の正義と表現者！#横顔の圧倒的美しさ#心も体もキラキラな所#美しい骨格#関わる人への
思いやり#笑顔優しさ立ち振る舞い！#綺麗な優しい男の子#清く正しく美しい#心根、魂、存在、全てが優しい#綺麗な指と無邪気な笑顔#人として尊敬できる#気品
溢れる立ち振舞い#笑い声#頑固で優しい真の侍魂#美しい心#キラキラ輝く瞳#話が長いところ#人に優しく謙虚で聡明#紳士、ハンサム、チャーミング#ずっとそばに居
てね！#透き通った心と瞳#まなざしと丁寧さ#愛を届けてくれるところ#優しい笑顔！全て素敵#人の痛みがわかる心#凛とした姿や言葉#全てに仕事に取り組む姿勢#笑う
と小鼻がふくらむ#優しく歌ダンス上手い！#日本の心を愛する男#指先までセクシー#常に全力投球透明感#全てが優しく美しい#共演者を大切にする所#多彩な表現力と美
しさ#己に厳しく人に優しい#笑顔と声が大好き#全力で楽しむ姿が最高#姿から醸し出すオーラ#美しいプロの表現者#愛溢れる笑顔#全てが美しい#360度全方向美しいと
ころ#こんなよか男はおらん#ママの笑顔の源#無邪気に可愛い#心が綺麗で素敵な人柄#天性と努力、慈悲の融合#くしゃっとなる笑顔#人を幸せにする笑顔#春馬のローラ
は美しい#…あなたの…の口癖#Fabulous！#Amazing！#ピュア&気品&天然#永遠の純粋無垢な人#ぜーーーんぶ#美しさと幸せを振り撒く笑顔#天真爛漫であたたか
い#努力家#ベストアーティスト#奇跡#大切な事は全て教えてくれた所#セクシーな裏声#綺麗な目#正直まっすぐ#キラキラ笑顔！優しいところ！#人を惹きつける笑顔#
全てにおいて華がある#存在#皆んなを虜にする美魔力#清い心#努力して確実に手に入れた語学力#美しい心と高い演技力#かわいくてかっこいい#容外恵中眉目秀麗#永

アイネクライネ
ナハトムジーク
8位

背中#色気のある美声と瞳！#信念を貫き通す実直さ#心#可愛さ#色気#春馬の笑顔は宇宙一#最高に可愛い笑顔#声、顔、心、全部好き#謙虚。笑顔#全部#心が綺麗#外
見の美しさと内面の美しさと可愛らしさ、全て！#優しい笑顔・美しい心#正しく美しく生きる姿#とびっきりの笑顔#端正な顔立ちと美しい#立ち振る舞いキラキラな笑顔
作品に対するリスペクト#三浦春馬という存在全て#耳心地のいい声#真っ直ぐな嘘のない言葉#唯一無二の存在♡春馬#十全十美#知的で心美しい人#孤高の表現者三浦
春馬#人にも物にも誠心誠意#綺麗な瞳が大好き！#眉目秀麗 白馬の騎士#素朴な天然♡美男子#清廉潔白煌めく笑顔#永遠なる輝ける太陽#美しき魂の演奏者#永遠の時
を超える旅人#笑顔煌めく一等星#春風駘蕩♡春馬君#横顔美男子最強♡春馬#横顔まつ毛がキラキラ#純粋無垢美男子♡春馬#春風のように優しい声#地上に舞い降りた天
使#神エピソード持つ役者#皆の王子様☆春馬君！#全てが美しい唯一無二#男からみても惚れる男#神から選ばれし男春馬#深く澄んだ美しい瞳#全てを包み込む優しさ#
ママの永遠の王子様♡#最高の表現者♡春馬君#心優しく笑顔が素敵♡#恋する最強年下男子。#サムライ春馬最高‼#大きな笑い声が大好き#麗しく気高き春馬さん#笑顔が
ステキ三浦春馬#強く優しく美しい人#永遠の春馬くん♡#美　優　清　勇　強#まさしく貴方は天外者#愛され上手♡三浦春馬#皆を幸せにする笑顔#全身全霊で仕事に挑
む#バク宙ができるところ#お団子さんがかわいい#キレと柔軟のバランス#未来永劫♡三浦春馬#美しい心と生き様全て#世界に誇る日本の至宝#永遠に三浦春馬大好き#
真の美しさとその心#姿・声・心の麗しさ#清く正しく美しい春馬#絶対やり遂げる男気！#天才なのに努力家#男らしさしなやかさ#現代の天外者♡春馬君#多彩多妻な才能
の英雄#美姿・美顔・美心の方#澄んだピュアな瞳#謙虚で何気無い存在感#なにもかもなにもかも#何事にも真摯三浦春馬#士の志を纏った表現者#♡深い愛情☆強い信念#
イケメンだけど謙虚#顔とスタイルが良し#ステキな笑顔に瞬殺♡#武士魂を持つ男♡春馬#美しいが似合いすぎ☆#超美麗 変幻自在俳優#好きな所しかないよ♡#笑顔！
笑顔！笑顔！#美しい顔と綺麗な心#笑うとウインクになる所#くるくる変わる表情#常に相手を思いやるこころ#ボケたと思ってる真顔#真顔で必死な天然ボケ#純粋なハ
ート#後ろ姿の肩の感じ#笑い声と笑顔、横顔#真摯な姿勢、真心#輝くまぶしい笑顔#笑顔、手、人格もう全て！#天然発言からの笑顔#クシャッとなった笑顔#美しい顔
と笑顔、綺麗な心#真っ直ぐな眼差し#すき通った心と笑顔#春馬君のすべて全部！#鍛えてあげた声#破壊力のあるあの笑顔#さりげない優しさ#美し過ぎるすべて#いの
ちの木#広い背中と長い指#三日月目元になる笑顔#まっすぐな瞳、笑顔！#セクシーでチャーミングな笑顔#キラキラ瞳上まつ毛、したまつ毛#なんとも言えないお手手#
キラキラな笑顔#美しく澄んでいる瞳#美味しい物を食べた顔#ニッて恥じらい笑う時#姿も魂も美しく気高い#笑顔が素敵なところ#笑った時のシワ#見つめられると…#
優しくて愛らしい#ずっと見ていたい笑顔#真の優しさ#口角キュッて心溶ける#ストイックな美男子#ただ会いたい#色んな顔を持つ魅力的な人#言葉と所作の美しさ#す
べてが美しい#美義愛溢れる奇跡の人#春馬くんが纏う空気感#清く正しく美しい人#透明感と誠実な心#真剣#美貌・笑顔・努力家#地上に降りてきた天使#可愛くて男らし
い#可愛いのに男らしい#シルエットすら完璧#長い首からの襟足#芽キャベツの糠漬けをトライする所#溢れる純粋さと可愛さ#キラキラ笑顔の王子様#凛とした佇まい#
何でもこなすよねー#澄んだ瞳と心地よい声#優しさを教えてくれた#色っぽいアゴのホクロ#綺麗な手の指の関節#あの透明感と爽やかさ#骨格骨っぽさがよい#笑顔と素
敵ボイス#三浦春馬に逢えた奇跡#優しさが溢れている#優しく努力家顔声手#何でもパーフェクト#身長あと2センチをごまかさないところ#おちゃめな姿#天真爛漫・純真
無垢#笑顔が素敵！#日本を愛する美徳#優しさ、強さ、弱さ…#笑顔、色気、優しさ#素敵な笑顔に感謝！#崇高な究極の美男子#思いやりの心温かい心#美しいが一番似
合う人#すべてが優しく美しい#完全に恋しています#ばあばも大好き春馬君#美しい天使春馬君#美しさの宝庫三浦春馬#世界最強春馬君の笑顔#男の中の男美的男子#癒
されハルマは効果大#生粋の純日本製なり#春馬君のスマイル満点#美しい君の涙に涙する#春馬君の声にビビビッ#キレキレダンス超絶品#心の美しさ☆透明感#知勇兼備
で男前最強#誠実とは三浦春馬の事#涙を拭う手が大好き#全ての所作が美しい#余人に代えがたい#嬉しい時、喜ぶ時の顔#春馬春馬大好き#そばにいたくなる人#日本製
の旅に春馬ップ#こころにひびくこえ#貴方を生涯誇りに思う#すべてが美しい#軽いねこなしが軽いよ#篤実な人柄#はにかんだ笑顔#可愛くてカッコイイ#永遠に輝く美
しい人#高潔で優美な日本男子#気品のある美しい人#みんなの王子様#天才肌の努力家#日本の宝物☆#やっぱカッコいい#尊いな。全てが#永遠のハンサム彼氏#称賛の嵐
の春馬ローラ#類稀なる美貌と才能#Oneandonly春馬#身も心も美しい人#いつ見ても癒される#三浦春馬のすべて#優しい声&澄んだ瞳#日本演劇界の天外者#光をまと
い放つ表現者#生と美の塊春馬ローラ#進化し続ける表現者#白馬の王子春馬が王子#唯一無二の魂の求道者#イケメン、イチバン！#目上も年下も大切する#泣き虫で感動
屋さん#変幻自在の努力家役者#語りかけるような話方#殺陣の剣さばきは圧巻#相手を思いやる優しさ#心身共に美しいところ#キラキラした瞳#ずっと見ていたい‼#ク
シャ顔も超最高な人#寝顔#ラストシンデレラのねえ俺と結婚してくんない？#魂#クシャッとした笑顔#優しい眼差し#天然なところ#笑顔が大好き#『清い心』『真の強さ』
が輝く目#向上心と優しい笑顔#何と言っても声→顔→綺麗な心#心身共に美しいところ#キラキラした瞳#あなたの全て！#春馬君の清らかな心の光#月の様な包容力と笑
顔#生きてほしかった#ほろ酔いでおしゃべりする時#優しく可愛い笑顔#可愛い笑顔#何でも全身全霊#美しさと愛くるしさの同居#春馬君と繋がる心全て#溢れる優しさ#
少しはにかんだ笑顔#みんなに愛される笑顔#カッコいいセリフをたまに噛むところ#すいこまれそうな目#溢れ出る大人の男の色気と不意に出る一人称「俺」#何もかも全
てが美しい#出逢ったら絶対一目惚れ#性格。お芝居。歌、顔#色気と無邪気な笑顔#愛おしい笑顔、謙虚#綺麗で透きとおる手#癒しの笑顔が最高#ウインクした時の上品
な眼差しは美しい心の証#計算高くないところ#純粋な心・眩しい笑顔#額クイ軽いハムキス#ちょっと天然なところ#全て#ハンサムで実力もあります。そして心も綺麗で
す#キラキラした笑顔#魅力的な歌声#真っ直ぐな優しさ#優しい笑顔と美しい歌声#2段階の笑顔#思いやり愛の深い所#心技体備わったところ#優しい穏やかな話し方#凛
とした表情からの笑顔のGAP#吸い込まれる心#不器用なところ#美しい手#『笑顔』『瞳』『声』『優しさ』#清さ強さ優しさ#感動屋さんなところ#綺麗な言葉の紡ぎ方#弾ける
笑顔#まつ毛とくしゃくしゃ笑顔#です→だす。とか言っちゃって、てへっペロッとかやるとこ#高さのある完璧な爆宙#誰にでも優しいところ#超かっこいいのに天然#心
の美しさ#端正な横顔、誠実、真面目、優しさ、日本のエンタメ界において唯一無二の存在！#白Tシャツ春馬くん#知性ある言葉#プライベートが昭和ちっくなところ#
クシュとなる笑顔#眩しい瞳美しい心笑顔#ダンスしてる姿#大きな背中#春馬君の深い深い愛情#弛まぬ向上心と向学心#笑顔、清らかな心、皆から愛される人柄#あなた
の笑顔と優しさ#圧倒的演技力#清らかな心と笑顔#美しい横顔にうっとり#声#天然なところ#爽やかな笑顔#全てが美しいところ#心もお顔も全て美しく、頭もキレ、運
動神経抜群なところ#男前と天然のギャップ#優しい笑顔と心遣い#話してる時にニコッと一瞬笑う所#心美しい永遠の王子様#真っ直ぐな澄んだ瞳#世界1の笑顔#表現力、
真っ直ぐな心#素敵過ぎる笑顔#人に優しいキレイな人#笑顔、手、声、全部好き#完璧なのに自信がないとこ#真摯で謙虚心が温かい#美しく優しい心の天外者#イエスキ
リストみたい#思いやりと優しさの人#俯きながらの笑顔#クリクリっとした流し目#笑った時の瞳が大好き#美しい横顔、深い共感力#選べない程の彼の全て#真っ直ぐな
心#アゴのホクロが色っぽい#可愛く間違える。素で可愛い#丁寧な生き方#品があり心も美しい#相手を想う心#爽やかなのに色っぽい#優しい声、優しい顔#全て愛して
ます‼#素直に生きた綺麗な心#奇跡のような美しさ#純粋で誠実で美しい#最大限頑張っちゃう所#穏やかで優しいところ#私と同じアゴのホクロ#丁寧な言動が好きです！
#心、容姿、名前まで美しい#甘い声と白くて長い指#独身を貫いた春馬君#ローラに捧げた肉体#誰よりも素敵な笑顔#丸ごと春馬君超大好き#役柄で全く違う人に#まるご
と春馬くん全部#優しい孤高の人#大切な事は全て春馬君が教えてくれた#妖艶な色気と仔犬の様なキュートさが七変化#笑顔人格心謙虚努力佇まい#美しい心、声、表情#
何事にも努力を惜しまない姿勢#美しい手#ステキな声#外見、性格、声、演技力、全て！#どんな事でも一生懸命#向日葵のような笑顔#努力を惜しまない姿勢#キラキラ
した笑顔#溢れる優しさと笑い声#完璧なのに謙虚なところ#落ち着きある優しい声#謙虚努力家正義感笑顔#良の葛藤が眩しい#うつくしいおおきなめ#何やっても嫌味が
ない#長くて綺麗な首#憂いをおびた眼差し#透き通る歌声#笑顔と美しい心#ちゃんこ、おかわり#幸せになる極上の笑顔#聡明だけど天然なところ#魅力的笑顔と美しい
声#笑顔と笑い声#ずっと忘れないからね#春馬くんありがとう#また巡り逢いたい#心も姿も美しい人#奇跡を起こす男#正に天外者＝春馬君#煉獄さん＝三浦春馬君#大好
き永遠に#永遠に貴方を愛してく#彼の声とキラキラ笑顔#心も綺麗な人#春馬くんの気取らない笑い声大好き！#貴方は私の光です#笑顔がステキ#春馬くんの笑顔大好き
#6つのステップ守るよ#三浦春馬は永遠に不滅！#目ヂカラが半端ない#弛まぬ努力を惜しまないこと#くしゃくしゃの笑顔#ほんの少し感じる茨城弁#全部大好き#貴方の
全てに感謝です#ずっと一途に春馬だけ#全てが魅力にあふれてる#愛してるよ、帰ってきて#一生、春馬君一筋#春馬君、マタアイマショウ#全てが美しく愛おしい、愛さ
ずにはいられない#ずっと皆が共にいるよ#美しい声顔心全てが大好き#ありがとう#大丈夫、皆春馬が大好きだよ#貴方の存在にありがとう#神様にこの命差し出すから帰
ってきて#愛しています#これからも大好きです#最高のエンタメをありがとう#あなたが愛おしいです#三浦春馬は最高のエンターテイナー#優しい笑顔と真直な瞳#綺麗
な指#鎖骨近辺のほくろ#たまに無邪気になるところ#忘れ物しちゃうところ#30年限定の神の遣い#自然児なとこ#ジェシーの色気#卓越した歌唱力とダンス#もう、全部
ですっ#ぜったい、笑顔！#小首傾げて僕のシンデレラ#キレッキレなダンス#優しさ溢れる笑顔#くしゃっとした笑顔#かわいい仕草#内面から溢れる優しさ#さりげない
優しさ#こころに響く声#優しい声、笑顔、瞳#細マッチョな筋肉美#薔薇色の唇#完璧たまに天然#限りない優しさ#耳に残る声美しさ！#春馬くんの笑顔大好き、天使だ
ね#美しくて純粋で誠実#瞳からのキラキラ光線#常に全力で努力する姿#全てを包み込む笑顔#昭和を感じるところ#笑顔#春馬くんの目#正に男の中の男#動物好きなとこ
ろ#ハニカム笑顔#声が大好きです#愛され続けている所#完璧主義者なところ#素敵な笑顔と優しさ#素敵な笑顔と綺麗な心#美しい日本語と所作#背中から溢れる色気#表
情豊かな演技力#綺麗なキス#どんな髪型でも似合ってしまうところ#笑顔横顔(首スジも)紳士#考え中、顎や頬を触る手#大人の色気#吸い込まれそうな瞳#ギャップ萌え
全開な所#美しい所作#日本をこよなく愛する人#くしゅくしゅな笑顔#他人への思いやり笑顔で手を振り返す姿#美しい全てと美しい心#笑顔と涙と、優しい心#ちょい短
めのあんよ#春馬Smile天然#強き優しき侍#ビッグスマイル春馬#感じたままを伝える声#美貌と才能と人間性#お母さんから『ハルちゃん』って呼ばれていますって語る
春ちゃんが好きだー！#ワサワサの長いまつ毛#周りを幸せにする笑顔#ぶれない優しさと強さ#笑顔の素敵な春馬くん#優しい笑顔の春馬くん#春馬君の首がセクシー#笑
顔が素敵春馬くん#才色兼備な所が恰好い#寄り添う心を知る人#笑顔が大好きです#幸せにしてくれる笑顔#春馬の作品大好きだよ#歌うま本当に恰好いい#家族皆が夢中
勿論俺も#真摯で一生懸命で誠実#カッコイイお兄さん#キレキレなのに優雅#声が好き顔も好き#男も惚れるいい男#トキメキが止まらない#本も書いたインテリ#誠実で
優しい美しい人#動物からも愛された人#ダンスのレベルが凄い#君の事悪くいう人ゼロ#会えて幸せをもらえた#ばあちゃんもニコニコ#生きてほしいよ今日は#煙の向こ
うに夢見える#忘れた歌を歌えるよう#君去り皆互いによく似#石になっても今もなお#素直で凄く共感できる#不出世のマルチ表現者#長い睫毛に深い瞳#隠された筋肉美
#ギリシャ彫刻並み肉体#本当に優しい人#くちびる‼！#背中で語るとこ#永遠に三浦春馬#最強！最上！最愛！#経年美化の王子様#全てがパーフェクト#まっすぐ強く美
しい#孤高の天才、努力家#美しい表現者三浦春馬#才能と信念の人、天使#靭やかな体と魅惑の声#瞳に心を鷲掴みされた#美しく魅力的な声表情#だれもが認める好青年
#優しさがあふれている#少年の心を持つ美男子#春馬へ永遠の片思い#君に届け！ありがとう#強く正しく清く美しく#心の美しさ光る王子様#私の光、希望。全て#すごく
かっこいい！#お母さんの好きな人#麗しき瞳の持ち主#彫刻家ロダンも顔負け#かわいいよ素敵だよ#後ろ姿も完璧セクシー#笑い声にホッとする#春馬君みたいになる！
#美しさにひれ伏したい#ウンウン頷く顔が好き#旅の途中で会いたい人#どこまでも一緒だよ#空に海に大地に心に！#あめつちに一等光る星#秘めた強さと溢れる愛#はる
まくんかっこいい#横顔完全優勝三浦春馬#極上の日本製♡春馬君#重鎮をも唸らせる演技#お肌の透明感半端ない#メンズの憧れの的#ナナイロのボイス#お目目が可愛く
て好き#とにかく全部！#演技力＋美＋繊細＋生#精進、努力、役者人生#春馬君の瞳♡逮捕する#女房返せ！♡逮捕する#心の琴線に触れるヒト#ずっとずっと初恋の人#
また逢う日まで#無限ループ♡三浦春馬#その美しさ、罪すぎる#身も心も美しい#いつか絶対また逢おう#長くて美しい繊細な指#笑うと三角になる目#羨ましいぐらい色
白#誠心誠意#卓越した才能と努力#容姿端麗♡白眉#大好きです#誰だい？男前だねえ！#まあ本物のイケメンだ#春馬君愛をありがとう#セクシーなホクロたち#目がなく
なる可愛い笑顔#どこをとっても美しい#のどぼとけ#透明感な笑顔、男前精神#可愛さと色気の同居#背筋胸筋ウットリ#三浦春馬の生き様全て#優しい眼差し#天外人そ
のものな春馬#艶やかな歌声#三日月お目々の癒し笑顔#細くてしなやかな指#春馬は美しい男でした#くしゃっとした笑顔#感動しいなところ#クシャと眩しい笑顔#尊き
魂#語りかける瞳#美しきラスト侍#美しいで出来ている#心の奥#豊かな表情#指先の綺麗な手#熱いハートと素敵な声#憂いな横顔はにかむ笑顔#くしゃくしゃの笑顔#綺
麗な大人すぎる春馬君#カワイイ笑顔#可愛い笑顔と優しい瞳#美しく純粋な魅力#純真無垢で心が綺麗な所#堂々と綺麗な事を言う#謙虚で努力家#春馬永遠に愛してる#
天使だった美しい心#よっ三浦春馬、日本一#あなたを慕っています#細やかで美しく気高い人#君子そのもの、春馬君#優しく笑う顔#可愛いしSEXY！#溢れる優しさと
笑顔#たくさんの愛と笑顔をありがとう#ずっと忘れない#ぜ～んぶ大好き#春馬愛ずっと貫くからね#愛という言葉を春馬に#少年のような輝く目が好き#アナタに恋して

生きるね#美しい春馬の瞳に夢中#本当は負けず嫌いなところ#気負わずに春馬らしく#ありがとう#キラキラ笑顔が大好き#色気ダダ漏れの背中#感極まって泣くとこ
なんだろ？の仕草#繊細で老成した一面#脆くて儚い一面#語られる美しい言葉#一所懸命さ#生き切った人生#最期の選択まで愛しい#優しい#春馬が笑うと風が吹く#春
の意思を受け取り継承#普段着が昭和ちっくな所#はにかんだ笑顔#春馬君のすべて#無邪気な笑顔#目じりを指でかきながら喋る所#爽快な笑い声#泣き虫なところ#
セクシーボイス#努力の人#笑うと目が！可愛すぎる！#箸を持つ手の美しさ#どこから見ても美しい#涙が出るほど一生懸命#少し顎をあげた横顔#笑った時にクシャッ
なる目#美しくて切ない所#お母さん大好きっ子のくせに#笑顔が素敵なの#色気と無邪気な笑顔#皆に愛されてる#名前見るだけで興奮#嫌いな人いないとこ#愛であ
れた笑顔#人間味の深さ#心に響く声と笑顔#笑うと三日月になる眼#カッコいいダンス#可愛い笑顔#笑い声、笑顔、すべて#目のあたりをかくしぐさ#くしゃっとした
顔#笑う度に尊い#優しい笑顔&声#殺陣の時の美しい顔#ピュアなところ#春馬君の志と熱い思い#人間三浦春馬への尊敬#すさまじい才能の持主#春馬の愛みんなに
け#笑顔・内面の強さ#努力を惜しまないところ#全てが100点満点#しなやかな肢体#歌いながら微笑む顔#優しくて美しい日本語#くしゃってなる笑顔#キスする時の横
ライン#唇を手で触るところ#心から離れないひと#少年のような笑顔#くしゃっと笑顔#笑顔が素敵なところ#お口一杯モグモグ幸顔#イッツパーフェクトじゃ#聞かせ
歌声声色甘い声#何処と無く寂しげな瞳#キラキラ笑顔と優しい声#無邪気な笑顔#くしゃっと笑う顔#チャーミングな笑顔#正義感あふれる天外者#キレイな心#4500億
年輝く#春馬君の男の色気全部#どんな人にも平等な愛#瞳、努力家、優しさ、包み込む眼差し#魅了された瞳と美声#礼儀正しくて聡明#セクシー過ぎるタクロ#
愛話でニヤけう笑顔#優しい笑顔と清んだ心#笑顔、声、心、全て#謙虚な天才努力家#何事も全力投球#笑顔が忘れられません#帽子を触りながらのポーズ#色
と哀愁と可憐さ#別人かと思うほどの顔の持ち主#クシャッとした笑顔#かわいい癒される笑顔#月の光のような美しさ#暗闇の中でも輝く瞳(白目が綺麗)#イッツパーフェ
ト100#笑顔すべてキュン#おおらかな笑い声#誠実で謙虚、人に優しい#芯が強い所。自分をしっかり持ってる所#想いが伝わる指先#耳にピアスの跡がない所#指先まで
しいダンス#謙虚さ#笑顔#笑顔が素敵#癒される#はじけるような笑顔#表情が豊かなところ#豪快な寝グセ#豊かな感情表情と所作#何でもできるところ#俳優魂半端ない
分家#ぜんぶ#マリアージュとか言う#フレーバーとか言う#滑らかなるその眼差し#透明感半端ない#キラキラ笑顔#濁りの無い精悍な眼差し#春馬の笑い声#滑らかな心
映す瞳#包んでくれる笑顔。魂の綺麗さ#子供みたいに無邪気な笑顔を魅せてくれるとこ#笑い顔がたまらない#はにかんだ笑顔#三浦春馬くんそのもの#キレキレの殺陣
和装#人に優しく笑顔が素敵#目が無くなるほどの笑顔#気品真剣天然謙虚色気#生まれてきてくれた事#ひたむきで純粋#優しいきらきら笑顔#愛のある優しい瞳#その
柄全てが♡#三浦春馬そのまま全部#ピュアなところ#心を映した綺麗な瞳#守りたいと思わせるところ#キンキーで女性になり切ったね#動作に全て品があるとこ#サム
イ魂を持ってる#日本をこよなく愛する人#すべて#色気と可愛さ#愛しい笑顔#透き通る高音の歌声#カッコいいところ#美しい瞳と眼差し#凛とした佇まい#くし
ゃっとした笑顔#泣けるほど美しい#利他の心#全てが魅了される#あのキラキラ笑顔#人間性が素晴らしい#同じ時代に出逢えた#「さくらさんたらHなんだから〜」
台詞#You&Iの低音ボイス#優しい眼差し#長い睫とあの瞳#イケメンなところ#綺麗な指#奢らずどんな人にも優しいところ#笑顔四声存在#奇跡の顔と笑顔に人柄#全
全霊の仕事姿#この時代の日本に必要で至宝だった方#来泉ちゃん大好きなとこ#身も心も美しい努力家#なんだろう、愛の言葉#キュートな笑顔と声#全てが愛おしいで
#笑うと三日月になる眼#同じ時代に逢えた奇跡#日本の伝統を絶やさない心#あの透き通った瞳#目を丸くして驚くとこ#感情表現が素直#前向きで努力できる所#綺麗な
と謙虚さ#優しい空気感#凛として美しい#優しさが溢れてる#丁寧な話方と言葉選び#溢れ出ちゃう色気#心の美しさが好きです#全力で生きたところ#sexy天使ちゃん
日本の誇り・三浦春馬#妻奪われ俺迄ファンに#全てが清らかで美しい#色気ダダ漏れ王子#たまらなく好き全部好き#横顔笑顔完璧王子#惚れてまうよ三浦春馬#貴方の3
年は一生物#白い恋人、銀色の鈴音#笑顔100点満点#性格良いのに格好いい#真面目な美形の好青年#春馬君の笑顔LOVE#君への想いは永遠に#あなたの笑顔、永遠
#みんなの愛が届け#春馬君は私達の星です#春君永遠と永遠に共に#春馬君は輝き続ける#春馬君といつも共に#貴方は美しい身も心も#再会は天国で#あなたと
会えた奇跡#ここから開始春馬伝説#笑った時のほっぺ#思いっきり笑った顔#クシャクシャ笑顔#五代友厚すぎるところ#眼、表情で演技する天才#七変化#上品で気品
溢れてる#色気が溢れている#女になってもいい女#気遣い半端ない#五代春馬にしか見えない#美しく優しい所#眼だけで気持ちを表す俳優#優しい笑顔と声が変
る#時間を無駄にしない#春馬の生きる全部#無限の魅力で心鷲掴み#日本の誇り、天外者！#優しさこそ、強さの人#笑顔にキュンキュン#貴方の心の考え方素敵
#間味心が表れている人#とてつもなく愛おしい#ママの好きな人#凄い方が居たと今知る#笑顔と声が大好き#繊細なマイペース#夢を語り夢を追う#歌手になるとハイト
ンボイス#生まれ持っての品格#色気のデパート#何にでもなれる#生き方すべて#全力投球、全力疾走#優しくて愛おしい#意志が強くブレない所#利他の心とは春馬の事
結婚して下さいますか？#貴方の為に女優になる#嫌なとこ見つけてみたい#小さくてプリっとしたお尻#夢も希望も貴方だった#命を燃やし尽くしたんだね#バトンは受
取ったよ#白シャツさわやか王子#殺陣の所作、剣さばき#貴方の全てを愛してる#素直、純粋、真っ直ぐ#人見知りなのに甘え上手#殺陣の時の手、指先#永遠のイケメン
#天国でも俳優見つけてね#よき思い出ありがとう#天外者#無邪気で素敵な笑顔#あなたがまさに天外者#全部に決まってる!!#帰って来いよ(涙)#いつも心
三浦春馬#素敵笑顔、最強笑顔#美しき孤高の表現者#血の通った至宝#この世に生まれた天使#ギフテッドだ三浦春馬#あなたという奇跡#細胞一つ一つさえ好き
ローラを愛した三浦春馬#優しさと思いやり#語りかける口調#天から皆を見守る人#一番未来を夢みていた#最高の人格者#かけがいのない人
声が聞きたい#戻って来てお願い#神々しさ#30#が寿命なわけない#春馬大河を見たかった#才能のかたまり#いつも楽しそうだった#まだ
きらめられない#汚れなき心を持つ人#綺麗で会いたい#無邪気な笑顔#純粋な笑顔に泣く#チャーミング過ぎる#毎日毎日想っ
るよ#圧倒的な存在感#見た目も心も綺麗#春馬に与えられた春馬#貴方の出来る事を素晴らしい歌とダンス#春馬を想うと心が痛い#逢いたい気持ちが募る#お茶
でチャーミング#三浦春馬という芸術#貴方の魅力にうっとり#とびっきり素敵な役者#と言うから会に行くよ#美しくて繊細で儚い#泣きの演技が素晴らしい#可愛く
素敵な笑顔#揺るぎない強い愛#いつ何度見ても美しい#尊敬しています#美しい所作#美しい日本語#春馬のダンス繊細で優雅#心優しく礼儀正しい#素敵な恋をしてるよ
紅白歌合戦に出て〜#春馬で始まり春馬で終る#なんでこんなに素敵なの？#真っ直ぐな目が印象的#素晴らしい人でした#沢山の愛をありがとう#好きが止まらない#シ
クハットが似合うね#空を見上げて春馬を想う#春馬君を想って想って#春馬君は頑張る私の源#世界に羽ばたける存在#神様だったんじゃないの？#今日も本気で大好き
す#本当に崇高で素晴らしい#世界最強の俳優#春馬くんは永遠です#凛とした美しい姿#優しく透明感ある歌声#一度でいいから会いたい#春馬はロー
そのもの#そのひたむきな姿#想いは受け継いでいく#春馬君の無邪気な笑顔#透き通る肌美しい極致#永遠に輝く人春馬だ#すべてが絶妙に良い！#
外者観てきたよ!!#何より日本を愛した人#やっぱり凄い俳優さん#生涯忘れえぬ人#ただもう一度会いたい#優しさが滲み出る人#ずっと味方で
#春馬君は王道のイケメン#君は僕の誇りです#心と目の保養三浦春馬#美しくてカッコいい！#真っ直ぐ一直線の真面目人間#ダンスカッコいい#
好きで好きで大好きです#どこから見ても完璧#謙虚で見た目も心も美しい#今日も一段と美しい#春馬君大好きだ〜#あぁ〜
当に美しい人#目覚めて真っ先に想う人#どんどん好きになる#魂を揺さぶられたんだ#貴方を探す毎日です#愛しい恋しい春馬くん #食事も投資と考える春馬君#チ
ーミングな笑顔#胸キュン笑顔が、素敵#美味しく食べる顔#優しい笑顔と声#癒される笑顔#春馬くんの笑顔#おちゃめなところ#男らしさと女性らしさ#美しい言葉使い
です#乙女なところ#食べてる時の口元(唇)#笑顔素敵で努力の天才#食べ方もきれい#頑張ろうねの声の春馬くん#武士の魂を備えた天使#笑顔と笑い声#真っ直ぐな性格
可愛らしい笑顔です#お茶目なところ#外見と内面の美しさ#笑顔素敵で努力の天才#きらきらの可愛い笑顔#綺麗で上品な笑顔#何事も全力投球の姿勢#五代友厚=三浦春
馬#笑顔がキュートで素敵#色々な表情が素敵#紳士的な態度#三日月の眼で笑うところ#誠実で優しい所#清潔感のある佇まい#天才で努力家#幸せをくれる笑顔#真
でまっすぐな青年#色気の中のかわゆさ#美味しそうに食べる所#熱量溢れる春馬くん#誠実なところ#照れながらウィンク#オーラの出し入れ自由自在#天使の笑顔#セク
シーな唇#長すぎるまつげ#紡ぎだす言葉の美しさ#感激屋さんで涙もろい#天使の笑顔&すべて#声#春探し#背筋がピンとしてるところ#人を癒せる笑顔#笑顔が癒され
す#真っ直ぐな目差し#誠実さ#歌声、笑い、全て#三日月のような笑顔#透明感溢れるすべて#誠実な人柄と笑顔#笑顔だけで人を幸せにできる#優しいところ#真面目
けどうっかり#天然なところ#仁義礼智忠信孝悌春馬#透明感溢れる歌声#笑顔#最高の男#優しいところ#最高の人#麗なる男の履歴書#可愛いくて頼もしい#キ
キレダンスの春馬君#最高のパフォーマンス#謙虚さと感謝を忘れない#役になりきるところ#おちゃめ#目の表情がよく動く#他人に優しい#煌き続ける春馬くん#美しい
顔#努力家、笑顔、綺麗な心#姿勢の美しい強さ#綺麗な瞳#綺麗な手、綺麗な横顔#笑顔が最高キュート#たまに「〜です」を「〜だす」と言っちゃうとこ#輝き続ける春馬君
#美しい横顔#ちょっと眉間にしわを寄せて切ない目をするとき！ズキュン#綺麗に食べる春馬くん#優しくて努力家で熱い#優しい瞳と大きな背中#笑顔キメ顔真顔&
声#誠実実直優しい#耳に心地いい声!!#真っ直ぐな嘘のない言葉#優しさ溢れる笑顔#あっはっはの笑い声！#歌声と丁寧な話し方と思いやりの心と温かな笑い声#全てが
美しい人#優しいこころくばりと美しい所作#真面目努力家誠実謙虚#心が豊かで全てが美しい！#常に相手を思いやる優しさ#見た目も心も美しい！#純粋誠実謙虚努力家！
何事にも真剣な努力の人#恵まれた容姿、才能を持っているのにおごらないところ#何事にも真剣に取り組み努力するところ#子供の様な好奇心を大人になっても忘れな
ところ#大人になっても澄んだ瞳、愛らしい笑顔#品のある食べ方#細くて長い綺麗な指#長いまつ毛#聞き惚れる声#大人になっても素直な心の持ち主#誰をも魅了する
顔#彼本人にしか見えない役者ぶり#春馬くんのイメージの言葉(せかほしでのサヘルさんより)、ストロベリーアイスの花言葉「気品」「輝かしい」「温かい心」#仕事にひたむ
きに取り組む姿勢とくしゃっと笑う顔#努力家、謙虚、感謝の姿勢、周りの方をリスペクト、優しくてチャーミング、おいしそうにご飯を食べるその表情をみてるこちら
までシワアセな気持ちになる#存在そのもの#誠実で美しい心#心の美しさと優しさ#心地の良い発音#くしゃっとした笑顔#可愛さと色気#分け隔てない優しさ！#横顔の
ライン#優しい眼差し#ココロと瞳のキラキラ#ローラの美しい強さ#若き頃の美顔〜そして美声#ひたむきさ#キラキラ光る瞳#飾らない美しさ#誰よりも美しい心#春馬く
んの全てが好き#圧倒的な表現力#優しく時に力強い歌声#ローラがローラにしか見えない所#純真無垢#姿形、心、真摯な姿勢全て美しい#どんな姿も素敵！#ブレない生き
方！#いつも寄り添ってくれる「あたたかい心」#真っ直ぐな生き方#憂いを帯びた瞳#いつも一生懸命な所、全て#優しさが溢れてる笑顔#鎖骨のホクロ#全部が好き#品の
良い立ち振舞い#美しい、横顔も、後ろ姿も、見とれてるばかり。そして、そして、笑顔が#gentle,handsome,charmingなところ#丁寧な言葉選び#美しいところ#可
愛い笑顔と所作#優しい眼差し#真っ直ぐな心#瞳#癒される笑顔#優しさダダ漏れの笑顔#クシャッとした笑顔#内面と外面全て美しい所#完璧っぽいのに甘えん坊#お母さ
んが大好き#努力し続ける天才#この純粋さ#顔も姿も心も完璧なんだけど、天然で可愛げがあるところにグッときます#唯一無二の存在#声#何もかも、全部スキ#全て
優しい声と心#愛おしい君#春馬くんの広い背中#優しく伝わる声#美しすぎる横顔#「声」と「顔」誰にも変え難いですね#美しい心と容姿#心の美しさと強さ#みんなを包み
込む笑顔#真っ直ぐな澄んだ瞳#心と容姿の美しさ#笑顔と優しい心遣い#真摯な姿勢と笑顔#美しい立ち居振る舞い#努力を惜しまない姿勢#ぶれない男#haruma.dive
美しい横顔#優しい笑顔と清らかな心#優しさが溢れる笑顔#澄んだ瞳#笑顔#クシャッとした笑顔#何と言ってもあの笑顔#思いやりを大切にする心
優しい笑顔が大好き#優しくて温かい心#無邪気で可愛い#横顔が神#天使のような笑顔#穏やかな瞳#美しきE.ライン#心が綺麗#寄り添おうとする
心#春馬くん丸ごと、すべて好き#誰にでも優しい#清く美しい心#優しい笑顔と笑い声#春馬くんの全て#キラキラと切なさ#優しい心とびっきりの笑顔いつまでも忘れま
せん#溢れる知性と#美しさを極めた人#歌声と向上心#笑顔と笑い声#あなたがあなただから#永遠の命三浦春馬#セクシーと可愛さ#笑顔、笑声、横顔#強くて美しいお茶
目さん#かわいすぎる笑顔#瞳の輝きが穏やかな気持ちにさせてくれます#誠実な心！#屈託のない笑顔が好き#奢らず真摯#真面目に取組む姿勢と笑顔#笑顔と笑い声#笑
顔と優しさ#綺麗すぎる心と容姿...まさに天使#悲しみ深い眼差し#美し過ぎて尊い#包み込まれるような深い声#何事も全身全霊で努力するところ#清らかな透き通る声#
の中の男=三浦春馬#少年の様な真っ直ぐな瞳#春馬君！永遠に輝く光の人！#優しくてしびれる歌声#素直過ぎて可愛い#美しい日本語を使う#人懐っこい笑顔#白くて綺
麗な手#相手を思いやる気持ちと優しさ#清いことあふれる愛#存在そのものが美しい#常に努力を怠らず、心が美しいところ#爽やかな笑顔#眩しい笑顔が大好き#顔、声
所作、全て！#清らかな心と魂は永遠に#しなやかで美しい手#澄んだ瞳と綺麗な心#美しい心とその生き様#春馬の人に寄り添う心#誠実実直優しく美しい#笑顔キメ顔
真顔&歌声#優しい瞳と大きな背中#only#令和の天外者!!！#周りを笑顔にする所#天然さんで泣き虫#スッラリ美しい指#泣かせる春馬君の微笑み#皆を幸せにさせる笑顔

5位

声瞳心顔指背中まつげ#毛量多いキレダンス#時々出しちゃう誤字#凛とした佇まい#涙もろい所と笑い声#皆から尊敬されてた春馬#大笑い#眩しい笑顔#優しさの塊の春馬君#細くて長くて綺麗な手が好きです#マイペース#天外者は三浦春馬魂#五代友厚を演じた春馬君#昔から独特な間が好き#丁寧でチャーミング#凄い才能を持ち、謙虚澄んだ瞳と俳優魂#誠実で素直な笑顔#男性からみても綺麗#シンデレラの王子様#三浦春馬は天外者#鷲掴みにする佇まい#誰をも拒まぬ笑顔#優しい声#『じゃあぁ...』の口癖#一生懸命頑張る人#春馬くんになりたい#俺について来い#努力を惜しまない人♡#天然真面目魅力満載#可愛い笑顔優しい人#全てに尊敬できる人#かっこいいのに天然#娘と一緒に大好きな人#義母の瞳は毎日ハート#母の恋人になった人#妻が恋してしまった人#優しくて思いやりの人#30歳の色気#みんなを幸せにする人#三浦春馬であふれてる#努力家表現者最高の人#三日月の目になる笑顔！#はいよーのお返事#逢いたくて大好きな人#ローラなり綺麗な人#演技力素晴らしい人#凛とした甘い声と瞳#美しい心、眼差し、全て#爽やかな笑顔#笑顔、素敵な声、横顔#キラキラの美しい瞳#愛くるしい瞳と唇#綺麗な心と笑顔、佇まい#色気がダダ漏れ春馬#美しい男らしい優しい#ありすぎて絞れない#超パフォーマー春馬君#春馬君の全てが素敵#男らしくて甘えん坊#身長高いところ#屈託のない笑顔最高#男らしいすね毛#笑顔にしてくれる笑顔#優しい笑顔と澄んだ瞳#嘘のない瞳・優しい瞳#心を込めて紡ぐ言葉#綺麗な横顔と手#全てを兼ね備えた春馬#優しい笑顔#笑顔と天然なところ#誠実と謙虚な春馬君#春馬君は∞全てが素敵#誠実で全てが美しい所#真摯に役に向き合う心#永遠に心に残る表現者#誠実なところ#純粋純真真心魂美蒼年#清らかな声#ビッグスマイル#耳に残る心地よい笑い声#生きざま無敵#すべてが美しい#笑顔表現力真摯な姿勢#指が長くて美しい手#オンオフの差が大きすぎるとこ#スーツ姿の立ち姿勢#綺麗な瞳#イケメンだけど天然#優しい心で人を包む天使#全てが完璧過ぎる春馬君#綺麗な心#笑顔の魔法を使える#我儘言えない春馬くん#温かい言葉と素敵な声#すべて#温かい笑顔と笑い声ときれいな心#ストレッチしながら台本を読んでるお尻#髪顔喉耳目鼻唇頰手尻足背もう何もかも笑#凄まじい努力の結晶#美しい人、会いたい。#その生きざまに惚れた#見れば見る程唯一無二#ホント、かっこいいな#いつも真っ直ぐ一生懸命#美徳と多様な才能の人#貴方の代わりはいない#努力と天才の人#少年のようだったね#心を奪われたんだよ#努力を怠らない#際立ってしまう存在感#透明感凄いのに骨太#俳優の仕事は天職よね#爽やかなのに男臭い#伸びのある透き通る声#舞い降りてきた天使#チャーミングな笑顔#その感性と器用さだよ#貴方を超える人はいない#三浦春馬は最高に良い男#貴方は私の誇りです#強くて限りなく優しい#お行儀の良さ見るだけで癒される#三浦春馬の名前も好き#本物の頑張り屋さん#あこがれの人#やっぱり声かな笑い声#美しさにクラクラする#まるごと全部大好き#カッコ良さが桁外れ！#後ろ姿もカッコイイ！#天からの授かりもの#貴方をもっと知りたい#指先まで綺麗な人#可愛くて仕方ない#沢山の人を笑顔にする#春馬くんを離さない！#いつ見ても最高の人#愛するに値する人#涙が綺麗な人#ずっと抱きしめていたい#誠実で努力家で謙虚#色気が凄い！#美しい所作#飾らないイケメンさん#甘いマスクに痺れる#する事なす事全部だよ#すべてが大好きだよ#佇まいから心まで#世界で一番素敵な人#美しいシルエット#熱い魂、静かな闘志#何をしてても美しい#お茶目で人懐っこい尽きぬ敬愛の想い#何をやっても超一流#本当に本当に素敵な人#後光が射してる#人間離れした美しさ#上品という言葉が似あう#カッコ可愛い人#私に勇気をくれる人#星の王子様大好きです#未来永劫美しき愛の人#進む道を教えてくれた#長い睫毛とキレイな手#純粋で綺麗#愛くるしい笑顔#瞳。努力家。優しさ#耳に囁かれる様な美声心に滲み亘る君の歌声#笑顔の奥にある強い心#信念を貫く強さを持つ#才能豊か謙虚で優しい#純粋すぎるところ#内面の美#純粋無垢で心が綺麗なところ#姿性格所作全て#何もかも百点満点#指声横顔まつげすべて#生きる日本製#あごの黒子が色っぽい#春馬くんの爽やかな笑顔#美しい心#麗しい容姿と心#春馬さんの所作胸キュンポイント#透き通るほどきれいな人#あなたの笑顔と優しさ#愛する人♡愛される人#優しく努力家顔声手#優しい心声顔#ベストを尽くすこと#長いまつげと優しい笑顔#心のこもった言葉遣い#瞳笑顔一生懸命な人#みんなの宝物三浦春馬#はにかんだ笑顔#想像超えてくるところ#クシャッとした笑い顔#白く美しい指春馬さんの手は最強の胸キュンポイント#透き通るほどきれいな人#あなたの笑顔と優しさ#春馬君の心のパワー#やさしさ強い心#ワル馬になれない所#努力の上の天下無双#人間性がすごいところ#今もなお生き続ける人#美しくチャーミング#決して届かない者#せつなさと無邪気さのギャップ#常に誠実で優しい#キュートで品の良い#子供の様な純粋な涙と笑顔#心からの笑顔、言葉#五代春馬は最高#経年美化を深く愛する#話し方が優しく品がある#セカホシで見せる内股#心の美しさ滲み出てる#あの笑顔は反則永遠に#演技に対して一途な所#凛とした圧巻の演技#透き通る美しさの心#たんぱく質が好きな所#全ての作品の役の演技の幅が広い#触れたい#話し方、優しいとこ、大好き#カッコ良さと可愛さ#謙虚過ぎる春馬くん#相棒に出たかった春馬君#誰にでも優しい所#日本をこよなく愛する心#綺麗素直心眼差し歯声#☆人を大切にする所☆#努力する天才、オーラある普通人#相手を想いやる愛の深さ#クシャッと笑った顔#発する言葉の美しさ#色褪せない輝き#内面の美しさ男らしさ#『完璧』時々『ど天然』#言葉を丁寧に紡ぎだす#屈託の無い笑顔、笑う時の逆三角形の口#真っ直ぐな瞳のクシュっとしたあの笑顔#目を見て話す視線#リュックが似合う#美しい心#気取らないところ#上品で美しい#少しくぐもった艶のある声#キラキラひかる瞳#とびっきりのスマイル#カッコよさと可愛さのギャップ#憂いを帯びた瞳と長いまつげ#三日月笑顔#存在自体がわけもなく胸キュン#首筋指先ホクロ#話し途中口角を上げる#愛くるしい笑顔#良く通る素敵な声#優しさの塊の春馬くん#ブレない生き方と笑顔#品がある笑顔#舞い降りる天使を待つ#天上の春馬くんの魂よ#揺るぎない深い愛#幸せでいますか#君の笑顔を見たいよ#三浦春馬は偉大#心を鷲掴みにされたよ#マッケンの永遠の憧れ#神様による美の傑作#皆あなたに恋してる#永久欠場不動のエース#表現者三浦春馬#プロ意識が凄い#すべてに品がある所作#身体能力が凄い!!#床に付くほどのお辞儀#イッツパーフェクト！#凛々しく美しい立ち姿#役への強い思いは本物#国宝級イケメン#人として尊敬する#チビ春馬の時から好き#貴方は私達の宝物#心の潤い、目の保養#男なのに美人で綺麗#春馬くんに恋してる#正義と真面目さが溢れてる#チャーミングの一言#春馬くんは永遠に輝く#人間として美しい人#愛に溢れた人#好き過ぎて切ないよ#三浦春馬を目標に生きる#カッコよすぎだよ#春馬愛世界に溢れてます#必ずまた逢えるよね？#命尽きるまで応援する#本当に優しい人#強く優しく春馬イズムで#貴方に会い人生観が変わ#人としての憧れ#春馬は良い意味で別次元#春馬君は本物の天外者#美しすぎて見惚れる～#いつ見てもカッコイイ#品ある麗しい端正な顔立ち#揺れる髪と流れる汗#何でこんなに好きなんだ#がっつい！男前春馬君#優雅に全力を出せる男#ほんとに感じのいい子#愛と美を輝かせる天使#これからもよろしくね#神技な瞳唇鼻耳体声心#母ちゃんが恋してる王子#必ず守ってくれる人#信念を貫く人三浦春馬#永遠に輝く三浦春馬#青空と光を包みこんで#KINGOF表現者#爽やか、色白、色男#ロン毛短髪皆似合う#ありがとうこれからも#優しく強い三浦春馬#透き通った瞳#圧倒的表現力三浦春馬#天外者春馬未来へ続く#麗人、三浦春馬#星より綺麗な瞳#愛がいっぱい春馬#なんて綺麗な人#清く可愛く美しく#心は春馬であふれてる#色んな気付きを有難う#知れば知る程好き募る#優しく皆を照らす灯り#永遠の人♡春馬#春馬に続けどこまでも#今も続く☆春馬の人生#瞳が綺麗な春馬くん#春馬くんの歌声大好き#はるまくんだいすき#笑顔が最高#春馬くんありがとう#スタイル顔共にステキ#貴方の笑顔忘れないよ#志高き麗しの日本製#天外者＝三浦春馬＝愛#あなたはみんなの宝物#朝も昼も夜も空を見る#永遠に君を想い続ける#母を乙女にする春馬君#鴨太郎はしびれたぜい#皆を射止めちゃってる#春馬宝箱はキラキラ#いつもやっぱり大成功#確実にあつらえる能力#じんじん伝わる人間性#空いっぱい広がる春馬#笑顔最強三浦春馬#チャーミングな笑顔#経済効果も抜群な春馬#Cuteでお茶目な人#世界最もハンサムな人#優しく思いやり溢れる#まっすぐなひかり春馬#心優しき貴公子#春馬くんの演技力抜群#春馬くん身体能力抜群#春馬くんの努力は一流#一秒も無駄にしない男#貴方の笑顔永遠に輝く#春馬は優しいから#愛された漢・三浦春馬#春馬は天外者#銀魂2は春馬が一番#春馬君を愛す年齢忘れ#たくさんのギャップ#かっこよかね春馬くん#ひたすら格好いい#芸術品のような人#美しいいうことなし#すごい何でもできる#春馬くん笑顔世界一#チートパーフェクト！#笑顔が可愛い！人柄も完璧！#春馬ローラは永遠...#常に期待の上をいく男#愛をありがとう春馬君#永遠の光り三浦春馬#カッコイイ、歌上手い#イケメン三浦春馬#素敵な春馬さん#演技上手くてイケてる#笑顔がいい#ジェシー良かった！#いつも心に春馬#春馬に恋してるよ#春馬に会いたい今#春馬くんの笑顔大好き#俺も春馬くんファン！#日本を変えた春馬さん#春馬くん愛ありがとう#宝石の瞳♡陶器のお肌#春くん神の子奇跡の子#人生に彩りをくれた人#it's天外者じゃ！#駆け抜けて世界へ跳べ#春馬の可愛さが大渋滞#あのローラは春馬だけ#窮極の体幹を持つ春馬#凄まじいほどの集中力#手だけで演じる春馬#後にも先にも春馬だけ#溢れる優しさを春馬に#春馬が一番の日本製#春馬ラブフォーエバー#唯一真の演技者！春馬#あー、可愛いよね#歌もうまいらしい#大人が見れる映画俳優#さよならは言わない#いつも心に春馬さん#結城大地かっこいい！#こんな人いないね#永遠に光り続ける宝物#美しく輝き続ける風姿#いるだけでカッコいい#武士の魂を持つ表現者#いつも心の中に春馬君#永遠に春馬♡未来へ!!#春馬さんギフテッド！#春馬君の笑顔は世界一#春馬君の歌が好き#はるまくん大好き#顔も演技も男前春馬君#永遠に皆の心の中に#老けることない春馬君#男も惚れる端正な顔#どの年齢でも素敵です#君を嫌いな人はいない#存在自体が色っぽい#正義愛男前全てが一番#花より星より輝く春馬#ずっとずっと愛してる#爆イケ春馬くんステキ#ルックスも心も美男子#心からありがとう#永遠に絢爛華麗な春馬#至高の表現者天使春馬#世界中繋ぐ春馬愛#春馬っちヤバい！エモい！#品行方正＝三浦春馬#美しい人#春馬君の笑顔は栄養剤#永遠に輝き続ける春馬#熱い信念を持つ人#努力を惜しまない人#春馬は私達を照らす光#彼はストイックな人#男から見てもイケメン#澄んだ瞳がキレイ#歌が上手い#優美春馬永久に忘れず#本物は本物でしかない#資質と努力の賜物春馬#永遠に美しい春馬#夢に向け邁進した人#女性を美しく見せる人#永遠に忘れられない人#美しい心貫いた生き様#永遠に輝く春馬王子君#経年美化を体現する人#映像の中生き続ける人#心技体美パーフェクト#完全無欠、理想の人#私の大切な人#とてつもない優しさ#とても純粋な人#聞く耳を持った方#光敏監督、褒めてたよ#一緒に仕事したかった#You&I、最高だよ#愛する人のそばにいて#現場でダントツの人気#さすが、春馬くん#君がいないと寂しいよ#瞳が、超絶美しい#名前の響きも綺麗#アミューズの看板俳優#おやすみ春馬くん#日本魂を貫いた偉人#会いたいなぁ春馬くん#毎日きみを想ってるよ#抱きしめてあげたい#毎晩、考えています#気持ちが増すばかり#こんなに愛されてる人#無邪気で優しい笑顔#初夢で見た虹は貴方？#春馬愛は永遠よ！#青い空を見て君を想う#人情、愛情と情に深い#高潔で温厚#非凡な才能の表現者#12歳でも全力投球#人格がイケメン#男前どころではない#三浦春馬は秀麗皎潔#進化止まらぬ表現者#鳥の羽を持つ天使#存在の偏差値が超越#非凡なのに普通を貫く#イケメン枠く春馬枠#人の恋心を鷲掴み#俳優でなくとも有名人#沈思黙考を貫く表現者#春馬病は恋心#神様が造り込んだ天使#丁寧な人格者#圧倒的な存在感#熱量がやけどレベル#時を止める魔法使い#向上心がノーベル賞#お団子にまで丁寧な人#集中力の上を持つ役者#居なくていけない人#春馬の笑顔は一笑千金#現代のサムライ#歴史に残る表現者#存在が最上級#奇跡と書いて三浦春馬#経年美化は三浦春馬#万華鏡のような存在#憂いのある表現者#記憶に刻まれる存在#心に染み渡る笑顔#人類への贈り物#人生を豊かにする存在#眉目秀麗八面六臂春馬#三浦春馬愛は活きる源#言葉に出来ない魅力#グッドラック、春馬！#キレイな姿勢#声に癒され満たされて#知らないのに知ってる#見ていたい聞いてたい#その微笑みを永遠に...#お帰りと言いたいよ...#躍動感溢れる#集中力と想像力#人に寄り添う#心を動かし楽しませる#その全てが愛おしい#直視は春馬史上の傑作#ほくろがセクシー#ユーモアセンスが◎#別格！三浦春馬#春馬への恋煩い永遠に#生きた軌跡の美しさ#永久欠番は春馬ローラ#志高き役者！三浦春馬#三浦春馬は高潔無比#精一杯生きたね#春馬くん大好き#春馬くんありがとう#泣かないで春馬くん#好奇心旺盛で行動的#話したいこと沢山ある#汚れのない澄んだ瞳#誠実で真面目な人柄#気取らない破顔の笑顔#貴方は日本の宝です#優しい笑顔が素敵#常に真摯に向き合う#取り組む姿勢が美しい#永遠に私の天使です#愛の光に包まれた人#真面目に心美しく学#ありがとうを貴方に...#潰れそうな時思い出す#暖かい光に包まれてね#神が創造した最高傑作#瑞瑞しい感性#眩しいくらい真っ直ぐ#見目麗しい男#憂いを帯びた瞳#うっとりする美しさ#海のように広い心#儚く優しくそして強い#瑠璃の宝石ような光#真心で全てに接し#暖かい温もりを感じて#春馬あなたが天外者#麗しい心の持ち主春馬#唯一無二の存在春馬#才徳兼備の人三浦春馬#素晴らしい日本製#キラキラスマイル春馬#老若男女から人気#永遠に愛される人春馬#世界遺産級の日本製#色気ムンムン天久真#手から色気を出す春馬#顔も心も美しいひと#指先爪まで美しい#外見も内面も美しい#声もイケてる春馬くん#歌もダンスも完璧春馬#超絶イケメン三浦春馬#超絶可愛い三浦春馬#運動神経も抜群#最高の表現者三浦春馬#あごのホクロの色気#真面目でストイック#世の女性を虜にする男#時間を無駄にしない人#愛に溢れてる三浦春馬#気高さ、高潔さ、神聖さ#屈託のない笑顔#汚れが微塵も感じない#ただただ好き#素敵な作品ばかりだね#本物は視点が違うね#愛くるしく可愛い人#ずーっと大好きだよ#Keep Smiling#本物のスーパースター#ハルマンは最高!!#最高に大切な春馬#最も思いやりのある人#永遠に素晴らしい愛#私達の大好きな笑顔#自然とカリスマがある#内外面の純粋な美しさ#Que fotão！(オ～！なんて光る子だ！)#HERMOSO♡(美しい)#永遠讓人心動的笑容(いつも人の心を作る笑顔)#春馬～好想你(春馬あなたがとても恋しい)#春馬每天都好想好想你(春馬毎日あなたがいなくて寂しい)#真的好想好想你(あなたが本当に恋しくてたまらない)#愛在傳遞(愛が伝わって来る)#實在是好想你啊！(貴方が本当に恋しい)#春馬君～想著你～(春馬くん貴方の事を思っている)#超帥的男主角(超一ハンサムな男性リード)#永遠愛你！(永遠に貴方を愛してる)#春馬的溫柔和笑顔(春馬くんの優しさと笑顔)#我心中永遠的第一(私の心の中で永遠に)#是大家心裡永遠的唯一(春馬はみんなの心の中

で唯一無二)#永遠記得你(いつも貴方のことを忘れない)#武打動作也出色到位(格闘技も際立っています)#春馬帥爆(春馬はハンサム)#春馬好帥!!(春馬はとてもハンサム)#世上最最帥嘅♡春馬(世界で最もシャイ春馬)#記憶使人存活…(思い出は生きている)#春馬真的能歌善舞(春馬は本当に歌って踊る事ができる)#佢嘅國語好純正(春馬の中国語はとても純粋)#天使般的春馬好想你(天使の春馬とても恋しい)#好可愛的哈魯馬(なんて素敵な春馬)#正義のハルマミューラ#最愛的依然是你春馬(1番愛しているのはまだ貴方)#声聞くと、心落ち着く#少年春馬もすでに名優#いつも心のよりどころ#笑顔が生き方そのもの#笑顔#表現者の春馬くん#春馬君!蘇って欲しい#馴れ群れない孤高の人#可愛らしさが愛おしい#ハハハって笑声が好き#心が和む素敵な笑顔#春馬君の人間性に敬服#魂の美しさ無限大#本気の努力を感じます#永遠に忘れないよ#素敵な笑顔を有り難う#出逢えた事最高に幸せ#美しい、美しさが尊い#周りを幸せにする笑顔#真っ白なサラブレッド#お茶目なナイスガイ#優しさがあふれている#純粋な心ありがとう#格がちがうもんね#心も姿も満点の美しさ#誠実な言葉ありがとう#360°完ぺきな人#バク宙ができる作家#王子ラストシンデレラ#奇跡を生む人三浦春馬#エネルギッシュな男#目も心も奪われる#真っ直ぐな人三浦春馬#フワッとした空気感#台詞なくても物語れる#永遠に美しい三浦春馬#美と機能性誇る極上人#とにかく大好き#美し過ぎる魂の持ち主#気取りない性格と笑顔#才能溢れる若き表現者#愛して愛される人柄#ファンと共に三浦春馬#美しい笑顔ありがとう#言葉飲み込む顔もいい#どこまでも優しい視線#心躍らせてくれる人#粋な仕草をありがとう#凛とした佇まい#最高級#男も惚れる三浦春馬#その存在、世界遺産#優しさの種を蒔く人#目も耳も心も奪われた#心震わす存在#貴方は世の中の希望!#私の誇りです#記憶の映像ありがとう#三浦春馬こそ天外者!#ハート泥棒#出会えた奇跡に感謝#磨けば磨くほど光輝く#気質穏やか天然モード#美と機能性誇る極上人#世界が待ってる!#目に見えない美しさ#とにかく逢いたい…#全部全部大好き#心動かすその存在#記憶の中で永遠に生き続ける#三浦春馬さん凄いです#あなたをずっと忘れない#何度見ても本当に美しい#春馬君の全てが大好き#全身全力の美しい表現#世界中で愛されている#100年先も色褪せない#好きが止まらない#あっぱれ三浦春馬#ホクロさえ愛しい#透明感のある白い美肌#八頭身のスタイル#後ろ姿が男前#どんな髪型でも素敵#負けず嫌いな所も好き#色気と男らしさ#無邪気で可愛い笑顔#Obrigada HARUMA meu anjo amado.(ありがとう春馬　私の最愛の天使)#Seu sorriso iluminou meu coração.(あなたの笑顔が私の心を照らしました)#You are my only sunshine.(あなたは私のたったひとつの太陽)#My first&last.(私の最初で最後の恋人)#Please come back now.(戻って来て)#Forever in our hearts!(私たちの心の中で永遠に生きて)#You are the reason.(あなたが私のすべて)#I am on your side.(私はあなたの味方よ)#I really miss Haruma.(本当にさみしいよ春馬)#Is this Hide & Seek?.(かくれんぼなの?)#Please say "I'm here‼".(僕はここだよ　って言ってよ)#All your fans miss you.(みんなあなたを恋しがってる)#Thank you so much, Haruma.(本当にありがとう春馬)#All about you all the time.(四六時中あなたの事ばかりなの)#I love you forever.(あなたを永遠に愛す)#春馬先生、我尊重你.(春馬さんを尊敬しています)#想梦因为可以见.(夢で良いから会いたいです)#流牵挂你的眼泪永恒.(あなたを想うと流れる涙は永遠です)#一直一直非常喜欢.(ずっとずっと大好きだよ)#你是最優秀.最棒的.(あなたは最優秀て、最高です)#何事にも輝く春馬くん#誠実、努力の人#凄まじい才能春馬くん#顔笑顔性格スタイル#三浦春馬経年美化継続#貴方を一生忘れない#Haruma Miura uma pessoa encantadora(三浦春馬は魅力的な人)#Sempre amei seu trabalho Haruma(私はいつもあなたの作品が大好きでした)#Haruma seu talento conquista corações(春馬の才能に心を打たれます)#Haruma foi uma pessoa incrível.(春馬はすごい人でした)#Haruma meu ator japones favorito(私が好きな日本の俳優は春馬)#Tinha um sorriso muito encantador(彼の笑顔がとても魅力的だった)#Ótimo Ator Vai deixar saudades(偉大なる俳優の貴方がいなくなって寂しい)#やっぱり笑顔かな〜#愛くるしく優しい笑顔#不意に見せる笑顔#奇跡的笑顔と立ち振舞#男らしい優しさ#人懐っこい笑顔#くちゃって、照れて笑うところ#春馬は私にとって宝物#美しい心・容姿と聡明さ#素直な心#優しさがあふれてる春馬#大事な所で噛んじゃう#目頭切開してない目#誠実でまっすぐ#共演者に気遣い出来る人#反抗期のない春馬くん#シャープなあご#涼やかな目元#透明感のある表情#繊細な細くて長い指先#笑うと目がなくなる〜#努力を惜しまない所#みんなに優しい所#クリスタルな心#紡ぎ出す言葉と眼差し#自然を愛する春馬くん#澄んだ瞳に可愛い笑顔#優しすぎる笑顔と綺麗な心#かっこいいところ#伏し目がちな時の長いまつ毛#澄んだ瞳と美しい心#優しい眼差しが大好き#スーツ姿がナンバー1!#THE表現者#お茶目さと心優しさ#ボサボサの太い眉毛#心の美しさ、笑顔#春馬の存在そのもの#鎖骨のセクシーホクロ♡#彼を知れば脱出不可能#笑顔優しさカッコ良さ#自分の世界の中で生きてるところ#透明感と影のある眼#失われない少年の輝き#瞳がきれい#外見の美しさと内面の美しさ全て!#完璧な容姿と優しい心#純粋な瞳きれいな微笑#いつも前向きで輝いている#姿勢、肌がキレイ#手、指先まで綺麗♡#癒される声と笑顔#真っ直ぐな眼差し#美しく、お色気ハンパない♡#本当の純真な正義の人#顎先首から肩のライン#とびっきりの笑顔#笑顔#この世で唯一の奇跡#澄んだ瞳屈託のない笑顔#笑顔#ハッハッハの笑い声♡#嘘が言えない不器用なところ#優しい笑顔と純粋な心#美しい横顔#笑顔と上目遣い#春馬君の心のパワー#外見も内面も美しい♡#凛々しい眼差し#真っ直ぐすぎる瞳♡#春馬くんの全てが好き♡#美しく誠実なところ#死して尚生きるとこ!!#謙虚さ芸術的感性#素の時#感激やさんなところ♡#くしゃくしゃの笑顔#容姿だけでなく心も美しいところ#唯一無二の美しい存在#品のある佇まいと笑顔#とにかく神々しい#声笑顔綺麗な横顔#優しさに溢れた笑顔と声#カッコ可愛いところ#驕らず謙虚な本物の努力家#世界一爽やかなところ#他者への優しさです#常に気にかけてくれる#真面目で努力家#清らかな瞳とお茶目な笑顔#人一倍努力家な春馬君#妥協を許さない完璧者#お茶目な顔をするところ#透き通るような眼差し#すごく物持ちが良い所#全てが上品#必ず目を見て話すこと#博識!可愛く男らしい#三日月のおめめで笑う#三日月スマイル#さ行の発音#笑顔&セクシーボイス#笑顔と人間的な向上心#爽やかな笑顔♡#目と口元と声と手と心#美しい横顔#わがまま…無欲なのかな?#永遠のスター・表現者#吸い込まれそうな黒目#みせない努力家#全てがパーフェクト#可愛さと男らしさ#本当の純真な正義の人#綺麗な心と優しい笑顔大好き#永遠のきらめく存在感#すべて#内臓までも全て好き♡#笑顔#努力をおしまない所#作り物カマキリも駄目#分け隔てない優しい心#春馬君は神の最高傑作#春馬君の輝く優しさ#隠せない人柄の良さ。大好きです!#何もかも美しい人#鴨太郎の美・孤独・絆#祈る横顔#心地よく響く名前#誰かが傷つく言葉が出ないとこ#笑顔　謙虚で努力家#内面もいい。心が綺麗#自由になった春馬君#研ぎ澄まされた佇まい#丁寧に生きた人生#なりたい自分になれ#同郷の星　天外者#いつも見守っていてね#これからも愛に来て#寂しくないよ皆がいる#どこまでも自由だよ#この先も味方だよ#一秒たりとも忘れない#寂しい時は呼んでね#いつだって貴方を想う#山の雪化粧に君を想う#賢美スマートあなたに#天外者の時の瞳に絶#皆を照らし続ける太陽#笑顔がかっこいい#慈愛に溢れ愛される人#心情を表せる稀有な人#ダンス表現が上手#綺麗な心の持ち主#月のように優しい光#いつだって貴方を守る#存在が華のある春馬君#誰もが認める美しい人#忘れられない笑顔の君#三浦春馬君は日本の宝#気高い精神を持つ春馬#優しく謙虚な春馬君#世界中で輝き続く春馬#凄い才能を持つ春馬君#思いやりの人春馬さん#優しさで溢れてる春馬さん#思いやりの奇跡は続く#命尽きるまで春馬を想う#最後まで優しさを守り通した人#やっぱり、大好き♡#今でも貴方を探してる#堂々と生きていたね#春馬愛は永遠です!#最愛的春馬♡依然想念♡依然愛戀#変わらない笑顔を見たい#春馬君への愛は不変#愛し続ける覚悟だよ#心からの深い優しさ#本当に全てが美しい#才能に驕らず努力家な君#多才な表現者春馬くん#何もかも全てが愛しい#血糖値を気にする所#努力が筋肉に表れてる#肩幅が大きい#ヒールをキレイに履きこなす#人脈がある#ファンが多い#動物好き#運動能力が高い#バランスのとれた体つき#こだわりが強い#JUJUと仲良し#しなやかな仕草#屈託のない笑顔#お母さんが好き#真っ直ぐで誠実な所#きれいな優しい男の子#笑顔 優しさ…存在全て#英語を話すcoolな春馬#ピュアさに魅了#清い心根#♡煙草のシーン最高♡#すべてに本気!#優しい心、綺麗な姿、笑顔#外見も内面も美しい♡#澄んだ瞳と美しい心

本当に本当にありがとう。
みんなからの想いの光、しっかりと届いたよ。
お礼に宇宙の星、全部お前にやるよ。
孤独で寂しがり屋で、いつも悲しい、
心の大きな穴を俺に埋めさせてくれ
(『恋空』ヒロのセリフをアレンジしたコメント)

えー、逢える日を楽しみに、して、マスッ!
皆さんもどうか、エッと…元気で。え〜居て下さい。
そして、笑顔を忘れずに。
ナンカ、笑顔がやっぱり、アノー何だっけ……
人の事も持ち上げてくれるし。もちろん、あとは、
自分の?免疫もあげてくれるみたいなので。
是非是非、え〜、笑顔を絶やさずに、ねっ?
ガンバッテ行こうねっ!」
(2020.4.5誕生日　インスタライブのコメント)

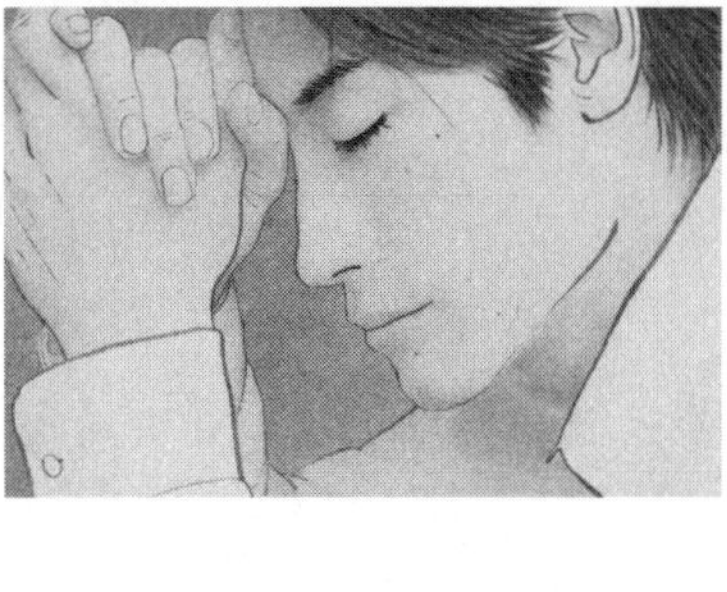

編集後記

▼本書は多くの人たちの協力によって作られました。絵本作家の空《く》羽《う》ファティマさんと切り絵作家の海扉《カイト》アラジンさん（両人とも日本人女性です）を始め、パズル作家の女帝セブンさんなど、いずれも編集部に連絡をいただいた方です。そしていずれも三浦春馬さんの死に大きな影響を受けた方々です。女帝セブンさんなど、映画『天外者』を60回も観たといいます。この映画は大ヒットしましたが、「春友」さんと呼ばれる女性たちは、5回10回は当たり前。20回以上観たという人もかなりいます。

▼大切な人の死に直面して激しい喪失感に襲われた人への回復のためのサポートを「グリーフケア」と言うそうです。春友さんたちはSNSを使って交流し、様々な活動を行っているのですが、月刊『創《つくる》』が2020年11月号から彼女たちの切実な声を毎号掲載したことも一種のグリーフケアになったようです。自分と同じ思いの人たちがたくさんいることを知り、自分が孤立していないとわかったことが大きな救いになったと彼女たちは言っています。

▼三浦春馬さんの死がどうしてそういう社会現象を呼び起こしたのか、そしてそれは昨年7月頃から女性の自殺が増えたこととどういう関係があるのか、その分析はまだこれからです。また多くの読者投稿のうち掲載したのはごくわずか。本書と同時期に発行される5月号以降も、投稿を『創』に掲載していくので、ぜひご覧ください。

▼［追補＝2・3刷加筆］第1刷を4月5日発売としたのは三浦春馬さんの誕生日にあわせたもので実際の発売は9日でした。でも注文殺到で発売前増刷が決定。1刷から日を置かずして2刷、3刷発売となりました。（篠田博之）

三浦春馬　死を超えて生きる人

2021年4月5日　初版第1刷発行
4月13日　第2刷発行
4月21日　第3刷発行

月刊『創』編集部編

編集発行人……篠田博之

〒160-0004 東京都新宿区四谷2-13-27 KC四谷ビル4F
電話　03-3225-1413　FAX　03-3225-0898
http://www.tsukuru.co.jp
mail@tsukuru.co.jp

印刷所……モリモト印刷㈱
表紙デザイン……鈴木一誌
切り絵……海扉アラジン

ISBN 978-4-904795-66-8